凝煉知識品味閱讀

社會良心論

蔡宏進　著

五南圖書出版股份有限公司

推薦序

蔡宏進教授是恩師楊懋春老師門下諸弟子中，最能承繼師範師風、辛勤筆耕不輟而最多產的社會學學者。他被很多朋友同事們認爲是楊老師的嫡傳弟子，一點也不爲過。像楊老師一樣，他來自農村，做過各種農活，有深入骨子裡的農村生活及農事經驗，有牛一般的精神、耐力，以鍥而不捨的精神從事教學與研究工作，先後發表過三、四十本的論作。同時，像楊老師一樣，作爲一個知識份子的他關心社會時事，善盡言責，期望臺灣社會愈來愈好，爲此他發表過不少像本書《社會良心論》這樣的大作。

什麼是社會良心？一般字典中的定義是：社會良心乃社會許多人的道德標準和價值觀念。作爲一位社會學者，且讓我刨根溯源一番吧。首先是孔德（Auguste Comte），他認爲社會結構或社會秩序乃建立在社會成員的共識上，這種大家共有的「普遍共識」（Universal Consensus）是串聯社會各部分組成社會的基礎，當然這共識中包括了社會良心。社會共識是怎麼來的呢？孔德未做任何解釋，但約百年之後舒茲（Alfred Schutz）以「互通的主觀性」（intersubjectivity）及「庫存知識或經驗」（Stock of Knowledge or Experience）的概念，提供了一些解說。之後，美國早期的社會學家如顧里（Charles H. Cooley）及芝加哥學派的學者分別探討分析過民主、公義、輿論及社會估價等與社會良心相關的命題。但直搗黃龍、切中要害而對社會良心做過深入精闢社會學分析的，非涂爾幹（Emile Durkheim）莫屬。在其名著《社會分工》（*The Division of Labor in Society*）一書中，他提出與「社會良心」極爲雷同的名詞「集體良心」（Collective Conscience）。他稱集體良心爲同一社會中一般人所共有的整體信念與情操，它有自己的生命，異於個別的良心。換言之，涂爾幹認爲集體良心或社會良心雖爲個人良心所組成，但個人的良心集合在一起互動後，會產生另一種特別的社會實體——即集體良心，並擁有自己的性格與生命，大於個人良心加起來的總合。集體良心在原始初民（或他稱的機械連結）的社會裏，程度強、涵蓋領域大——包括社會上幾乎所有的人，其共識性有相當嚴格清楚的界定，人們對之抱持的態度常帶有相當程度的宗教狂熱。相對的，集體或社會良心在先進現代（或他稱的有機連結）的社會，程度弱、涵蓋領域小——包括社會上有限的一些人而已，其共識性也較為模糊、界定不清楚，而人們對之抱持的態度則是自我的個人主義。（見拙著《社會學理論》，2013，五南，80-82頁）。更有進者，他提到另一個相關的概念：集體表徵（Collective Representation）。集體表徵是集體或社會良心的特定狀態或局部現象，它代表一個社會單位（如家庭、職業團體、族群、社區或宗教團體）的規範與價值。換言之，集體或社會良心所代表的是整個社會的文化，而集體表徵所代表的是社會中某一個社會團體的亞文化（Subculture）。推而言之，整個社會的良心與社會中每個團體、組織、社區或族群的社會良心是不同的，而每個社會中的團體、組織、社區或族群之間所認同的社會良心也是不同的。所以說，本省的客家族群、閩南族群、原住民族群與外省人族群所認同的或所定義的社會良心迥然不同。當閩南族群人士痛批或大罵某個一族群有名之士或某一社會事件是多麼沒有社會良心、多麼的沒有天良，其實他們是以自己族群所塑造、認同的社會良心為標準來撻伐別人的，並不能代表整個社會的社會良心。在現代多元化的臺灣社會裡，如涂爾幹所言，屬全社會的集體或社會良心非常脆弱，其界定性及認同性模糊不清，其所能涵蓋的人數相當有限，每個人只管自掃門前雪，做一個自我主義的快樂人，管它什麼社會良心。每個人由於個人的家庭、成長、教育背景、人生經歷、所交朋友、政治宗教信念及所屬族群的影響，不可避免的會養成了自己察知不到的一些成見與偏見，對於很多事物難以做出公平正確的判斷，動不動就輕易給別人扣上沒有社會良心的汙帽子。特別是在今日的臺灣社會，很多的政客及媒體名嘴們信口雌黃、凡事抹黑、譁衆取寵、撒謊造謠，製造假事件來騙選票贏得選舉，動不動就責怪對方做的不對，結果自己當選上台，做的跟當年罵對方不對的事情毫無兩樣，可悲的是自己卻毫不感到羞恥汗顏。別人做，不可以；自己做，卻理所當然。而不幸的是，大多數的老百姓或選民們卻不能明察秋毫，任由雙重標準猖行，甚至於默許並支持這些政客們的雙重標準。我們不禁要問一下：社會公平正義何在？約三十年前，我發表了〈這是一個公正的世界嗎？〉一文（1985，《中國論譠》，19卷，8期，43-46頁），該文根據1091份臺大及東吳大學的學生問卷調查資料，採用魯賓（Zick Rubin）及裴普羅（Letitia Anne Peplau）的20個問題的公正世界量度，以其所得的答案，從事統計分析，結果發現臺灣大學生與美國大學生相信「世界是公正」的程度，頗爲相近，相信公正世界及不相信公正世界的人數比例大約各一半。如果今天再做一次類似性質的大學生或一般成人的調查，其結果不知將會如何。在現今人們的眼裏，臺灣社會是否比以前更公正或更不公正？或者說，臺灣社會是否比以前更有社會良心或更缺少社會良心？

蔡教授對目前臺灣社會萬象，特別是社會良心與民主政治的畸象，不厭其詳的列舉縷述、檢視並加以評論，有些觀點，因社會良心的相對性、模糊性及主觀性（誰的社會良心？誰是definer？），我不見得完全苟同，但大部份的看法是可以理解和贊同的，更有一些見解對社會大衆及莘莘學子頗有醍醐灌頂、啓聾振啞之效。

馬立泰

謹序於美國德州糖城

2016年3月6日

自序

這本書的書名是從無到有的，開始時我在無特定主題的情況下隨興地寫了幾篇有感而發的短文，到文章漸多了之後，構想才逐漸具體成形，希望針對社會上一些未能令人滿意的現象作一些觀察與探討，使之能促成社會大眾加以反思，從而促進社會進步。這種構想的出發點是源自「社會良心」的概念，於是將本書取名爲《社會良心論》。後來增添的多篇文章，也都圍繞此一中心主題爲出發點，實也覺得這是我們的社會最值得也最應該發揚的目標。要改善社會情況，必需人人出自良心做事。我作爲社會的一分子，又學社會學，習慣體會社會脈動，願在日薄西山之前，本著出自良心與責任，多觀察思索一些社會現象與事物，做一些有意義的探討，尤其是探討有關違反社會良心之事，並思索導正的辦法，也建議一些符合社會良心的行爲，作爲重要的社會引領方針。

本書各篇的論述並非對於社會良心的意義與性質等，做周延精深的學術研究。而是站立在對社會良心的理解上，將社會上發生或存在的現象加以聯結對照，從而探究與詮釋。我所探究與詮釋的議題多半都有時事性，因時事而引發，或因心中對現實社會有所見或有所感，目的在能避免無的放矢，呈現社會的眞相。爲顧慮讀者多受時間約束，常不易使用長時間閱讀，因此各篇文章都不做長篇大論，以免中斷思緒，僅以短文方式呈現，目的在於不給讀者造成太大的閱讀壓力。

我之所以會重視社會良心，正如書中一篇短論的題目所指，見到當前社會良心的缺失，因而覺得有強化的必要性。社會良心匯集了社會上許多個人的良心，也就是包含許多個人的良心；社會良心的標準及性質，也反映社會上個人良心的共同標準及性質。而此種良心是鞏固社會的必要條件，因此社會大眾有必要加以重視，並加以培養與實踐。

社會上能注意與重視社會良心的人，比培養與實踐社會良心的人多。事實上許多動筆寫書的作家，或開口論述的名嘴，也都是很在意與關切社會良心的人。不過不同的人注意與關切點會各有不同，對於社會良心的定義與標準也各不相同，因此其著作與論述的觀點與內容也會不一樣。我在本書所論可能與他人的論說會有相似或異樣之處，也很自然合理。會有相似之處是因爲，論述對象的本質一樣；而會有異樣，則因各人的立場、觀點與風格不同之故。

社會良心的反面是社會缺乏良心。沒良心及有良心的人與事，皆可從社會大衆的許多心態與行爲見之。社會大衆能以良心行事者固有不少，但不能以良心行事者數量也多，乃造成許多社會的紛亂與問題。對於社會良心的正面論述與發揚以及對於負面的揭發、批判與糾正，都能助長並健全社會良心，也能鞏固社會秩序與規範，對於社會的進步與發展都是好事。我寫此書的用意與目的就在於揭發、批判與糾正社會沒良心的人與事，發揚與助長社會良心，鞏固社會秩序與規範，促進社會的進步與發展。希望這樣做能得到社會的認同與接受。

本書在下筆前後，發現可論述的範圍相當廣泛，乃加以歸類，將之歸納成五大類，也當爲五大篇，即：一、有關社會良心意涵與性質的闡釋；二、有關社會良心與其他社會現象與問題的關聯；三、無社會良心的前因與後果；四、有關社會良心態度行爲的培養、訓練與實踐；五、對其他事項出自社會良心的肺腑之言。這樣歸納可使本書的內容較有邏輯，也較有秩序，且較能方便讀者的閱讀與理解。本書能得五南圖書出版公司同意印行出版，十分感謝與敬佩。印行之後期望適合大專社會學、社工學、文化學、通識教育與臺灣研究等學門的教科書或參考之用，也期望有助一般讀者爲人處世與治事之道。

蔡宏進

謹識於臺北

2016年2月

目錄

第三篇　無社會良心的前因與後果

第四篇　社會良心態度行爲的培養、訓練與實踐

第五篇　對其他事項出自社會良心的肺腑之言

第一篇

社會良心的含義與性質

心爲根本

一、心理是行爲的基礎

人有心才能活命，心臟的跳動是活命的根源。人自成胎兒就有心臟，要能長壽則必須保護心臟，以上所指的心是生理上的心。人心的另一重要意義是指心理之心，是指內心的感覺與想法，性質極其複雜，是行爲的基礎。以下說明幾種重要的心理特徵，以便了解心理與行爲之間的關係。

(一) 心理認知

認知是人類的根本心理特徵之一，這種心理是指人對於事務的了解與看法。這種了解與看法都是由經驗得來的，包括自己親身的經歷，或別人的經驗；若是後者，則經由轉述傳播而使人得知。較可信的認知都能經得起事實證明與考驗。

(二) 心理動機

動機是指心理上有衝動或慾望，想去獲得或達成某些事物。動機的由來有生理上的衝動，也有心理上的需求或慾望。動機常成爲行動的力量，由於動機的驅使而產生行動。

(三) 心理目標

心理上會因特定需求而形成特定的目標，想要去達成而後快。人的一生，在心理上形成過的目標有許多，有光明正大的，也有不可告人的；有較容易達成的，也有較困難達成的。既設定爲目標者，多半都要去達成，但也有半途而廢的情形。

(四) 心理習慣

心理習慣是指常會自然重複的感覺與想法。這種心理習慣的養成，有因惰性而使同樣的心理一再出現與發生；也有刻意去養成的，目的是爲了方便，不必費神去另做他想。

(五) 心理特質

心理特質是指某種心理上成型的特性。每個人都會有心理特質，同一群體的人也會有共同的心理特質。心理特質表現於外，就成行爲特性。有人具有勤儉努力的心理與行爲特性，有人則有奢侈浪費的心理與行爲特性；有人的心理行爲特性較光明正大，開大門走大路；有人的心理行爲特性是喜歡偷雞摸狗，卑劣小人作風。心理特性的由來複雜，社會過程不同是最主要原因。

二、心正而行直

(一) 心理引導行爲

心理的重要性是會引導行爲，心理學者有一派專門鑽研心理與行爲的關係，認爲要了解心理必須由觀察人的外顯行爲而得知，這一學派認爲心理與行爲主要受環境所影響。此種心理學說與精神分析學派、人本學派、認知學派、神經生物學派，共稱五大心理學派。行爲是外顯的，容易用科學的方法加以觀察與衡量，故這一學派的看法常被認爲是較科學的。

(二) 端正與邪惡之分

不論天生的遺傳或是後天的環境影響，人的心理狀況是複雜的，但如用價値觀加以判斷，則約可分成兩大類：一類是端正的，另一類是邪惡的。端正的心理是指合乎情理、誠信、正義、道德的；而邪惡是不端正、欺詐、不合情理，也是不道德的。這兩類不同的心理必然會導出善惡不同的行爲型態。

(三) 心正而行直

端正的心理引導出的行爲是正直的，誠信、情義、公正、道德的端正行爲都是端正的心理引導出來的。缺乏端正的心理，則行爲很難端正。

三、善心長留

(一) 善心引導善行

善心存於善行，也引導善行，善行隱藏著善心，也突顯出善心。善心與善行是兩個連體嬰，形影不離。善心之人，行爲不會不善，也使不出不善之行爲。社會上心地善良之人是眞君子，與小人極爲不同。自古以來形容與讚美君子的用詞不少，例如：「君子有成人之美」、「君子動口不動手」、「君子愛財取之有道」、「君子安貧」、「君子固窮」、「君子喻於義」等。由這些讚美之詞可見君子著重德性，也即是指有才有德，品行較爲完善，這種人通常也都是善心之人。

(二) 善行者得人望

善行之人易爲他人所樂見，受他人讚美與敬重，其人緣也必佳，甚得人望。這種人看似平凡，實也偉大，爲衆人所愛戴。歷史上的賢明之君、忠義之士、濟貧鄉紳，以及路見不平的大俠都是善行之人，也都受人愛戴。

(三) 善心留千古

善心之人能贏得美名，且能留名千古。當代的人或政府可能將其善心及所激發的善行，當作楷模加以表揚；後人可能以此爲楷模告示子孫，當作教育後代的典範。如今世人記憶與追思的史上善心與善行典範甚多，爲國盡忠者有岳飛、蘇武，爲人盡孝者有二十四孝的故事最爲典範，共有虞舜孝感天地、漢文帝親嚐藥湯、孟宗哭竹生筍、董永賣身葬父、朱壽昌棄官尋母、王祥臥冰求鯉等，其中如臥冰求鯉者有被後人指爲是不合人道的愚孝，但畢竟都是很不容易辦到的孝行。富人出資設立鉅額基金，獎勵後進的才學之士或貧苦兒童等善事，也都流傳千古。著名的世界性基金會有設立較早的諾貝爾獎金，及當今的洛克斐勒及福特基金等，都可留名千古。

四、高價的心靈遺產

(一) 遺留文化的傳統

人類有將寶貴文化遺留後世的傳統，寶貴之物包括錢財、文物等有形之物及無形的經驗與心得等，通稱爲文化遺產。遺留的遺產有些是使用後剩餘者，有些是經發現後，卻不能用或不准用者，只能保留下來移交後代。也有些是需要後代繼續添加修改後才能更有用者。因有前人的遺留，人類的文化遺產乃會越積越多，使世界的文化更加豐富。

(二) 心靈遺產最珍貴

有關祖先遺留的文化遺產當中，心靈的遺產最爲彌足珍貴，這種遺產觸摸不到，卻能烙印在人的內心裡，影響人的一生，甚至更加長遠。心靈的遺產構成人類的哲學與思想，影響人的爲人處事，也影響人對專業想法的發展，成爲人類知識與智慧的結晶。人類藉由這些心靈文化累積的啓發與幫助，乃能立基在高度的基礎上，繼續運作創造，不必重回到底層的基礎上，可使人類的文化與文明快速提升到高遠的境界。心靈的文化與文明的遺留與傳承也可使人類免於沉淪在物質慾望的深淵，終將毀滅可貴的文化與文明根基，使生活的境界不升反降。

(三) 善心積德

人類可貴的心靈遺產當中以善心最爲可貴。善心是指善良的心意，這種心意的可貴在能經由行動而造福大衆，帶給他人快樂、安慰與幸福，可以積德。善心積德是經由人自由選擇出來的，不是被強迫的，也不是僞裝的，故不後悔。經善心及善行而積德，也是眞實的，不是虛假或騙人的。世界上確實有不少僞善之人，其善心與善行是假裝出來的，目的在能獲得他本身的快樂、滿足、安慰與幸福，不是眞爲他人著想的。

(四) 德行保佑子孫

有德之行爲可以保佑子孫，無德之行爲則會禍延子孫。所言「子孫」不僅是自己的子孫，也包括他人的子孫。德行可保佑子孫的道理至爲明顯，一來可保存及累積資源供給子孫享用，二來可替子孫避免及驅除災難。所保存與累積的資源不僅限於物質與經濟的，也包含社會文化的，後者像是社會名望、地位、人脈，以及精神信念與意志等。這些資源可助子孫作爲或換成金錢相助，也可作爲社會資產或精神力量，幫助或啓發子孫發奮圖強，完成偉業。

五、造就善良的心

善良之心要能形成，有效的途徑不少，如下舉出四項，應都有效：

(一) 修心養性

多數人的心，生下來都甚平凡，要建立善心，則要經由修心養性。修心是由修養與磨練心靈，使心靈純潔；養性是培養原來善良的本性，使之不受損害。這種功夫可由自我反省、領悟與體察，使自己的內心達到完美的境界。向來出家人最注重修心養性，學校教育除了教人專業知能，也教人注意修心養性，改善品德。

(二) 戒除惡念

人的本性中有善念，也有惡念，惡念主要來自人的動物本性。要能發揮人的善念，有必要戒除惡念，以免抵消或破壞善念。惡念的消除方法有許多種，警惕、禁止、處罰、矯正等都是有用的方法。

(三) 節制小我之心

人都有小我之心，這種心是自私心。如果讓小我之心擴張不加節制，則人人爭相奪利，其他人及全社會可能受害。小我的心中只有自我，並無他人，把自己看成核心，視自己優越於他人。這種人常無意識地只重視自己，對別人感到不滿意便輕易抱怨，總認爲是別人犯錯，自己才是對的，於是常陷入苦惱與憤慨之中。小我必須要加以節制，甚至要摒棄，才能不亂發脾氣、不累贅、不負擔，也才能健康、正常地生活。

小我常會集結成集團，而成小我之群。這種集體小我如政黨、種族、宗教、同鄉、部落等，常會與其他集團產生矛盾、衝突與對抗，也都是由於小我的對與他人的錯之不當想法所引起，或因自我的優越感與自我膨脹之心所產生。要消除個人及團體的小我之心則必須眞正反省、了解、領悟與體察無社會意識自私之小我的錯誤，還要能體會深層有社會意識的眞正本我，意識到眞理的相對性，感受到人外有人，天外有天。

(四) 發展大我之心

相較於小我之心，大我之心是無私的心，是善良的心。因見於小我的缺點與短處，大我之心必須超越小我之心，將自我之心提升到與世界宇宙同在，將生命提升到與日月同光，使之與社會相維繫，而能永垂不朽。要達到這種大我之心的境界，人要豁達、要能放得開、不自私，要能推己及人，與人同甘共苦，甚至要奉獻自己，幫助解救世間的問題與痛苦。

有大我之心的人是仁人志士，有抱負，能犧牲，肯奉獻，事事想及別人，造福別人。世界上有不少大我的革命家願意拋頭顱、灑熱血，爲生靈獻身捨命；也有許多有大我之心的百姓，默默爲他人付出自己的血汗與勞力，貢獻所知、所學與所能，爲大眾不停地創造、生產與服務，使眾人能無憂無慮，且能進步與改善。

大我之心是融洽、和平與文明進步的社會所需要，必須加以闡揚與發展。如何發揚與發展，則在積極方面有賴社會上所有人共同重視、提倡、鼓勵、宣導、教育與實踐；消極的方面則有必要抑制自私、自利與自以爲是的小我之心，不使其壓抑與吞食大我之念。

社會良心的缺乏與強化

一、靈感與議題的萌起

當我搬弄筆墨到了山窮水盡，苦思不得能再下筆的好題目之時，拾起先師楊懋春教授遺著《當代社會學說》一書重讀，讀到第二章「何爲社會」的第二節「社會良心說」時，頓有所悟，而萌起本題目的發想。我覺得此時用心討論此議題，具有重大意義與必要性；其重要意義與必要性是當前臺灣的社會良心欠缺，有必要加以檢討並加鼓吹振作強化。

社會良心是指社會上的人都有社會感，都能遵守社會規範，也都有承擔社會責任之心。這種可貴的心理情操在小團體、小部落、古代的社會比較可行，在近代複雜的社會逐漸流失少見，然而卻也不可完全欠缺，因爲社會良心確是維繫社會安全穩定所不可或缺的要素。

二、缺乏社會良心的國之亂象

目前臺灣缺乏社會良心，實在不是言過其實，這種亂象可從下列許多方面見之。

(一) 社會上經常發生不道德行爲事件

臺灣每日新聞都含有不少傷害社會的不道德事件，計有搶劫、殺人、霸凌、詐騙、販賣黑心商品、違逆倫常、偷工減料、豆腐工程、刻薄虐待、殘酷凶惡、狠毒奸詐等。作惡的結果都使人受害，有的喪失生命或自由，有的破財消災，也有的傷害心靈遺憾終生，社會風氣也更加敗壞，社會更爲動蕩不安。

社會上不道德的行爲與事件隨著工商業與城市的發展有增無減，起源有因個人的偏差，也有因社會風氣不良使然。個人的不道德行爲累積許多後，導致全社會都不道德。社會不道德逐漸由個案發展成集體性與結構性，如犯罪集團的出現，罪惡共犯結構的產生，以及連帶性或關聯性的不軌或不法事件興起等，危害社會及其中個人的程度更加嚴重。

(二) 政治人物未將政治視爲良心事業

從事政治事業的人，開始參與時常比一般常人更有正義感及悲天憫人之心，對於改造社會、促進進步，也都有責任感。但常在嚐到權力與利益的甜頭之後，就開始墮落腐化，逐漸變成無賴般的政客，失去高貴的良心與情操，做出傷天害理損及人民福祉的行爲勾當。使平民百姓無法安居樂業，憂患當前日子難過，未來前途未定。

政治人物是國家棟梁、社會菁英，也是人民的領袖，對於人民的行爲具有示範作用，當其表現不當的政治行爲時，也成爲人民表現不良行爲的壞榜樣。當政治人物不守信用與法紀時，人民必也對信用與法紀不加重視。當政治人物明顯枉法貪汙時，人民百姓必也有樣學樣，想盡辦法取得不法利益。當上層政治人物只知結黨營私，下層公務人員就會不分黑白，貼近權勢，人民也將走後門當作正常途徑。

當前臺灣政治人物的品格好壞不能一概而論，有的較佳有的較差，誰比較好誰比較壞，自有民調的滿意度或支持度的資料可供參考。很悲慘的是，最高階政治人物給人民的觀感與印象都在排名之末，也可想見其對社會良心及人民行爲的不良影響何等巨大。爲使社會良心能振作提升，實有必要寄望高階政治人物能多用良心治國，使人民百姓有較佳觀感與印象，也能有較佳道德良心行爲的參考對象。

(三) 社會未將良心作爲重要價值

社會經過長期演化，必然會形成一套衆人都能共識認同的社會價值體系，但是價值體系中的細項卻會有消長與改變。社會良心在古代的部落社會曾是很堅強重要的社會價值，那時代衆人都聽頭領的旨意與命令，頭領多半是有德有才之人，引導人民百姓遵守社會道德，人民普遍從事初級生產事業，毋須與天爭，毋須與人爭，爭也無益。

但在當前，社會重經濟發展，老百姓重金錢，人民的謀生方法變爲從事工商服務業爲主要，人與人之間高度競爭，爲了競爭能得勝，常會不顧道德，不擇手段。工商服務業時代的社會價值徹底與農林漁牧時代不同。作爲人類社會一分子，到了這新時代一則以喜，一則以憂，喜的是經濟生活水準比以前更好，憂的是人情較前淡薄，人際關係較前緊張惡劣，事事需要提防。

(四) 自私貪婪之心淹沒社會良心

社會良心的消失或缺乏也因其常被貪婪之心所淹沒。在資本主義的社會，個人被鼓勵積財致富，無形中養成人的貪婪心理。官員貪婪發財致富，常會收賄貪汙。廠商貪婪，則會製造及販售黑心商品。醫生貪婪會故意誤診或給病人假藥。學生貪婪會作弊，計程車司機貪婪會繞遠路，律師貪婪會串通法官，多賺訴訟費，造成判決不公。

世人貪婪常以金錢財物爲重要目標，但也有人貪婪地位名分或香車美人。然而不論貪婪對象與目標如何，過度或不當的貪婪都會淹沒良心。當多數的人缺乏良心時，社會也會失去良心，於是社會變得不安定，也不穩定，有可能一擊就垮。

三、社會良心的學說

社會學家中對於社會良心有著墨者見有兩位，一位是法國社會學家涂爾幹（Emile Durkheim, 1858-1917），另一位是我國社會家楊懋春（1904-1988）。就兩人理論大概說明如下：

(一) 涂爾幹的理論

涂爾幹使用「集體良心」（Collective Conscience）來說明多數人的共同良心。他在《社會事實的研究》（*The Study of Social Facts*）一書中說，有時候人的思想、行爲或感情不是出自個人內心，而是被外部的力量所強迫。重要的外部力量如社會道德規範、家庭或宗教的禮法，或行業規章。這些都是社會事實，其根源是群體的共有觀念、共有信心與共有行動。共有的社會思想行爲一再重複發生，就成爲結晶，成一形體，也就成爲社會事實。這些事實會普遍蔓延或滲透到個人身上，發生強制力。

集體良心是一些個人思想的聚合，從而成爲一種實體，與個人的心理不同。要分析群體的行動，應該由研究集體的現象開始。涂爾幹解釋集體良心是明顯實在的，當其堅強時，會成爲社會制度，掩蓋個人的思想道德。但他也相信每個人同時有兩個心，一個是自己的心，另一個是超越自己的集體良心，每個人都將集體良心或社會良心放在自己的心中，成爲內化，影響自己的思想行爲。涂爾幹進一步指出在機械性社會，機械連結性很強，個人良心很弱，集體良心很強，強迫不同的個人要一致行動，否則會給予嚴厲的制裁。人會自殺，常因社會的呼喚與制約，要其犧牲奉獻。

(二) 楊懋春的理論

楊懋春明確指出社會良心是指有良心的社會心理集團，超越個人規範，影響全社會的所有人，卻不爲個人所影響或阻擾。在古代的部落社會、神化社會、氏族社會，或近代的一黨專政社會，族長與領袖以其大智、大仁與大勇的能力或強制力影響制定規範，供族群、集團或黨內的分子所信仰與遵守。集體良心或社會良心是指有道德情操的，常是英明的族長或領袖體驗出來，可使團體繁榮強大，生活充實富裕的原理原則，制定以供族人或黨員恪遵。

然而不少這樣的社會或政黨，常因開創的領袖或其繼承人有野心，在中途變節，喪失良心，集體良心變成集體黑心，其本人的信念不再受到尊崇與信仰，其追隨者也跟隨墮落或受難（作者註）。

四、強化社會良心是救人救國的要道

社會良心的缺失會損害個人乃至全社會，因此有必要加以強化。強化之道很多，如下列舉三點重要者，加以討論:

(一) 健全個人的良心

個別良心是社會良心的基礎，社會良心由共同的個別良心結合而成。目前我們的社會欠缺共同性的社會良心，是因爲社會的許多人缺乏個別良心，胡作胡爲，只顧自己一時的利益，不顧社會國家長期的未來。因此要建立社會良心，有必要從個人健全個別良心做起。個人須由修心養性的基本功夫下手，建立道德思想觀念，表現道德行爲。要自己好也要使別人能好，不因自私自利而傷害他人利益。個人道德與良心的建立，有多種途徑可循；讀聖賢書學聖賢事，多做自我反省與激勵，都可收到約束自己不失控制，並能遵守規矩，以及能愛人助人的道德效果。

反省是建立社會良心的重要方法，個人可由自我反省發覺可以改進自己心理行爲的目標與方法。爲使反省不流入形式或缺陷，則必須認眞，反省善事與壞事也要周延，包括做到反省大事與小事，如此才能眞實反映出行爲的全部，未有刻意挑選、迴避或遺漏。

(二) 社會要能選擇並鞏固集體或社會良心

社會良心的建立除了個人要能覺醒與努力之外，更需要社會能對之善作選擇與鞏固，選擇與鞏固的功夫是社會整體要努力的工作，可能要經由開會討論、實際實驗、示範教育、宣傳開導或勸導說服等團體工作的方法來達成。

社會上可供選擇的道德良心標準很多，應該選擇對最多數人有最大好處，並能使好處維持最久者爲上選。社會上的聰明人與良心人更應多出力量幫助選擇。

(三) 政治與社會領袖需要加倍努力

早期社會良心的建立多半靠少數團體或族群的領袖用心與用力，在今日的民主社會上，社會良心的選擇與鞏固在原則上應由社會全體的人共同參與和決定。但是社會上不同的人能力不同、角色不同、興趣不同，選擇與鞏固社會良心的角色與責任也不相同，因此必須由多數人共同協力來達成。

一般而言政治與社會領袖是最重要也最適合出力強化社會良心的人，他們較有權力，也較有立場與職責，也應較熱心爲社會建立章法與制度規範，作爲社會良心，供社會大衆遵循與實行。也最有能力與理由監督管理社會大衆，履行社會良心行爲。因此政治與社會領袖必須比一般人加倍努力，貢獻在社會良心的強化工作上。

知識分子的社會良心

一、題目的涵義

(一) 知識分子的本分

維基百科對知識分子的解讀是指「具有相對豐富知識、自由思想、獨立人格，對於現實持有一定批判精神的人士。」依這種解讀，可看出作爲知識分子，對本身的角色與任務都有一定的認知，也都具有一定的人格，並表現一定型態的行爲。這些認知、人格與行爲都要爲社會所認同與期望，也都要能符合社會責任與良心。

(二) 知識分子累積的形象

過去能贏得知識分子之名者，都能表現符合知識分子的角色與形象。累積衆多的相同形象就成爲知識分子的特徵，形成一種特殊的社會群體或階層既定印象，非其他的群體或階層所能比擬或取代。社會大衆對於知識分子多半會有幾分的尊敬，但因其常不滿現實政治並加批判，而常被政治權勢討厭與打壓。

(三) 社會對知識分子的寄望

知識分子有知識、有思想、有個性、有勇氣，能做也敢做一般人所不能做或不敢做的事，尤其是反抗不良的政治體制與作爲，這與社會大衆最不相同。社會大衆都畏懼政治的權威與壓力，但眞正的知識分子卻能見義勇爲，視死如歸，乃常成爲暴政的反抗者與犧牲者。知識分子與常人不同之處還有具有先知與遠見，能察覺社會的不合理問題，並提出改革的方案。這些能力與道德勇氣會被社會大衆寄以厚望，期望他們能當社會與政治改革的先鋒與導師，知識分子也常不令人失望。

二、有社會良心知識分子的特性與貢獻

知識分子的特性不少，重要者具有下列五項良心：

(一) 不追求權與利

一般有知識的人一生最喜歡追求的目標無非是權與利，但眞正的知識分子對於權與利卻看得淡薄。不愛權就不喜歡求官；不求利，也就不愛發財致富。讀書是爲求知，爲能明辨是非，爲能充實做正義之事的力量。所以知識分子有學問，沒高官厚祿，生活並不富裕，可能兩袖清風。但是知識分子可能有某些權力，不是從權勢得來的，而是與其豐富知識相伴隨的。

(二) 不畏懼權勢

知識分子的另一特性是不畏懼權勢，不畏懼不是無理取鬧，而是當權勢有錯之時，對權勢並不畏懼，而能據理力爭。這時權勢無理，應該認錯，不應該用來壓迫無權勢的人。知識分子也知不少權勢得來不公不正，付出與獲得不成比例，這種權勢本來就不應該有，更不足畏懼。

(三) 有理想與遠見

知識分子比一般人想得多，看得遠，較有理想與遠見。不僅想到自己，更會想到他人、社會與國家。不僅看到現在，也能看到未來。知識分子能多爲他人設想，能看出未來的局勢，因此能提出比常人深遠的見解與策略。可能在當前會曲高和寡，但在未來卻能促進社會國家長遠的進步與發展，也能爲大多數的人圖謀較大的福利。

(四) 獨立性格

知識分子知識豐富、見聞廣闊，自信心較強，個性也較獨立，少會隨著他人腳步起舞，不易被人牽著鼻子走。有獨立的性格才能有主見，才能有獨到的優質行為，對於社會與政治改革能起帶頭作用，為社會國家開創美麗的前景。歷史上有較多獨立個性知識分子的朝代，國家的改革進步也會比較快速。

(五) 立千秋萬世之功

知識分子多半都有豪邁的志向，不為自己求好處、謀利益，而是要立千秋萬世的偉業。這種事業與功勳包括立言、立德、立功。立言是著書立說，啓聰振明，傳遞千秋萬世；立德則是要創建高貴的道德情操，供世人作行為典範；立功是為促進社會國家進步與發展，使社會大眾共享福祉。

三、有良心知識分子的下場

有良心的知識分子一生耿介為人，有獨立個性，有獨到見解，也有獨特的行事作風，其下場卻常不很好，最不好的下場是成為政治權威的迫害者。因其未立志賺錢，最後也常兩袖清風。惟因其為人也正直，並能多為他人設想，身後都能受他人懷念與敬重，是其最大的收穫與成就。就其可能的三種下場再多作些說明如下：

(一) 政治的迫害者

歷史上知識分子被政治迫害的事例甚多，主要原因都是知識分子不與腐敗的政治權勢同流合汙，看不慣腐敗政治的獨裁霸道，無能作孽，不能勤政愛民，於是對政府官吏加以批判詆毀，終至遭受政治權勢的反撲，嚴重者入獄處死，也有監禁終生者。

(二) 兩袖清風

知識分子酷愛知識，多用心讀書做學問，也很關心人民社稷，較不用心賺錢，甚至看不慣太多生財無道的奸詐小人，而刻意不求財富。一生耿介為人，少有積蓄，兩袖清風，更有者因此晚年生活困苦。

(三) 世代的典範

知識分子容易遭受政治迫害，經濟生活並不優厚，故不為多數凡人所樂為。但其高風亮節的清譽，關懷人民社會的情操，卻也能受世人瞻仰與尊敬，至少能成為讀書人的典範。一些較偉大的知識分子還能留名千古，不是徒有權勢的政客與有財富的奸商所能相比。

四、知識分子社會良心的培養

知識分子雖有天生的優資，但由後天培養得來的資質更為重要。重要的培養方法有四大項：

(一) 受人啓發

不少知識分子最先是受人啓發而立志的。啓發者可能是其家人、師長或前輩。經其耳提面命，或聽其言，觀其行，讀其文而受感召與啓發，決心成為知識分子。

(二) 立志向學

知識分子的首要條件是具備豐富的知識，知識則要由好學得來。故知識分子都自小就立志向學，由讀書而知書達禮，也了解知識的眞義，逐漸成爲有學問之人。在向學的過程中也必須要修德，否則若是徒有學問，而缺乏德性，就無資格成爲知識分子。

(三) 樹立堅定的人生哲學與目標

成爲有學問之人後，人生的道路變爲廣闊，有人選擇發展政治事業，成爲政治家或政客。有人選擇從事工商業，很可能成爲富有之人。有人選擇發展特殊工藝才能，成爲工程師，有人選擇發展特殊才藝而成爲藝術家，有人則選擇不斷充實學問培養道德，而成爲知識分子。

(四) 努力實踐達成目標

選擇成爲知識分子的人，需要不停磨練實踐，才能成器。實踐的方法要看是選擇立言、立德或立功而定，朝向立定的目標，不停的努力實踐，就會有成。

五、幾種無名知識分子的角色典範

歸納以往知識份子的角色類型，重要者約有下列幾項。

(一) 鼓吹抗暴的知識份子

知識分子看不慣暴虐的政治，常會口誅筆伐，加以反抗，有可能成爲政治犯，被判處重刑。在獨裁的國家，知識分子的政治犯很多，都是有學問、有良心的讀書人，但手中握無寸鐵，常被譏爲秀才造反三年不成。但其對人民有號召力，常是抗暴或革命的點火者。

(二) 搖旗助陣的知識份子

有些知識分子最能扮演搖旗助陣的角色，響應革命導師，動口吶喊，動筆助陣。或響應改革者，加速推動改革。這類的知識份子較爲含蓄，不願站在陣前當爲領袖，卻願在暗中出主意，當軍師，幫助主帥行動。

(三) 倡導社會改革的知識份子

第三類知識分子的角色是倡導社會改革者。以其過人的卓見，倡導改革社會老舊腐化的思想或制度，促進思想及社會文化現代化。民國初年的五四運動就是由知識分子所領導的文學與社會文化的大改革。在文學上創造白話文，在社會制度上大力呼籲西化，倡導科學與民主，在文化上主張廢除吃人的舊禮教。這是中國歷史上一次由知識分子倡導的重大社會文化革命，成績可觀。

(四) 著書立說的知識份子

知識分子最擅長的能力是著書立說，其著作的方向，以其專長最爲凸出。經由著作累積知識與理論，影響後學。專精社會科學知識分子的著作內容，也有助一般社會大衆了解社會中多方面的情勢與問題，包括社會、經濟、政治、法律、心理等，有助問題的解決，與相關條件的改善。

(五) 安分守己的知識份子

也有知識份子自命清高，安分守己，以不違反社會規範與法律規定爲生活目標。以做純學者爲職志，不問世事，不興風作浪，成爲社會中安靜的好人。嚴格地說，這類人是讀書人，也是有知識有學問的人，但非眞正知識分子。因爲這些讀書人缺乏批判性，也缺乏見義勇爲的氣魄與勇氣。需要再加上這兩項性格才有資格成爲眞正的知識分子。

政治良心

一、政治良心的意義及與社會良心的關係

(一) 意義

政治良心是一種政治學術語，也是一種政治倫理，強調政治行爲與事業要出自良心。這種倫理注重服務人民，愛護國家，與強權政治形成對比。有良心的政治人物具有道德感，在公共事務上以服務人民與國家爲主旨，有錯認錯，失職時引咎辭職，表明良心。

(二) 兩位政治新人的良心論

近來臺灣出現若干政治新秀，其中有兩位直接叫出政治良心的口號，使政治良心重獲人民的注意。一位是在一年多前新當選的臺北市長柯文哲，說出「政治不難，找回良心而已」。另一位是曾在四年前高票當選立法委員的年輕女性徐欣瑩，見不慣立法院的政治生態，退出國民黨籍，新組民國黨，有「傻子精神，政治良心」之稱。民國黨還推出「三不」的政治理念，即不收紅包，不炒土地，不包工程，都是有良心的表現。其他未喊良心口號而能表現良心行爲者，都甚難得。

(三) 與社會良心的關係

政治良心也是社會良心的一環，社會事務包括政治事務，社會良心也包括政治良心，這種良心特指有關與表現在政治事務上，尤其以政治人物的政治良心最受注意。

二、政治心理表現

政治良心的有無及強弱，表現在許多方面，下面數項是重要表現的場域

或時機：

(一) 政治意識

每位國民多少都會有一些政治意識，也即對政治的看法與主張等。有的人對政治的意識較有良心，例如傾向民主政治的概念，認爲政治的目的是要服務人民，爲人民謀福利；有的人較沒良心，贊同強權政治，容許政治人物可有特權，強佔民利；更有徹底沒良心的政治意識者，認同敵國爲宗主國。

(二) 從政目的

各種不同的從政人員都有不同的目的，有良心的從政者，目的在爲民服務；沒良心的人，是爲升官發財，或爲光宗耀祖，也有爲報私仇等不光明的目的。

(三) 職位的取得

爲政者都會有一定的職位，例如政務官、事務官或民意代表等職稱，有職位才能行使職權。不同的人因爲良心的有無或強弱不同，對於政治職位取得的方法與途徑也不同。有良心的人取得職位的方法與途徑光明磊落，沒良心的人則使用不可告人的骯髒手法取得，有經結黨營私、買票賄選或賄賂買官的手法，或拉攏裙帶關係而取得者。

(四) 對金錢的處理

從事政治是一種職業，必然要有報酬，有良心的人循規蹈矩得到該得的報酬；沒良心的人則用盡職位與權力撈取非分的金錢，包括官商勾結、收取紅包、貪汙收賄、報假帳、取回扣等等名目。古今中外不少貪官都累積萬貫家財，享受奢侈豪華的生活，這些錢都是民脂民膏。

(五) 權謀與算計

不少官場中沒良心的人，互相勾心鬥角，使用權謀，相互算計與報復。這種官場上的惡鬥，常會搞得政治惡臭，國不成國，民不聊生，爲人民深痛惡絕。

三、立場與良心

政治人物多半都有立場，政黨制度是民主國家的常態立場類型。歷代君王政治的時代，忠臣奸臣也各站一邊，相互鬥爭。古時忠臣與奸臣兩派人馬的良心明顯可見，忠臣有良心，常會受害；奸臣沒良心，則常很得意。今日民主政治制度下，不同的政黨各有不同的立場與主張，效忠的對象常有不同，良心與否就較有爭議。一般都以較多數的一方代表共同性的良心，但是靠攏與維護少數的政治人物仍有不少，其中有者能爲弱勢少數代言或發聲，良心與道德崇高，但有的是爲少數的惡勢力站台撐腰，則甚不可取。

(一) 心意與黨意

在政黨政治的制度下，多數的政治人物都入黨成爲黨員。許多死忠的黨員，索性就完全以黨意爲己意，但有些自主性高的黨員，當黨意與己意不一致時，會有良心上的矛盾與衝突，遵循黨意就違反自己的心意。這是政黨政治的迷思所在，也是現代盛行政治制度下的一個大缺陷。

(二) 對待選民與國民

從如何對待選民與國民的態度與做法上，最能清楚看出來政治人物是否具有政治良心。極端沒良心的政治人物在騙得選票之後，施政與行事完全違背民意。有因爲是最後一次任期，以爲不會再遇上選民，故可不再再理會民意；也有不知民意走向者，更有掩耳盜鈴者，故意與民意相違背。這樣的政治人物都很不負責任，也很沒良心。

(三) 對待同志

政治人物的良心程度也可從其對待同志的作風見之。惡毒的政治人物常會以極為毒辣的手段對待不甚同調的同黨同志，為的是要掃清黨內不同聲音或路線的成員，以便貫徹其似是而非的政治主張。剷除異己的手法，常使用各種不光明的暗算，形成明顯的政治鬥爭，結果當然都會嚴重破壞黨內的團結。

(四) 對待政敵

沒良心的政治人物對待政敵的手法都更大膽外顯，因有較正當的理由。其沒良心之處在於少有公平競爭，或相互包容的意味。也有不道德到故意陷害政敵，傷害其名譽與信用者，都很不足取。

(五) 對待敵國

沒良心的政治人物，應以通敵出賣國家人民者最為嚴重。這與其私人不忠誠的國家認同有關，理應受到國法制裁，卻因其掌有國家機器的權力，或因享有豁免刑責的權利，人民沒他奈何。也有不少政治職位不高，其中有的是商人，為了私利，得到敵國的厚待，作為政治買辦或間諜，也常會做出對不起國家人民的事，都不是有政治良心的人所應為。

四、良心政治的特性

(一) 以民意爲依歸

政治是辦理衆人之事，「衆人」是人民，有良心的政治就應順應民意，以民意爲依歸。政治目標應隨民意的風向走，不可違背民意，否則是強權獨裁的政治，也是沒良心的政治。

(二) 對抗強權政治

在獨裁政治的國家或社會，政治由獨裁者所控制。有良心的政治人物應是那些對抗強權獨裁政治之人。國家社會的政治制度進入民主初期，部分政治人物的思維未能完全民主化，有良心的政治人物，不願隨其起舞，會站在對立的位置，與強權與獨裁的思維相抗衡，保衛人民的權利與福祉。

(三) 以造福人民爲目的

民主政治是良心政治的目標，目的在造福人民。爲能造福人民，便要使人民有好日子過，過好經濟生活，有好的社會秩序與關係，政治與文化環境與條件也都能良好，並能使人民滿意。

(四) 有責任心與道德感

有良心的政治一定要有責任心與道德感，爲人民負責，不違背民意，不違背人民利益。也能爲國家社稷長遠的安定與繁榮負責。

(五) 鞠躬盡瘁死而後已

有良心的政治人物，要能爲職位盡心盡責，爲國家人民盡力。不可中途逃跑，要努力到鞠躬盡瘁，死而後已。

五、沒良心的政治行爲

一國之內最沒良心的政治行爲最常表現在兩件事情上，一是貪汙，二是爲私利清算、鬥爭政敵。

(一) 貪汙

1. 貪汙的意圖

政治人物會貪汙主要的意圖是，爲能發財致富，過好水準的物質生活。其對於物質的高慾望，有因私念造成，也有因與同行比較引發而成。事實上也有原本沒有主動貪汙意念的官員，卻因有人行賄，而被動收賄。

一般說來，因貪汙所增加的財富，都是多餘，不貪汙也並不欠缺。因貪汙多出來的錢財就容易用到不很迫切需要的消費上，反而傷害健康或名譽。看穿了貪汙的汙名再加上不良的金錢用途，會是雙重損失。但貪汙者時常看不穿，想不透。

2. 貪汙與敗德

貪汙是不正當獲得錢財的途徑，故是敗德行爲。敗壞道德的涵義包括幾方面：第一，造成不良行爲示範；第二，耗用他人勞苦掙來的錢財，如國民的納稅錢；第三，所得與其貢獻不相稱，故不公平，不合理，也不道德。

3. 貪汙的傷害

貪汙是傷人也傷己的事。傷人之處在於造成行賄者或其他人財物上的損失，甚至心理上也感到不平與不服；對自己除了養成貪婪心理與奢侈生活，也可能身敗名裂，得不償失，對整個社會風氣與秩序，也會有很負面的影響。

(二) 清算鬥爭

1. 常見的現象

心胸狹窄與險惡的政治人物，常會有清算、鬥爭其他政治人物的行爲表現，重要的政敵包括競爭者，以及不同理念、路線、黨派的人等。清算鬥爭的方法很多，包括：揭發隱私、掀開底牌、斷其幫手、製造罪名、拉扯下台、使其坐牢等。

2. 清算鬥爭政敵與同志

政客可能清算、鬥爭的對象，以政敵爲多，但有時對不同路線的同志也難免。清算鬥爭起來都手不留情，嚴重者甚至有收拾生命者。

3. 清算的存心

沒良心的政客清算、鬥爭同志或政敵的主要存心是，要鬥臭鬥垮，減少眼中釘、肉中刺，也爲自己鋪設更順利的政治坦途。其中也有不少是爲報復而行動。

4. 清算鬥爭給人的觀感

政治人物的清算鬥爭，看在人民百姓的眼中是很不良的行爲。是小人作風，也是缺乏道德良心之舉，值得政治人物爲戒。

傲慢與謙卑

一、命題的靈感

(一) 新任總統的第一道命令

二零一六年一月的一個深夜，臺灣總統與立法委員大選結果出爐。新當選總統蔡英文發表當選感言時，鄭重向其政治同僚下了第一道命令：要謙卑、謙卑再謙卑。這是勝利者適時對自己的重要約束，也是自我要求，不可得意忘形，才能贏得長久。

(二)《傲慢與偏見》書名的啓示

早年讀過英國珍・奧斯汀所寫小說《傲慢與偏見》一書，對書名及故事記憶猶新。對傲慢的人性會使人反感有所了解，且其作風正相反於與謙卑之能令人舒服的感覺。這種對照的人性，出現在臺灣前後兩任國家領導人身上，遂將之當爲題目，作一小研究，寫成短文，有趣也必要。

(三) 兩者都有關社會良心

傲慢與謙卑都是心理與人格的特性，都與社會良心有關。目空一切的傲慢態度，明顯缺乏社會感，也缺乏社會良心。謙卑的心態則是時時心中在乎他人的觀感，謙卑的人是有社會良心的人。我因有此看法，乃覺得適合將本短文放進本書中。

二、傲慢態度行爲的探究

傲慢者可能有其比他人高貴的德性，看不慣常人的粗俗、卑鄙而有傲慢之感。傲慢的背後可能有慷慨與尊貴。但傲慢也常是驕傲、自大、無禮也無理，傷害別人，也令人厭惡。國家領導人表現的傲慢態度與行爲受人注意的方面，非比一般常人的表現，都是與國家大事較有關係者。如下五項是吾人觀察與研究將要下台總統心態的結果。

(一) 決策的傲慢

領導者的傲慢常表現在決策上，對於國家安危與人民死活的重要決策常以自己喜惡爲決策依據，其結果都對國家國民無益，或弊大於利。決策時若有與他人商量，也僅限及於一小撮的核心人物，不願與較多數的人商討，更聽不下相反的意見。因此下定的決策，少能有益多數的人民，對於國家社稷及全民常是危險，也是不利的。

(二) 施政的傲慢。

傲慢的國家領袖施政的作風少能貼近民意，容易隨自己高興而爲。老百姓生活困難，他還實施油、電價格雙漲的政策。人民擔心食品安全問題，他容許製造黑心食品商人無罪。人民不願意被統一，他偏傾向一中。即使施政明顯發生差錯，傲慢的個性也不肯向人民賠一聲不是，道個歉。這種傲慢的施政，終會讓人民看不下去，會給以嚴厲的批判與反對。

(三) 用人的傲慢

作爲國家總統有很大的用人權限，傲慢的國家領導人用人喜歡用其同路人，而其同路卻都與多數人相左。對於有實力的異議人士，則要去之而後快。竟連同黨的同志都不能同心，最後剩餘的親信無多，能幫其支撐大局的左右手，也極爲有限。親信之人也少有能服人之才。用人不當的結果是國之不治，民也難安。

(四) 護短的傲慢

傲慢的國家領導人另一重要傲慢之處是，對於明顯危害人民安全的友人，網開一面，不給治罪，很難令人心服，結果必然也危及本身的聲望與地位。這類護短的作爲，明顯發生成重要的新聞事件，例如頂新黑心油的製造與販賣，美河市的土地不合理徵收與建築物分配，黨產的賤賣等。其他被批評指責的事例還有不少，都是過度傲慢自信與不在乎人民觀感造成。

(五) 違背民意的傲慢

多種傲慢的事蹟都有違背民意，也因敢於違背民意才敢傲慢自大。民選的勝利者因得力於民意的支持，但當違背了民意，不受民意支持時，也必要終結下台。民意於再次投票時，必然使用選票，另做選擇。這次總統選舉的結果充分應驗了違背民意的一邊，一定被選民唾棄的道理。

三、謙卑的涵義

謙卑是一種有涵養的高貴心理態度。人能有謙卑之心，也代表幾樣重要的心理涵義、特徵與關聯，如下幾種都是重要者。

(一) 心中有缺陷

謙卑的人心中都知道自己有缺陷，有缺陷就不自滿，能知錯，也知短處。新當選的總統表示謙卑，也因其領導的政黨過去曾有缺失，曾被人民遺棄過。謙卑表示對過去缺失的歉意，對不起人民；知道有缺陷，才能改進，才能對得起付託的選民。

(二) 記憶失敗

謙卑也因能記憶過去的失敗，不是口頭說說就算，必須銘記在心，時時爲念。以過去的失敗爲教訓，避免再犯，就能改正，求得進步。民進黨在二零零八年大選總統及立委時慘敗，是選民對過去執政效果不佳的回報，到二零一二年再選時，仍欲振乏力，表示其懺悔與謙卑還不夠。直到今年因對手的國民黨過錯太多，民進黨的懺悔與謙卑的表示也較足夠，選民乃重新選擇與支持，使其對過去失敗的記憶與反省沒白費。

(三) 傾聽民意

謙卑的人不能自以爲是，爲政的謙卑人更必需傾聽民意，以民意爲依歸。也要記住民之所欲常在我心，否則是獨夫，是專制者，不是謙卑的民主之士。

(四) 追求改革與進步

謙卑者不能自覺滿足，要常檢討缺點，不斷追求進步。現在要比以前更好，未來要比現在更好。針對現存政治上的缺點與錯誤，不能任其繼續缺失與錯誤下去，必須努力加以補救與改進。

(五) 忌諱得意忘形

謙卑的人最切忌得意忘形，得意忘形就容易蒙蔽自己的缺點，不知懺悔與改進。容易陶醉在稍許的成就中，未能有較大的突破與長進。

四、傲慢原因

探究傲慢的人，都有原因造成。有時傲慢之人不能自我承認，旁觀者卻能看得清楚。通常重要的形成原因有下列幾項。

(一) 個性與人格的養成

傲慢是一種特殊人格，人格部分得自天性，部分則由後天養成得來。養成的部分有自學，有家傳，也有別人的感染。將下台政治領袖的傲慢性格，與其早年接近權力中心有關，因習染政治權力，乃養成唯我獨尊的傲慢習氣。

(二) 周邊同黨人的加強

政治領袖的傲慢也受周邊同黨人共同具有的優越感耳濡目染而來。周邊的人長久處於統治階級，容易養成指派、操弄與控制他人的習慣。視自己爲至尊，他人爲屬從，自己也就容易陷入傲慢的情況之中。

(三) 政黨團體的遺跡

從政者很少是孤軍奮鬥的，多半都結黨運作與經營。長期執政的政黨處於威權專政的狀態，黨員的習性多少都具有權威傲慢的特質。處於重要位置的領導者，更難免脫離這種色彩。權威政黨的傲慢性格，會很強烈影響領袖，使其展現在領導行爲上。

(四) 政治傳統的溺愛

權威政治具有傲慢的傳統，對於領導人物特別溺愛，使其傲慢的性格變本加厲，比一般黨員有過之而無不及，主要因其握有比別人更多更大的政治權力。權力容易使人腐化，也容易使人傲慢，不尊重他人，視他人爲次等之人。

五、人民唾棄傲慢的總統

作爲國家地位最高的總統，不夠謙卑，太過傲慢的結果，終會被人民唾棄。臺灣的這次總統大選，就顯出這種關係的結果。

(一) 大選落敗

傲慢總統所歸屬，也曾被其領導過的政黨，在這次大選中徹底失敗。該黨推出的總統與副總統候選人得票率，僅爲31.04%，輸給第一挑戰對手的56.12%，約僅一半多一些而已。在全部113位所有立法委員當選名單中，該黨推出的只有35席，只占30.09%。這樣的結果明顯表示，多數選民徹底唾棄這個曾經被傲慢的總統領導過的政黨。

(二) 禍及繼承人與團體

政治領袖的傲慢不僅禍及自己，也禍及繼承人及其歸屬的政治團體，使其競選落敗。前項所指這次該黨總統及立法委員候選人的慘敗，就是禍及繼承人及團體的事實。有些該黨的優秀立委候選人，也都難免受其傲慢施政的拖累而敗選，或流失選票。

(三) 歷史定位

傲慢的政治領袖會得到他所最在意追求的歷史定位，結果並非如其預期的成爲歷史上有貢獻之人，而是成爲歷史的罪人。其應得的罪名包括其傲慢所帶來的各種失敗政績，未能給人民好處，也未能給人民好感。

六、人民對謙卑總統的期望

人民對於另一位能知覺也能表示謙卑的新當選總統，也尚不能高興太早。人民對其寄有許多期望，重要者有下列幾點：

(一) 代表國家人民

人民最基本的期望是她對外能真正代表國家及人民，不違背國家與人民的立場與願望，不能暗中做出有違國家與人民利益的事。嚴肅的說，不能假藉各種私人願望的名目而出賣國家與人民。人民依照過去多年的經驗，最擔心整個國家與人民在暗中被政治領袖所出賣。

(二) 領導改革

人民對於新國家領導人的第二項重要期望是，希望她能帶領國家與人們進行多項改革。過去多年政治留下許多爛攤子，經濟衰敗，國安動搖，司法腐敗，都需要加以改革。

(三) 追求進步

政治改革不是爲改革而改革，改革的目的要能求進步。國家要能進步，個人也才容易獲得好處。這些進步的工作，很必需由最高的政治領袖帶領大家努力以赴。

(四) 創造幸福

各項政治改革與進步都要能使國民獲得利益與幸福才有價值。國家領導人也被人民強烈期望能領導大家，達成這一最終目標。

摒棄特權

一、意義及符合社會良心的含意

特權的簡要意義是特殊權利或特殊權力。社會上有些人比一般大眾享有更多權利，或握有更多權力，都稱為特權者或特權階級，也稱特權階層。摒棄特權是指具有特權條件的人能不享有特權，也不想要特權，是很有良心的行為。其具有良心的意義可就以下四點加以說明：

(一) 放棄私利的含意

能摒棄特權的人有良心，是因其能放棄私利，特權背後都有利可得。能放棄特權表示能將私人利益看淡，不忍為了私利而傷害公益。普通人在利益當前，有權力可用時，很難摒棄。必須是道德性高，心地善良的人才能辦到。因此這種人在社會上都少見，是少數聖賢之人，應該受人尊敬。

(二) 推己及人的含意

能摒棄特權的人都有推己及人的高貴情操，推想無特權的普通大眾都不希望自己的權利或權力被他人剝奪，於是不玩特權，能成全別人的權利者，是仁人君子。

(三) 謙遜禮讓的含意

能不因被迫而摒棄特權的人，都有禮讓之心，都是謙謙君子，非有高人的良知與修養很難辦到。謙遜禮讓之人，世上少有，應視為社會典範，給以尊敬。

(四) 犧牲奉獻的含意

特權雖不受平常人鼓勵，但畢竟是擁有者可得的權利與權力。擁有者能不強求，多少有願意犧牲奉獻的意涵，良心上算是可取，也值得瞻仰。

二、特權性質與型態

特權的性質可從多方面加以了解，歸納同類的性質可成一定的類型或模式。討論摒棄特權時，若有特權的性質與類型或模式爲依據，較能深入與完整理解其意義。

(一) 形成過程

特權的獲得必定有形成的過程，主要的過程有迥異的兩種，一種是先天繼承得來的，另一種是後天努力得來的。前種英文稱爲ascribed，後一種稱爲achieved。先天得來的最主要過程是繼承優越的社會地位，如古時生在帝王之家者，可能成爲王子，可繼承王位，或成爲公侯，都可享有高貴的特權。今日生於富家的子弟，可能成爲富二代，或靠爸族，生下來就享有比別人更多的財富；生在政要之家，則成爲官二代，也都能受上一代的庇蔭，在官場或商場上發展都會比較順利。後天得來的主要過程是經由自己努力而獲得者，可能經由認眞讀書，努力工作而獲得權力並得到報酬或權利。

(二) 具備條件

要能擁有特權必須具有特殊的條件，前面所舉的家世及努力也都是重要的條件。以今日工商社會，競爭劇烈，能經由後天努力獲得特權者，需具備的條件主要有數項：第一項是聰明才智過人，人在官場與事業上的成就常是用腦筋而不是靠體力得來的；第二是要加倍努力，大家的聰明才智雖有差別，但努力程度的差別往往更大。能努力讀書工作之人，成就會較可觀，能享有特權的機會也較大；第三是，要有貴人相助，成就與特權得來不易，能獲得的人多半在途中都經貴人相助，也就是機會的來臨。有的貴人或機會的幫助不大，受助者並不自知，或不以爲意，但都甚爲關鍵。三項條件缺一不可，否則要有特權都較困難。

(三) 行使態勢

特權的行使態勢也有許多種，有較大差別的兩種是低調行事尙能令人接受，與惡行惡狀難以令人接受者。特權一般都不受歡迎，因此會受衆人側目。有特權的人若能較爲識相，大家也都較能原諒；如果太過囂張，惡行惡狀，就容易招來怨恨與不齒，也較容易引起反彈或被推翻。

(四) 獲益程度

特權有大有小，小特權如能較容易買到一張難買的車票，較大者例如准包大工程，或准許開黑心工廠，准許做股票內線交易，也有買官及賣官者，都涉及到不可爲而爲之的違法程度。過了關卡都可賺大錢，或得高職位，但是越大的特權會越爲常人看不慣，也會受到越大的排斥與反抗。

(五) 摒棄方式

能摒棄特權的人，方式也都不僅限於一種，至少有三種很不相同的方式，其意義與給人的印象也甚不一樣。第一種是出自良心，自動自發摒棄者，最爲難能可貴；第二種是經人勸導而後摒棄者，雖不可貴，也還能使人接受；第三種是在情勢所迫，不得不摒棄者，顯得沒誠意，並不爲人讚許。不少名人過去曾經享有不法或不體面的特權，曝光之後還遮遮掩掩，設法保護，都到最後保護不住時，才肯放棄，顯得無誠意，也不誠實，乃不能得人諒解。

三、特權階層的罪過

擁有特權又行使特權的人，多半都有罪過，較嚴重的罪過有下列幾項：

(一) 貪汙

最常見又是最惹人怨的特權行爲是貪汙，能有特權貪汙者多半是位居要津的人，其中以官員貪汙最受注目，因其貪汙的錢財都是人民的納稅錢。在政治敗壞的國家，官員貪汙的情形甚爲嚴重，大官會大貪，小官會小貪，無人不貪。當官員會貪汙，國家的法紀敗壞，政府辦事效率很差，人民辦理公務都要行賄，受害甚深，生活也困苦。

(二) 竊盜國家資產

有特權者常竊盜國家資產，可從職位上貪汙，又可因職位之便，行五鬼搬運手法，或與外界商人相勾結，將國家的錢財占爲己有。國家的軍方之人，常可由購買軍火抽取佣金。各種官職的主管也常由採購中揩油。也有運用特權盜賣國家財產的不法行爲者，都有罪過，都不可取。

(三) 欺壓平民

特權行爲的另一大罪過是欺壓平民百姓。爲官吏者使用職權要脅平民，按其要求辦事，不依者不准或故意拖延。其要求包括行賄，有求的百姓非花錢消災不可。惡劣的特權官員，常使百姓受盡欺壓，罪過不輕。

四、摒棄特權之困難

能自動摒棄特權的人有良心、有美德，能受人尊敬。但是特權摒棄不易，有下列幾個重要原因造成：

(一) 特別享受

有特權可獲得特別的享受，包括物質的及精神的。物質的享受主要可由金錢購買許多自己喜歡的物品，這些物品能被其所用，從中享受與滿足物慾。精神的享受主要是可使人羨慕、聽命或尊重，從中滿足虛榮心與成就感，得到精神上的快樂與享受，都使人捨不得摒棄。

(二) 好處多多

特權的好處多多，可直接得到所要之物與所要之情。也可由轉換替代而得到所要之物與情，而能獲得滿足。有特權最大的直接好處是，可容易獲得金錢，用錢購得多種需求的物品。有特權可享有可貴的人情、愛情與感情等，都是衆人的最愛。缺乏時都想要有，已有時都想要握住並擴大，很少人會自動願意摒棄。

(三) 得之不易

特權不能輕易放棄，也因得來不易，有的要靠祖先庇蔭，有的要靠自己努力。不論先天可得，或要經後天的努力，都得之不易。已得者都會善加保管，還未獲得者，都會設法向已得者，努力求取。

(四) 放手即失

特權有價，得來不易，要摒棄也困難，一旦放手就會消失，故已得者大多緊抱不放。被摒棄的特權會消失，有的失效，有的被他人取代。一些有限量的特權，一個蘿蔔一個坑，前人退出，後人就補上，回頭想再要時已不可得。尤其是有權無責，報酬高，又輕鬆可得的特權，人人想要，不經自己摒棄，都會有人暗中挖取，有時如何消失都自己都不知道。

五、如何摒棄

摒棄特權畢竟是非平常之舉，如何才能有此善舉，則也甚值探討。重要推力有如下兩大不同類型：

(一) 內制力量

這一種是指已有或將有特權的人自動摒棄。出發點非常高貴：感悟到特權不該有，以免自己得利卻傷害到他人。這種德性的感悟不簡單，具有很高的道德感與善良的心，主要是由修養得來。

(二) 外力要求

這種力量較為次等，並非出於主動，而是被動性的。包括被人指點或逼迫，使其對特權覺得不能要，或要不得而放棄。勸告的人有朋友，也有可能是敵人，逼迫的人則多半是敵人。是朋友則多是出於善意的勸導，告誡不要因貪戀特權而惹禍上身，要能潔身自愛；但若是敵人，可能是要強迫持有者將特權交出來，或脅迫他，使其不敢再要。

分配正義

一、意義與重要性

(一) 意義

分配正義（distributive justice）是指人與人或與國家之間對事物分配的公平性。這是公平正義的一環，與矯正正義（corrective justice）同爲公平正義的兩大支柱。後者著重對惡行適當的矯正或回應，也有稱爲應報正義。分配正義強調分配要公平。平等分配是公平分配的一種，但有時會不公平，而有時分配不平等反而較公平。

(二) 重要性

分配正義是人類社會生活非常重要的一種概念與標準，重要性有兩點，將之列舉並說明如下：

1. 可促進社會和諧

獲得財物、資源或權利是世人努力奮鬥的重要目標，人人都想爭取最多，必須要使分配合乎公平正義，被大家接受，才不紛爭，才能和諧。

2. 合乎社會道德與規範

分配正義是神聖崇高的理想，也是一種道德規範，人人都要遵守，並視爲神聖，不可侵犯，才能實現。

二、哲學基礎

分配正義與公平正義同具哲學、法學、神學、史學等的基礎。就哲學基礎而言，自古至今對分配正義建立重要哲學理論者有三人，即亞里斯多德（Aristotle）、羅爾斯（John Rawls）、諾齊克（Robert Nozick）。亞里斯多德的分配正義哲學強調努力、勤奮、聰明、有貢獻者應多分配到社會資源與報酬，但社會應給予弱者較多扶持與資源之助。羅爾斯指出三種分配模式，即按貢獻、努力與需要的分配原則，主張可犧牲個人自由權利以達到更大的社會平等。諾齊克則主張允許不平等，但要捍衛個人自由。

三、內涵與價值

(一) 內涵

分配正義一詞的內涵包含分配與正義兩部分，在分配方面主要內容是指財物、資源、權利、責任等的分配。但正義方面的內涵則較有爭議，主要的爭議在正義所強調的平等與自由，要平等可能要犧牲一些自由，要自由則不易達到平等的境界。

(二) 價值

分配正義所以被推崇，因其至少具備三個重要的價值基礎，即是1.客觀基礎，2.道德基礎，3.資源基礎。這三種基礎的價值說明如下：

1. 客觀基礎

所謂客觀基礎是指爭議分配的設計安排是採取統一制度的，不是隨分配者的偏好而設計安排的，故是客觀的。

2. 道德基礎

分配正義的要旨在維護公平正義，對不公平、不正義的分配勢必要矯正，對給弱小貧窮者的資源分配依其必要加以維護。故這種分配是具有道德基礎的。

3. 資源基礎

這種基礎是指社會成員對於物品或資源的分配方法都有共識，也即是由大家共同認定的。

四、評價

分配正義有正反兩方面的評價，支持者主要來自弱勢與窮人，他們都很支持公平分配的正義，特別支持按需要分配的公平。但有才智有地位的人，則較支持按貢獻加以分配的正義。

反對分配正義者主要是自由經濟的理論家，認爲財物及權利等的分配應由自由市場供需平衡的原理決定，不應用政府的公權力強加決定，否則政府會控制人民的自由。

五、實際問題

社會的分配制度雖然很講究公平正義，實際上這種理想很難顧全。財物、資源、權利、責任等的分配常很不公平，也很不正義。如下列舉幾項時下我們社會分配不正義的事蹟加以說明：

(一) 資方分多勞方分少

臺灣自從工商業發達以後產生了不少由經營企業而形成的資本家，這些企業家或資本家都有高人一等的膽識與能力，理應有高報酬，但觀其累積資本的過程，都受到政府許多鼓勵性政策之賜。政府爲了經濟發展，制定一系列的發展計畫與政策，獎勵投資，保障企業經營者的利益。重要的鼓勵方法有便宜提供廠地，融通資金，減稅、退稅及免稅，便利籌辦程序等，使不少企業投資者與經營者能快速累積財富。

在這一系列鼓勵投資發展經濟的過程中，勞工意識逐漸抬頭，政府也要對勞工加以照顧，多半的照顧方法都著重在提供福利方面，但是幅度卻不如保護資方的幅度之大。結果是資方分配多，勞方分配少，未能達到正義分配利益的理想境界。

(二) 高官厚祿小廝酬薄

在文官的酬報體系中，也出現高官的俸祿偏多，小廝的薪俸偏低的現象。俸祿的高低依職位高低有差別是合理的現象之一，但若差距過於懸殊，明顯同工不能同酬，卻也有失公平之處。臺灣一般小公務人員待遇的水準明顯落後在鄰近的日本、韓國、新加坡、香港等地水準不說，在國內也不能與有權勢高官的高薪相比擬。

(三) 制度性的另類贏家

制度性的賺錢贏家除了經營廠商與貿易之類的企業之外，另有兩類投資的大贏家是大建商與股票大戶，再就這兩類營利的不公平之處略作觀察如下：

1. 大建商

近來國內幾家大建商崛起，賺了大錢並成為工商大老的成就有目共睹。大建商建築高樓與豪宅，提供高品質的辦公與居住之處，功不可沒。但其營利之厚，使大建商成為商界國王者也是事實。大建商的崛起與發展也不無拜政府政策保護之賜，使人民有偏向護衛大商人的不公平、不正義之感，尤其當房價大幅提升，以及大建商與高官之間勾結的惡行曝光之後，人民的這種感覺更為敏銳。

2. 股票大戶

社會上對投資股票賺大錢的消息常有所聞。股票是一種資金的投資，買股票將資金投入工商產業，有助促進工商發達經濟發展。但是較多數的股票買賣更像投機，都在短期有利可得時就出手拋售。大戶對股票的訊息尤其靈通，對買進賣出的掌控尤其敏銳。賺錢快速又龐大，又常會有內線交易等不軌行動，這種發財方法不無給人暴發戶的不良印象，其報酬與努力很不成比例，這又是財富分配上很不公平不正義之處。最近政府曾經有課徵證所稅的意圖，作爲改進股票投資獲利公平分配的作法。但吵鬧了一段時間，並未提出萬全之策，也因顧慮不良後遺症會很多，而未能定局。

(四) 致富無道者衆

致富是社會上多數人追求的目標，致富有道人人稱羡，致富無道則人人嫌而唾棄之。社會上循規蹈矩，努力賺錢，發財致富者，比比皆是，無可厚非。但是爲非作歹致富無道者，爲數也有不少。造成財務分配不公平，也無正義。致富無道的重要類型約有下列數種：

1. 奸商

營商開工廠目的都在賺錢，是天經地義的事，但有的工商業經營者很沒良心，爲能快速致富使用不正當手段，而成爲奸商。此類商人奸詐的名目很多，偷工減料，變換原料，製造販售有毒或仿冒產品，不守信用，亂開空頭支票，借款賴帳，買通管理關節官員避開嚴格檢驗，暗中犯法等等。這些都是較快速賺錢的有效方法，但會傷害買主與消費者，也都很沒天良。

2. 貪官

當官貪汙也會致富，但經由貪汙致富也是沒良心、不公平、不正義的行爲。此種行爲涉及不公平、無正義的財物分配，因爲吸乾了平民百姓流汗流血辛苦賺來的納稅錢。貪官致富享受，老百姓卻要多繳稅，這樣的天下哪有公平正義。

貪官不公不正，常因收受賄賂，而要當奸商的門神，保護奸詐商人的利益，自己也受益，但會損失與傷害消費者人民的利益，甚至使其受害。官位越高的官，由貪汙得到的錢財可能越多，小官貪財的數量相對較少，但對人民的傷害則更爲直接。因此貪汙程度不論大小，都欠缺正義公平，也都不可爲。

3. 騙徒

騙徒使用各式各樣的手法騙人錢財，不費吹灰之力，就使大筆錢財易手，怎能免去分配不公不義的罪名。過去較可惡的騙徒有金光黨，或詐賭的老千。今日最可惡的騙徒是詐騙集團，顧名思義都不僅單獨一人所爲，而是一大票人，甚至是跨國性的集團，慣用電話或網路通訊，假造訊息，引人驚恐或貪婪而上當。得手的金額都很龐大，甚至會使受騙者傾家蕩產。有些受騙的老實人，非常無辜，在短時間內就損失一生積蓄。

4. 竊賊

竊賊獲取所得也不公平，小偷趁人不備偷人錢財，強盜土匪則會明搶。武器發達之後，搶匪所用槍械都能使人一槍斃命，其中以搶銀行者獲得錢財之巨最爲驚人。竊賊偷搶他人錢財，明顯是最不公平、不正義的財富分配方法與過程之一，給人不良示範，也嚴重擾亂社會秩序與安全。

5. 萬惡黨徒

惡貫滿盈的黨徒有兩大類，一種是黑幫的黨徒，另一種是惡劣政治團體的黨員分子。黑幫黨徒爲非作歹，擄人打人，被良民唾棄，是很自然的事。但是不良政黨的黨員，卻能經由黨的強大力量，站上政治重要職位，利用公權力要弄並欺壓百姓，坐領高額公家俸祿，運用國庫金銀，獲得龐大利益，老百姓卻渾然不知，還得讓他聽他。天下不公平的錢財與權利分配，莫不以此爲甚。

(五) 奉承者高升敦厚者吃虧

在政府與企業機構中，職位升遷是一種重要的制度，賢明的領導或主管都能提拔能幹下屬晉升，但也有昏庸無能的領導或主管，容易聽信奉承的小人，遠離賢臣與苦幹敦厚的下屬，賞罰不公平，權力的分配必然也無正義。就官場與民間組織啓用奉承者，委屈敦厚下屬者的眞相再做一些補充說明。

1. 官場現形

官場上阿諛奉承是很常見的景象，下屬善投主人所好，阿諛奉承，都能容易得到主人的歡心，被主人收爲心腹，也能分得好處，其中晉升職位，隨職位領高薪分外快，都是最常見的結合方式。

2. 組織亂象

在民間的企業或其他非營利性組織中，主管與部屬的結合也難免會有私情牽涉其中，能聽話又善奉承者多半會有較佳晉升機會。如果善於奉承的部屬缺德又無實質才能，只因奉承而升職，卻叫敦厚賢才的同僚坐冷板凳，必定會使組織內所有分子不服，致使組織的倫理與秩序大亂，績效也不會良好。

(六) 特權者

社會上另一常被指爲不正義的分配是，權勢者的權利與責任的分配不成比例，在權利的分配方面常可享有特權與優惠，重要的特權包括少繳稅賦及免服兵役，享有的優惠則有特定的福利、補貼或獎勵等；相對的，中下階層卻每筆收入都免不了要繳所得稅，無門路可免服兵役，得不到政府發給的特殊福利、補貼或獎勵。造成貧富分配不均，所得差距拉大，責任義務的分擔也有不公允之處。

六、實踐方法

分配正義是理想的社會目標，也是理想的政治目標，要徹底完全實現很不容易，有效的實踐方法則可分為如下兩大方面進行：

(一) 建立與改進制度

分配關連到多數大眾的事，也即是公共事務，不同人會有不同想法與意見，必須有制度為之規範，此一目標的實踐才不致混亂，才能有效達成。在民主社會與政治體制下，重要制度的建立與改進常要經過立法的過程，因此我們的立法院或一些其他民主國家的國會，都必須時時注意分配正義的問題，且要及時建立與修正有關的制度，使社會財富、資源、權利等的分配都能正義化。時下許多政治人物所說的國會改革，正是此意。

(二) 調整人心與行為

制度規範個人行為的準則，但實際的行為則起於個人心理態度與行為。正義分配制度如何建立，密切關係到立法者的想法與做法，也即密切關係立法者的心理與行為。建立好或修正好之後的制度能否認眞實施，則關係社會上全體行政者與民眾的想法與做法，也即關係到人人之心理與行為。要能切實實現分配正義，則全國人民都要調整心理與行為，將此一目標的制度當為要事加以實踐，社會才能眞正達到分配正義的目標與境界。

犯規與認錯

一、引言

(一) 題目的說明

在我討論犯規與認錯的議題之前，先對這題目的意義作些說明。本文所指犯規是指違犯規範，是錯誤的行為；認錯則是指承認自己的錯誤，而非指認錯對象，如認錯人或認錯事。承認自己的錯誤包括承認錯誤的態度與行為，行為因態度造成，所以行為的錯誤包含態度的錯誤在內，都值得注意與檢討。犯規此種行為相當普遍與常見，其對人對己的影響也很重大，因此也值得檢討。討論犯規與承認錯誤有助改進錯誤，使自己能更成熟與更長進，也可使別人減少受害。

(二) 犯規行為的普遍性

1. 人多容易犯錯

世界上會犯錯的人很多，所謂「人非聖賢，孰能無過」。人對於各種行為會有複雜的存心與用意，對於各種行為的規範也常不能透徹了解，因而也未能都準確把握。

2. 犯規人數多

所有可能犯規的人不在少數，其中被發現的人已有不少，未被發現的人則更多。監獄關禁許多較嚴重犯規的人，大街上外表正常卻暗中犯規的人更是不可計數。累計世上的人，幾乎人人都會犯規，只是犯多或犯少，犯重或犯輕的差別而已。

3. 犯規不分男女老少，也不一定與性別與年齡成正相關

有些男人較為衝動暴虐，容易有粗暴的犯規行為；有些女人心思細密，但也會惡如蛇蠍，做出駭人聽聞的重大犯規錯事。有修養有歷練的老人，不

因年齡較大，犯規就較多；一些年不更事的無知少年，也有容易爲非作歹的可能。法律上顧慮給未成年人改過自新的機會，減輕對其犯規的處罰，但反而有助其犯規的可能。

4. 古今中外犯規的異同

綜合古今中外，不同的人犯規的性質有異，也有同。相異之處是出自條件不同，對於是非、對錯規範的認定不同；相同之處則出於同是人類，人性少有差異。不同國家與社會的不同條件包括自然的、歷史的、社會的、文化的等，導致其是非與對錯的規範標準不同。原始的社會少受文明文化的薰陶，許多自認爲正常的行爲，常被文明社會的人認爲野蠻。開放社會認爲對的事，也常被保守社會的人不以爲然。

5. 犯規的行爲也多

不論何種時代與社會，違犯規範行爲錯誤的人都有不少，可能由個人的偏差形成，也可因外界的引導與影響造成。犯規的人多，影響的面也大，需要正視與對應。包括認錯與改錯，也包括個人的用心與社會的努力。

(三) 認錯展現社會良心

對於違反規範、做錯事的人，承認錯誤具有兩項展現社會良心的重要意義，首先可將認錯看作是個人表現良知良能，其次是社會的良心展現包容寬恕，都有助認錯的表現。就這兩方面對社會良心的重要意義略作分析明如下：

1. 認錯出自良知良能

有錯但肯承認的人都是較有良知良能的人。人犯規做錯事，要在他人面前認錯是很沒面子也很難堪的事。爲不失面子，不使自己難堪，常會硬拗，死不承認。唯有良知良能之人，能勝過愛面子，忍受一時的難堪，肯承認錯誤。良知良能使其大徹大悟，了結錯誤的不該與不當，經認錯而懺悔，以此表示不再犯的決心，從此改正錯誤，拾回個人良心，歸返天生的純眞與善良。

2. 社會良心的寬恕有助認錯的表現

認錯展現一種社會良心，這也可由社會對有過錯及肯認錯的人包容寬恕呈現出來。社會對做錯事的人能包容寬恕，表示社會有善意，也有良心。可使犯規過錯及能認錯的人不失望，能有懺悔及改過的機會，不至陷入絕境的深淵，對於個人及全社會都是好事。曾見犯規違法之後經社會包容寬恕的人，後來爲回報社會的恩典，做出超乎常人所能做的善事，成爲極不平凡的善人，這些都是社會示出良心所積下的功德。

二、犯規的分類

人的犯規行爲可分成許多種，下列幾種是世人常用來形容的類型，每一類都以對照的方式加以表示。

(一) 大小輕重之分

犯規的程度有大小之分，也常被用來表示錯誤的類型。過錯重者有被形容重於泰山，輕者有被形容輕於鴻毛。輕重可由外界認定，也可由行爲者自己認定。一般人對於較輕微的犯規過錯都較不介意，對於較嚴重的犯規過錯則較難放過。但也有人會將雞毛蒜皮的違規小錯斤斤計較，耿耿於懷；但對重大的犯規過錯卻能視若無睹，毫不在意。這都與其認知的差異有關。

(二) 有無意識之分

判定犯罪及處罰的法官對於犯罪者是有心或無意的差異非常在乎，對於無意的犯規，都會當作過失，既使是殺人重罪，若是無意，也可能判定較輕的罪刑；但是對於惡意傷人者，既使傷害的程度不大，但因其存心爲惡，又毫無悔意，就可能重判。犯規過錯是有意或無意，關係其惡性程度的差別很大，表示良心有無程度的差異也很大。

(三) 個別與集體之分

犯規錯誤的發生有由個人而起，也有由團體引起。團體性的犯規以一種集體意識出現，常有組織性、有目標性也有計劃性。由社會大多數人看，這些犯規行爲都是違反正常規範，但在有犯錯意圖的個人及團體看來，常不覺得是嚴重錯誤，甚至覺得非做不可。但因與社會多數人的價值標準有異，免不了受到多數人排斥與懲罰的回應。個人的犯規行爲力量相對微弱，較容易被殲滅，但團體性的犯規，因爲衆志成牆，常很不容易抵擋或消滅，變爲社會主流的可能性也較大。

(四) 初犯與累犯之分

犯規有了習慣性，就變成累犯，與初犯有所差別。通常初次犯規都較不安，也較容易改正；累犯則因習以爲常，少有擔心與害怕，因而也較不易改正。法官對於初次犯罪者，見其過去無不良紀錄，認爲改邪歸正的可能性較大，常較輕判懲罰。但對於累犯，會認爲其惡性難改，較會從重量刑。

(五) 絕對與相對之分

有些世事與行爲的對與錯，常常並非絕對。有可能因人而異，因團體而異，或因社會而異。不同個人因價值觀不同，文化背景不同，對於是非對錯的認定也不同。所謂種族中心主義是指各種族都會以自己的文化爲中心，看其他種族的文化爲異類，異類文化下的行爲模式也都是錯的，都是犯規的。

不同的個人與團體對於是非對錯的認定不同，常是引發衝突與紛爭的原因。單獨的個人或小團體處在異類的大文化中，必要加以自我調整適應，使之能融合，否則就得接受懲罰之苦。

三、犯規的社會學理論

犯規是社會行爲，具有社會性質與社會意義，可用多種社會理論加以解釋。

(一) 社會價值說

人若存心犯規，不會將之當作是過錯，而會當爲一種價值。詐財與搶錢明顯違規犯罪，但具有生財的價值。說謊欺騙、殺人放火都犯規，但分別具有自我保護及消除心頭之恨的價值。因有價值，就感覺值得去做，不會覺得有錯，或雖然知道有錯，也覺得不很嚴重。這種有價值的感覺與認定是社會給個人的：金錢有價值、自我保護有價值、消除心頭之恨有價值等，都是社會教的，個人都是從社會學來的。

(二) 社會功能說

社會功能的觀點與社會價值的觀點甚爲接近，社會價值觀是重視社會認爲有價值或無價值，社會功能是重視對社會有無貢獻或功能，也包括對社會的壞處或傷害。犯下錯誤的事對社會大致上是有害的，無功能的，但也可能有局部性的正面功能。搶劫錢財會危害社會治安，但若將搶到的錢用爲濟貧，也可達到財富重新公平分配的功效，行搶者就成爲義賊。

(三) 偏差行爲說

此種學說重視行爲是否合乎社會規範，違反或不符合規範者是偏差。犯者常要受到社會制裁。

(四) 社會控制說

此種學說重視在社會生活中對偏差行爲的控制。控制的方法分內控與外控，內控是指出自個人內心的控制，可用修養、反省、懺悔、羞恥等機制約制行爲，不違反規範，不出差錯。外控是由外界力量來控制個人的行爲，不使其有錯。重要的外控機制有輿論、宗教、規章、法律等。

四、認錯不易的因素

不少違犯規範、做錯事的人都會死不承認。認錯不易有多種因素致成，大致言之，有個人因素及社會因素兩大類，各有幾個重要細項，將之列舉說明如下：

(一) 個人因素

1. 害怕心理

規範的違犯者也是錯誤的製造者，多半都心知肚明，知道會被追究或處罰，因此心中多少會害怕。追究或處罰的方式有取笑，有求取賠償，也有藉公權力予以定罪。不論方式爲何，對於犯規過錯的當事人都有傷，使其也不得不害怕，而不敢認罪。在過錯未曝光前，也害怕不光明的消息會外漏，會盡量掩飾。

2. 受罰效果

曾經因犯規而受過處罰的人，經歷了處罰的痛苦之後，必然也會設法將過錯隱藏或避免。使能免受懲罰之苦，辦法之一是不承認有錯。但是嚴厲的法官與看官都能明察秋毫，只要有犯規的錯誤，都能查明，少能逃脫。

3. 社會化不足

社會上對許多事的是非標準都有明確的規定，想避免錯誤不受懲罰的人，都需要先學習認識是非與對錯的規範準則，但不是人人都有足夠的認識與了解能力，既使能充分認識與了解，也不一定都有決心與能力遵循。犯了規矩，或不能坦然面對犯錯的人，都是社會化不足的人。社會上不是人人都充分社會化，因此會犯規的人也會有許多，而且每一人所犯的過錯都不在少數，犯錯卻未能承認與改正者爲數也多。

4. 不明是非

社會化極端不足者，不明社會生活的是與非，因此容易胡作亂為，錯誤連連。犯了規範也不知應該誠實認錯，鮮少廉恥，常會抵賴到底。

5. 自我肯定與固執

有些犯了規矩不認、不改的人非常自信與固執，自信自己不會有錯，也固執堅信自己所作所爲絕對正確，而沒有錯就不必改正。眞是剛愎自用，自以爲是，難以理會。

(二) 社會因素

這種因素非屬個人因素，而是外在的環境因素，又可分成重要的數點：

1. 價值標準混亂

認錯不易的第一項社會因素是社會價值標準混亂，使人難以適從。社會價值混亂起自多元價值體系，不同社會團體有各自堅守的價值體系，當彼此的價值系統互不相同，又地位高低變動不定時，體系就會混亂不清，常人就難做選擇遵循。任何行爲都有對錯不同看法，也就難辨是非對錯，於是也就令人難以認錯。

2. 他人指導

人的性格類型因所受主要影響力量的不同，而有傳統指導、自我指導、及他人指導等不同型態。其中他人指導的性格類型者，對於事情的對與錯，少能自主判斷，常看他人主意而定。有無錯失常難自知，常受他人指導而定，自己不易承認錯誤。

3. 外界的判決

個人行爲的對與錯，有外界的專司機構爲之判定，導致個人不願主動認定自己的犯規與錯誤，到被判定了心中還常不服。

五、學習與鍛練認錯

人能認錯並不容易，需要學習或鍛練，方法有不少，舉出若干加以說明：

(一) 克服害怕勇敢面對

前面提到認錯不易的個人因素，前兩項是害怕心理及受罰效果。由是學習與鍛練認錯的第一要件，是要克服害怕與勇敢面對，將認錯視爲必須負起的責任，不能逃避與敷衍；誠心接收處罰並懺悔，求內心平安並求改進，使自己不斷成長。

(二) 提升良心道德

認錯之後短期可能因受罰而會吃虧或痛苦，提升良心道德有助克服這種心理障礙。要提升良心道德，最常見由反省與修心養性著眼與著手。信奉宗教、學佛念經、讀聖賢書、聽道等，也都是常見的自我學習與鍛練的方法。

(三) 從認錯求進步

認錯是改錯的關鍵行為，唯先能知錯改錯，心理人格才能提升與進步。人能求進步，才能逐漸成熟，也才能逐漸像個人樣，不拖累社會，不給社會負擔，反而能貢獻社會，有益社會。

六、認錯的性格意涵

認錯是個人行為，具有人格特性的意涵，這種行為具有如下幾樣正面的人格性質與意義。

(一) 良心性格

認錯又能改錯，表示良心未泯，心地還算善良。缺乏良心性格的人，至死也不會認錯。

(二) 細心性格

肯認錯，在性格上是能反省之人，也算細心。粗心之人常不斷犯錯，更不會認錯與改錯。

(三) 勇敢性格

能認錯者能克服受罰的害怕與恐懼，算有勇敢性格。懦弱之人犯了錯，不敢面對，更不敢承認。

(四) 順從性格

認錯之後必要接受處罰，順從規範。不願順從規範之人，常與規範作對，不知有錯，也不願認錯。

七、認錯的裁定與判決

認錯具有多層的裁定與判決意涵，重要者有三層：

(一) 依據心理選擇

人對於犯規的後續動作會有認錯與不認兩種選擇，有人選擇認錯，有人選擇不認。認錯的人克服一時的害怕，能求得較長期的心安理得；不認錯者卻心知肚明，可能永遠生活在不安與恐懼中。

(二) 依據社會是非標準

認錯的第二層依據是社會的是非標準。違規犯錯是與社會標準不符，必會受社會的抵制、排斥或拒絕，社會輿論會加以批評與攻擊。社會的是非標準會有混亂不清的時候，使人難以認明，不知所從。但多半的時候標準是明確的，個人違反了就犯規。犯後能承認，算是接受社會的判決與裁定，否則就不算。

(三) 依據團體規章與國家法律制度

裁定個人有無犯規與能否認錯的另一道防線是，團體規章或國家的法律制度。團體規章是給團體的分子遵守的，團體分子違反了可能受罰，或被逐出團體之外。國家的法律制度是定給國民遵守的，違反了要受到處罰制裁。

尊重隱私

一、隱私的意義與功能

(一) 意義

隱私是指隱藏的私人秘密，英文稱爲privacy。這是基本人權的一種，稱爲隱私權，是指個人人格上的利益不容許被侵害或被濳用，應受到法律的保障，不可隨意揭發公開。個人的重要隱私很多，包括人身資料與活動空間等，如姓名、性別、婚姻、身分證件、病歷、往來朋友與生意夥伴、財產、住宅、及旅行資料等，也包括較難以啓齒的個人弱點、缺失與過錯等。

(二) 功能

個人隱私不可任意被揭發與公開，應受他人尊重，主要功能或用意有下列數項：

1. 保護個人生命財產的安全與自由

任何揭露或洩漏隱私，會使人感覺羞恥或有壓力，也可能遭受威脅、詐騙、搶劫、傷害等。洩露個人居住地點機密，富人容易受歹徒偷竊或綁票，樹敵的要人則容易遭受暗殺，歹徒容易被警察查獲；常人洩漏資料，則容易被人詐騙，或被人利用。

2. 健全人格

喜歡揭露他人隱私的人，人格上難免有瑕疵。被揭露隱私的人會感覺羞辱或慚愧，人格上雖有可能改進，但也可能走向報復的偏激反應。相反地，能尊重他人隱私的人，人格上都較爲厚道健全。被尊重隱私的人，心理感受正常，也較能尊重他人。

3. 發展創造力

保有隱私，也可保有自由思想與行動的空間，有助自由創作與發明。不受大人過多干預的小孩，常會比較獨立並有創意。

4. 培養道德

尊重他人隱私，即是尊重他人的人格與權利，這是一種道德行為。經由培養尊重他人隱私，即是培養道德心。揭露他人隱私，迫使他人羞愧丟臉，難以立足社會做人，會很缺德。

5. 維護和平

人被揭發隱私，不僅會羞愧，也常會氣憤，以致會以牙還牙，報復他人。其中有可能演變成相互衝突與爭吵，破壞和平關係。若能彼此尊重對方的隱私，就較能和平相處，維護良好的關係。

二、國人對尊重隱私相對疏忽

(一) 西方社會的重視情形

西洋社會約自十九世紀就很注重隱私，在許多國家的憲法都有保護人民隱私權的規定，將隱私權視為基本人權，人民在日常生活上也都較能表現與實踐尊重他人隱私。

(二) 國人相對疏忽與原因

反觀國內，也許因為自古習慣政治威權以及家庭父權的體制，人民的權利微薄，隱私權也弱。家中的小孩自小培養成服從長輩的權威，少有個人的隱私。約晚至一九八零年代開始，獨裁政治結束，民權逐漸提升，人民的隱私權才較受到尊重與保護。社會較開放的結果，兒童的隱私權也漸受重視，國民逐漸發展出較具尊重他人隱私的性格。

三、揭發隱私與弊端的差異

隱私與弊端相當接近，都不願被揭發公開，但兩者有差別。也因此尊重隱私容易被看成藏匿弊端，尊重的美德就容易被誤解成狼狽爲奸，尊重隱私行爲的推廣會受到阻礙。在此有必要將兩者加以分辨，重要的區別有下列數點。

(一) 私與公的界限

隱私與弊端的最大差異之一是，隱私屬於私領域，弊端則涉及公領域。私領域是無關或少關連到他人的自己私事，公領域則涉及侵犯到他人權益的公共事務範圍。

(二) 對他人無害與有害

兩者之間另一重要的差異是隱私曝光會使自己尷尬，但不致傷到他人，既使有關他人也較無傷大雅，因此他人不一定要過問，過問常成爲多餘或八卦。但弊端則會傷害到他人的利益或權限，故爲他人所不容。受害人有權利加以過問追究，旁觀者干涉也會被認爲是見義勇爲，具有社會良心與責任的意義。

(三) 狗仔隊、徵信社與名嘴揭露隱私與弊端的爭議

社會上有三種人似乎以揭發隱私與弊端爲職業，都有可能揭露他人的隱私與弊端。因爲隱私與弊端兩者都會被當事人隱藏或護衛，卻又有如上說明的不同性質，故這三種揭發隱私與弊端的人都甚有爭議性。揭發弊端，可以揪出貪官、奸商及惡徒等有罪之人，也是社會敗類，勇氣可嘉，常會受到社會大眾的歡迎。但是其愛好揭發他人隱私，傷人自尊與基本權益，卻又令人難堪與厭惡。有必要自我警惕與拿捏分寸，能分辨與切割隱私與弊端。只多

揭發弊端，少去揭發他人隱私，就會較能受人尊敬。

四、隱私與揭發者的類型

(一) 隱私事件的類型

隱私事件有許多種類，較常有的是關於個人身分資料，有關個人內心不願告人的想法與感受，有關個人出醜的行爲，以及有關於人與他人的秘密關係等。

(二) 揭發者的類型

喜歡揭發他人隱私的人，除了上舉三種職業性者外，還可按照揭發者與被揭發者的關係，分成被揭發者的敵人、友人或無關緊要的人。對不同關係人隱私的揭發，道德上都有瑕疵，但意義上卻有差別。揭發敵人的隱私，多半有報復的企圖。揭發友人的隱私，則常有惡作劇或不夠義氣的含意。揭發無關緊要甚至不認識者的隱私，則多半是當作八卦的無稽之談，常是當作娛樂的性質。其中以對朋友隱私的揭露最不應該。

五、揭露隱私的不良後果

個人的隱私被揭露會有若干不良的後果，這也是揭人隱私者脫離不了缺德的道理。不良的後果會發生在被揭露者及社會兩大方面，各取兩點說明如下：

(一) 傷人尊嚴

隱私多半都有不可告人之處，被揭露了會使當事人難堪，也會傷及尊嚴，使人羞於見人，或不自在。對揭露的人並無好處，但常會使受害人發窘，難以自處，實不足鼓勵。

(二) 傷人利益

有些隱私被揭露會直接傷及受害人的利益，使其失去賺錢或升職的機會，或使其失去朋友或愛情，也常會使其喪失人緣或聲望，使人受害也難過。揭露人即使是無心，也都造了業障。

(三) 造成不良社會風氣

社會上如果喜歡揭發他人隱私的人多，會形成風氣，這種風氣使人感覺不很厚道。對於社會的建設與發展也無甚好處，對於社會道德卻有損傷。揭發他人隱私，多半言不及義，有礙個人與社會良心，也有傷善良的風俗，此風不可長。

(四) 引發衝突與紛爭

被揭發隱私的人，心中會有不悅，可能找揭發者報復。如果冤冤相報，沒有止境，或將事態擴大，則會引發社會較嚴重的衝突與紛爭，造成社會秩序的混亂，揭發者的罪過就不小。

六、促進尊重隱私的方法

個人隱私是人權基本權利，不應被人揭發或破壞，應該受到尊重。至於如何尊重，則有多種方法，在此選擇重要的三大項，加以討論。

(一) 教育感化

對於尊重他人隱私，許多人可能缺少認知，國人在這方面的認知尤其欠缺，有必要由教育感化做起。在各級學校的教育內容中應多注入這方面的觀念，使學生自小就知尊重他人隱私的重要性與方法，並實踐於日常生活中。在中小學的社會或公民教育，大學的通識教育，都是較適合摻入這類教材的教育場合。

(二) 立法遵行

對於較嚴重惡作劇，較嚴重傷人的揭發隱私，則形同犯罪，有必要立法加以阻止。將尊重隱私的道德升格到有法律依據，必須遵行的層次。這種規範在西方文明國家已行之甚久，國內若能取人長處，從而立法遵行，必可使隱私權確實獲得尊重。

(三) 造成文化

尊重隱私是一種道德行爲，是社會文化的重要成分，有必要使其發展成爲良好的文化，使人民自然接受也實行，使人民的生活品質提升，使社會文明水準也升級。教育與立法都是手段，成爲文化則是終極目的，有待國人共同用心與努力。

求之於己

一、求之於己是良心表現

我寫這篇短文首先覺得能求之於己者是良心的表現，這個道理可從許多方面加以理解。

(一) 引自反求諸己

求之於己與孟子所說「行有不得反求諸己」意思很相近。孟子的話意思是說事情做不成功，不要怪別人，應該自我反省，從自己找出原因。本題目正是要強調做任何事情應由自己出發最為重要，不可輕易求人幫助，也不可推諉塞責，錯怪別人，這才是有良心的表現。

(二) 君子求諸己

孔子也說「君子求諸己，小人求諸人」，意思是指君子若做錯事都會從自己找原因，修正自己，不會像小人將原因往他人身上推。事實上絕大部分錯誤的原因都可歸在自己身上，能將本身的原因找出來，才能眞正改正錯誤，解決問題。能這樣做的人是謙謙君子，是有良心的人。

(三) 求己是盡責任

求之於己是盡責任的行為。人不先自求，就要求人，是不盡責任的行為。自己的事自己最為清楚明白，對自己的利害得失關係也最大，理應由自己負最大責任。要先求自己盡力而為，不該輕易求之於人，才算負責任，也才有良心。

(四) 求己是盡人力

求己是盡自己之力，不先求己，就不知自己的能力，也未盡人力，是對人力的浪費。糟蹋人力，自己也白來到這世界，白白的受父母養大，是沒良心的表現，千萬使不得。

(五) 求己可發揮潛能

不少人未能要求自己盡力，故也無法認識與了解自己的潛能。潛能是要經發掘與磨練才能發展。不論能或不能做，先求自己，都有助發掘與發展自己的潛能。盡力去做，才對得起良心，也才對得起別人。

(六) 求己可不必求人也可免煩擾他人

許多大大小小的事能先求自己，盡量自己解決，少求別人，就可減少煩擾他人，減少別人的負擔。這樣做才對得起他人，也對得起自己，是負責任的行爲，也是良心行爲。

二、世上求人者甚多

雖然凡事能自求於己是良心行爲，但是世界上有不少人並未能這樣做，反而常求助他人，或將過錯從他人身上求原因，要將責任推給他人。這樣的人，缺乏良心。仔細歸納與分析，會求諸於人者有許多種，下列這些都是：

(一) 小人求諸人

孔子所說「小人」是第一類會將做錯事的原因往別人身上推的人。這類小人無擔當，不虛心，不誠懇，小鼻子小眼睛，只爲自己討好處，怕吃虧。有功自己攬，有過往外推，十足是沒良心的小人作風。

(二) 懶人求於人

世界上也有許多懶惰的人，不肯吃苦，不努力，大小事情不費心思，也不盡心力，都求他人做或推給別人做。尤其是對公共性的事務，推得一乾二淨，希望他人能做，自己卻不做。

(三) 沒能力者求人

世界上還有另一種很會求人者，是沒能力的人，自己做不了任何事，事事都要求人幫忙，或求他人負責。這種低能的人，有的是不得已情況，也情有可原；但有些是不用心不盡力，推拖拉扯，罪無可赦。

(四) 沒自信者求人

另一種凡事求諸於人者，是沒自信的人，自己雖也想盡責努力，卻沒自信。不信任自己的能力的人，自以爲求己不如求人，但求人必要加重別人的負擔，別人的作爲也不一定都能如自己所願。沒自信的人求人，常是沒太大作用。

(五) 懦弱者求助於人

也有懦弱的人，缺乏勇氣，也不得不求人壯膽與分憂。懦弱的人缺乏膽量，事事未作就害怕失敗，不敢嘗試，也不敢負責，求人幫助，也求人分擔責任。

(六) 不知可不必求人

不少求人之人，是因爲不知可不必求人。不知不必求人，自己也能做，也不知不必求人分擔責任，自己也負擔得起。這類的人不少是因缺乏經驗，也未建立信心。如果能多經磨練，應可改進。

(七) 許多無必要的求人之舉

另有一些人求人幫助或頂罪都沒必要，都是多餘。這種求人行徑可說徒勞無功，多此一舉。不少舉手之勞之事，根本不必求人幫忙，一些小事與差錯，都可不必求人分擔責任，但還是有習慣性，照樣會求助於人。

三、求人者要有自覺

在此勸人不可輕易求人，因為求人雖可得到幫助，但壞處也很多，喜歡求人者不能沒有自覺。如下列舉多種說明必要自覺的要點：

(一) 求人是非多

求人是非多，這是求人者應有的第一自覺。求人相助，可能受人白眼，不予同情與理會，說長話短。求他人分擔做錯的事，可能受他人拒絕與反制。旁觀的第三者對於經常求人幫助或分擔錯誤者，也不會有好感，常會敬而遠之，指指點點，嚴重者更會指責其為無賴行為。

(二) 貴人難找

求人者要能獲得貴人願意相容相助，才能達到預期效果。但是好心的貴人難求，可遇不可得。有能力的貴人，社會關係與距離可能遙遠，在身旁或附近的人可能都缺乏助人的能力或熱誠。有些願意助人的貴人，幫人之後要求的代價不低，非求人者所能容易償還，故也求不起。這種人在短時間是貴人，長期間就變了樣，故不如不求。

(三) 求人妨礙自信

求人容易養成習慣，習慣了就會妨礙自信，使自己缺乏自求自助的動機與能力。遇事不先求之於己，就先想要求人，而求人不見得都能成功，可能自討沒趣，也損傷自尊與自力更生的能力，終致使自信的程度越減越低，直到完全喪失爲止。不少一生有求他人，也常靠他人的人，多半都一事無成。

(四) 天生我材必有用

是人天生我材就必有用。能不求人而自力更生自求多福的人，會較清楚自己的長短處及優缺點，把握長處及優點，運用與發揮所長，都能打開一片天，成爲有用之人。人類社會分工複雜細密，各種才能都有用，士、農、工、商都可成爲專長，也都可發揮不同的才華與功用，對人類社會都可造就不同的貢獻。

(五) 自己燒的飯香

比對求人與自求的性質，由自己達成的結果會比較可靠與難得，也就是自己燒的飯香，自己煮的水甜。事由親手做成者，能親自體會酸甜苦辣的過程，等完成了，會特別覺得有味與可貴。求人相助而有所得者，自己少有投入，有成就也較無感。

(六) 天無絕人之路

天無絕人之路常被用爲安慰人，但也接近事實。再困難的事都有破解的方法，努力不斷，終會有收穫。但是如果事事求之於人，沒有經過自己的努力，就不會有得到破解的機會，也就會錯失天無絕人之路的良機。

四、求己者易得人助

人不可輕易求人，最好能多自我要求，這也因求己者較能得到他人相助的好處。就這種因果道理說明如下：

(一) 自助人助是天經地義

自助者人助之，這已是不必多加解釋的天經地義。原因是自助者能受人肯定與尊敬，他人會自動樂意相助。幫助自助的人比較容易看到成果，使幫助者較有成就感與榮譽感，因而也比較願意幫助他。幫助能自助的人，可事半功倍，但幫助事事要求人者，則常會事倍功半，就比較不願幫助他。

(二) 良醫也要病人告知病情

醫生看病時也要病人告知病情，才比較能正確診斷病因及下藥。人要求人相助，也要自己先用點心，他人才能較容易下手幫忙。自己先用心了解自己要求別人相助的事，也是自助的一部分。若連這部分都不努力，別人很難相助。

(三) 助人一半比助人全部容易

能先自助的人，若還需要他人幫助，別人只須幫助剩餘部分，可不必幫助全部，可較容易達成目標，他人必然較願意，也較容易展開幫助。不必事事從頭開始，否則要花費較多氣力，也較慢才能達成目標。

(四) 助人者喜歡幫助扶得起的人

能夠自助的人，多半也是較容易扶得起來的人。願意以及能夠幫助他人的人，都會較樂意幫助。幫助這種人，才不會白費力量，會較有成就感。對於扶不起的阿斗，幫助的人難免會厭倦。對可扶持的人，幫助可發揮事半功倍的效果，人人會較樂意爲之。

五、求己的方法

比較求人與求己，不論是積極要求作事，或消極要求替失敗頂罪，自我要求都較有把握，也較能贏得他人的讚許與尊敬。但自己應該如何要求自己，如下有些重要的原理原則可循。

(一) 自己的路自己走

自己的路可由自己走，自己的事可由自己做，不必看人眼色，拾人牙慧。自己的路要能早走，就可早到目的地，走得較快，也可快點抵達目的地。走路之前多做一些準備，可減少途中遭遇的困難。自己走路與作事比由他人幫忙要較自由自在得多，能夠求之自己者，就盡可能不求助他人。

(二) 凡事先盡力而爲

能自我要求的人，凡事都要能盡力而爲，才能確知不必求人，或盡量求之最少。能少求人，就可少煩人，也能多增自信。

(三) 落實行動遠勝夢想空談

求之於己，不能只口頭說說，必需要落實行動，才能眞正看到成果。只說不做，等於白說，永遠只是夢想，並無實際績效。每一個自我要求的人，都不可不信落實的重要。

(四) 把握當下

自我要求者，貴在能當機立斷。時光飛逝，過了現在，就失去了現在。有決心自我要求的人，都要把握當下，從現在開始努力。

(五) 君子自強不息

君子處事要能剛毅堅忍，力求進步，發奮圖強，永不停息。能自強的人就可不必求人。自強不息的人也可延展到八卦中的其他七卦，即是「厚德載物，申命行事，恐懼修省，作事謀始，類族辨物，辨民安志，裒多益寡」等。這些作爲君子的古訓，都值得現代人效法，少去求助他人，多強調求之於己。

第二篇

社會良心與其他社會現象與問題的關聯

社會良心與民主政治

一、社會良心與民主政治都是當今世界的共同價值

社會良心是社會上多數人共同凝聚的善良之心，民主政治則是人民當家作主的政治，兩者都爲當今世界的價值，爲大多數的世人共同追求的目標。人的內心狀態可善可惡，多數的人都希望他人都有善心，自己也必須要有善心，不與人爲惡，求能人類互助，社會太平。政治民主化是當今世界各國建立政治制度的重要標準，在這種制度下，人民的權利可以得到保障，幸福快樂的生活也較有保障。

社會良心建立在個人良心的基礎上，社會要有共同的良心，必需社會上的個人都要有良心，能愛護他人，避免傷害他人，進而更能造福他人。這種良心建立在與他人的互動上。個人的良心可從修心養性求得，可從受教育，從模仿善心人士的行爲求得，社會良心則還要藉適當制度的實施與推行而獲得。

民主政治是一種政治運作方式，也是一種政治制度，是人類社會到了晚近才發展出來的。在人類早期的社會，政治制度是封建的制度，是君主世襲的制度，統治者可將其統治權力世襲給其後代子孫，代代相傳，不論能力與作風好壞，永遠都可統治平民百姓；平民百姓歷代永遠都被統治，除非用武力革命，否則永無翻身的機會。但到了晚近，民智大開，人民要求機會平等，以能力論統治地位，政治統治者也是領導者，必須經由考試或選舉，獲得人民的支持而能適任。統治者的權力有保障，但也有限制，只能在法律給予的權限之下運作。

二、社會良心是民主政治的基礎要素

社會良心與民主政治的第一層關係是前者是後者的基礎要素。社會要能實施民主政治的方式或制度，必須要先存有社會良心的條件。這些社會良心

包括人人能有選賢與能之決心，能有容許他人獲得好處之仁心，能尊重他人之善心，能遵守法律規定之用心，要有公德之良心，要能有不姑息養奸之定心等。這些良心看來都很平常，但也都不很容易把持與拿捏，但都是人民必要培養與具備的所謂民主素養。

缺乏社會良心的國民可能忌妒賢能，自私自利，不遵守法紀制度，不與人合作為善，於是社會變成如一片散沙，人民成為一群烏合之衆。社會上存在一群惡棍與歹徒，人心處處險惡，致使良好的民主政治制度窒礙難行。對於缺乏組織的民衆為了維持秩序，政府只能強迫執行，對於惡劣的人民，政府也只能使用不文明不民主的方法加已制裁。這種缺乏社會良心的社會與國家，距離民主政治體制相當遙遠。

三、缺乏社會良心的政客敗壞政治的民主化

一個國家的政治運作常由一群政治領袖所揮舞與操作，其中不乏缺乏良心的政客。政客的基本特性是內心只重私利，不重公益，冷酷無情，手段卑劣殘酷，喜愛玩弄權術，結群聚黨，為非作歹，禍國殃民。他們常是獨夫與民賊，啃食民脂民膏。政客的出現與存在，無益國家發展，不利人民幸福，終會敗壞紀律，傷害社會進步與繁榮。

在政客的玩弄與操縱之下的政治，常失去公平的精神，違背民主的原則。政治情勢常是黑暗腐敗，政治氣氛常是緊張怪異，政治後果也常是悲慘失敗。人民沒好日子過，政府也不穩固，無功能。最後政客可能被驅逐下台，甚至被人民定罪。國家的民主政治因受到政客的傷害而停滯不前，混亂秩序，傷痕累累。必須將無良心的政客逐出政壇，民主政治才能健全發展。

四、民主政治塑造社會良心

在民主政治的國家與社會，存在許多塑造社會良心的條件。第一，社會公平正義，使人人相信存良心有好報應，因而願意以良心行事；第二，社會講究人權重視自由，人人相信自己權利可充分獲得保障，因而願意發揮良心，努力工作，獲得利益的回報，享受利益的好處。第三，在民主的國家或社會，人民是主人，政府是公僕，主人可以主宰自己的命運，但命運的好壞則要依靠自己的良心決定，由愛惜自己命運的良心出發，命運變好；若不愛惜自己命運，缺乏良心，命運就會變壞。明白這個道理，社會上多數的人都會愛惜自己的命運，秉持良心作人作事。

眞正民主政治的主政者有良心，能將人民的好處與利益視為最高目標。人民也有良心，放心讓政治家全權施政。民主政治可塑造多種社會良心，包括政治領袖服務人民之用心，做事公正廉明之誠心，替國家負責的忠心。人民也養成愛國愛民之忠心，奉公守法之誠心，以及自由自在的寬心。民主政治體制下的人民都能有良心而安心，也必定都能較快樂幸福。

五、社會良心與民主政治共營進步的社會

過去政治獨裁的時代或國家，雖然也有兵力強盛，國威高昂的情況，但多半天下的財富都收歸國有，或歸政治領袖所有，一般百姓的生活資源缺乏，日子並不好過。但在民主政治制度下，政府施政以能改善人民生活為目標，以能促進國家進步發展為努力方向。官員及人民都較有良心，以能盡好自己的本分為職責。政府與民間同心協力替國家創造繁榮進步，為人民改善生活條件。

在有社會良心的社會，人人都能守信，都能盡責，也都能替他人著想，社會一片祥和。社會中少有背信、欺騙、與侵害，社會自然也就和平與進

步。在民主的社會與國家，政府都能服務人民，造福人民。人人都能自由平等，對於政府與國家少有怨言，都能爲國家的進步與發展共同努力，國家也定能富強康樂。

公平正義政治的困難與必要

一、公平正義的涵義與重要性

中文的公平英文爲fairness，意指公正或正直。正義一詞的英文稱爲justice，德文稱爲Gerechtigkeit，其涵義是當安排財務與人民的關係，具有正當的、義氣的、合適的、美德的意義與概念。公平正義常相提並論，此一名詞與概念在東方曾出現在許多中國的古書中，如五經、齊詩及《史記》等；在西方則最早出現在古希臘的柏拉圖與蘇格拉底的典籍中。重要的公平正義可分爲分配的公平正義（distributive justice）及應報的公平正義（retributive justice）。前者是指個人與社會的財物與權利的公平與正義分配，後者是指對惡行的適當回應。公平正義的名詞或概念常是哲學、神學、法學、社會學與政治學思考與辯論的話題。

群體與社會以及國家都要講究公平正義，主要是因爲人很容易因爲私心私利而危害到他人的權益，尤其會弱肉強食。必須有公平正義的共同主張與信念，對弱勢的個人與團體加以保護，不使其被欺侮與剝削，維持團體與社會的合理與和諧，促使團體與社會能發展與進步，也維護較多數人的安全與幸福。

二、社會不公平正義的現象與由來

人類社會古今中外都很重視公平正義的價値，將之當作重要的倫理道德與規範，但卻常被破壞。個人行爲上不公平正義，社會上也少能保存公平正義的標準。重要的原因出自人的自私之心，自私心阻礙公德心，自私較能合乎自己的需要，較能滿足自己的慾望。公平正義著重在保護多數人的利益，自己得不到特別好處，於是不將公平正義視爲比私人的利益重要。公平正義就常被拋棄在一邊，不加重視與履行。

社會上或國家內財物與利益的分配常由制定規範與法律加以保障，但設定規範與制定法律的人，常僅是一小部分有職位、有權力的人。對違反公平正義者的制裁者也同樣僅是少部分有職位有權力的人，有權力的人在制法與執法上都容易爲私心所蒙蔽，削弱公平正義的精神與本意，多照顧本身的利益，少顧及他人的利益。

當前臺灣社會上不公平不正義的事，最常見在四方面表現，即一、財富分配不公平正義；二、權力分配不公平正義；三、機會獲得不公平正義；四、行動程序不公平正義等。將這四種不公平正義的問題扼要分析說明如下：

(一) 財富分配的不公平正義

當前臺灣社會財富分配不公平正義的現象是衆所皆知的事，財富分配不公反映在太集中在少數財團手中，社會上存在多數的貧困人民。握有財富之人有因其努力上進而獲得者，有其合理公平正義之處，但其中因爲不合理的政策包括投資與租稅的政策偏護有錢的資方，助長其累積財富，卻苛扣了底層的勞工與農民，就不公不義。由於公平正義的經濟與財稅政策，導致社會經濟結構與組合的不公義性。此外在政治的運作過程，也有容許不法之人使用不法的手段與方法的漏洞，從中獲得不義之財，都會造成財富分配不公平的不良後果。

(二) 權力分配的不公平正義

社會上的權力種類主要有三種，即政治權力、經濟權力與社會權力。三種權力之間互有密切的正相關，但也不全然。一般政治權力掌握在優異的政治人物手中，這些有權力的政治人物常是當朝的政治領袖。有政治權力的人物掌控政治實力，操控政治幹才，掌握政治資源，操控政治活動。也因此可能掌控重要經濟及社會權力、資源，享受比一般人更多的利益。

相反的，一般的小老百姓缺乏政治權力，沒有發言權，也缺乏占有經濟及社會資源與力量的能力。常要聽信及服從有權力政治領袖的命令或主意，成爲社會墊底的階層，其經濟能力也可能相對弱勢，經濟資源相對缺乏，物質生活可能相對簡單粗糙。

(三) 機會獲得的不公平正義

在自由民主的社會，表面上人人都有獲得所需機會的權利，實際上並非人人的這些機會都公平正義，原因有的是個人的條件不同，也有因社會設置的規範條件所限制，致使不同的人能獲得的機會不同，也可能不公平也無正義。

一般人比較迫切需要獲得的機會有下列重要的幾種，包括獲得受教育的機會，工作賺錢的機會，婚姻成家的機會，成就才能的機會。但受教育的機會可能因家境不好、住處偏遠、設施不良，而未能獲得該有的公平機會。工作賺錢的機會也可能因受教育條件不足，無法取得良好職業。或因政策不良，使某些特定行業的報酬特別不利，都是機會不公平不正義的事實。婚姻成家是人的基本權利之一種，但不公平正義的社會條件，也可能造成婚姻成家的不公不義。強迫性的婚姻至今仍有存在，是最不公平不正義的一種。有些低收入者也可能被排擠在婚姻成家的行列之外，也是不公平的事例。

發揮才能成就自己的機會可能因先決條件的缺陷，如教育、經濟及社會條件與背景的不利，都可能妨害發展，阻礙成就。社會上窮苦人家的子女因經濟條件差，受教育的機會缺乏，社會關係不佳，都是阻礙個人發展與成就的重要因素，也是社會上的人在成就上不相等的不公不義的主要原因。

三、公平正義政治的難爲

功能政治應將達成社會公平正義作爲一項重要目標，但是公平正義的政治並不容易達成，因此社會與國家之內，會普遍存在不公平正義的事項。公平正義政治不易施展的原因除前所述的自私心理，還有其他多種重要因素，再列舉重要的三項說明如下：

(一) 落後的文化

公平正義是一種倫理道德，是廣泛文化的一環，但文化體系中還有許多反制公平正義的部份，姑且統稱爲落後的文化，細節包含重人情關係的鄉民文化，傳統保守的宗教禮俗，及人治的王法等。

(二) 偏差的社會制度

公平正義須要靠端正且強有力的社會制度爲之實施，當社會制度出現偏差時，公平正義就難以實現。容易偏差以至妨害公平正義的社會制度，以敗壞的法律與司法爲最。常言司法是公平正義的最後一道防線，當司法敗壞，社會上的公平正義蕩然無存，而敗壞的司法所以能得逞，也常因法律有漏洞可鑽。

(三) 敗壞的政客與政策

政治由主政者依政策而行使。當主政者的官德敗壞，其依據的政策也不當時，施展的政治必然不會良好，常會出現暴政、苛政或劣政，無助人民的利益與幸福。因此爲官者敗壞的官德，其依據政策的不當偏好、主張與思想，都是難以維護公平正義倫理價值的重要原因。

社會上因有上舉的這些妨礙公平正義的要素，致使公平正義的政治難以伸張，社會也常墮落在無公平正義的深淵中。

四、政治不公平正義的禍害

政治是管理衆人之事，也是影響衆人生活之事。政治的好壞對人民生活的影響面非常廣泛，是全面的，非僅片面而已，影響的程度也很深遠。無公平正義的政治影響經濟發展遲緩落後，人民物質生活困苦；影響社會風氣敗壞，社會價值淪喪，社會秩序混亂，人民的快樂幸福無存。不公平正義的政治也使教育無法成功與進步，也造成司法界玩忽職守，枉法栽贓，泯滅天良，禍害百姓。

不公平正義的政治不僅妨害當代人民的幸福，也妨害下一代子民的幸福。下一代的人因上一代的政治未能將國家社會資源作公平正義的調配，將會被迫承擔惡果。目前政府因爲對國政許多方面的治理不當，國庫虧空，債台高築，後代子孫必然要還債甚多、甚久，長期難以償清，將會過很艱困悲慘的生活。

五、公平正義政治的必要性與調整

因爲政治無公平正義禍害無窮，必須導正，使其具有公平正義的精神與原則。公平正義的政治思想起源於古希臘的哲學家柏拉圖、亞里斯多德，而後經洛克、孟德斯鳩、康德、休謨、穆勒、馬克思、恩格斯等偉大思想家及哲學家的發揚，至最近美國哈佛大學教授羅爾斯（1921-2002）發表正義論及政治自由主義等名著而燦爛發光。

公平正義哲學與思想具有許多文明進步的觀念，包括公平、合理、正當、自由、道德等。這些思想觀念是社會和諧發展的基本要求與目標，也是一個文明社會進步的標誌。現代社會與國家要實行民主政治，非遵守公平正義的基本原則不可。公平正義使社會和諧進步，民主自由，人民生活豐富快樂與幸福。

公平正義的概念言人人殊，說法各有不同，可謂莫衷一是。在不同時代因環境不同，有關公平正義的原則與概念也必要調整與修正，且都需要加以標示與實現。

六、公平正義政治的實施過程與方法

公平正義的政治要能實現，必要經由幾個重要的實施過程與方法：

(一) 營造公共理性建立人民共識

公平合理的概念在不同人民心中的感受與理解可能不同，需要經由營造大家都能接受的公共理性，使能達成共識。建立的過程常需要經由宣導、溝通與調解。

大家都能接受的公共理性對大家都公平合理，也都正義適當。

(二) 制定合適的政策並立法實行

理性共識的概念必要轉化成行動，才能落實。有效的轉化是經過制定成政策加以實施。在民主制度的國家，政策的形成都要經由民意機關的監督或同意。也即通過立法的程序。立法機關對於未十分有共識的政策草案，可經由辯論後議決。

(三) 保障人民的基本自由及最低的生活水準

公平正義政治的底線是要能保障人民最低的生活水準，未能達此保障的都不是公平正義的政治。人民最低的生活水準是其基本需求，故也需要受到政策的保障。一般人民最低物質生活水準以最低收入水準爲主要指標，而此收入水準必要能支應最低食衣住行育樂消費的開銷。爲能維持最低精神生活條件，公平正義的政治也要能維護安全安定的社會生活環境。

(四) 滿足差異需求

一國之內的國民差異性不小，不同個人與族群的國民生活需求各有不同，公平正義的政治也必須要能保持一定的彈性程度，使不同需求的人都有可能依其特殊的需求，在合法合理的情形下獲得滿足。否則，未能使人民達成需求願望的政治，都不公平，也無正義。

辭官與離職

一、引言及題目的定位：社會良心的社會影響

古今中外在官場與職場上中途離開崗位者屢見不鮮，較有特性的古例常成爲史料，流傳後世。較爲新鮮有趣的當世案例，也常成爲新聞，廣爲流傳。成爲史料及新聞的辭官與離職事件多半都有教育與醒世的價值與意義，不僅值得當成故事看，更值得作爲議題加以研究。本文取後者的視角，對此問題加以分析與探究，且將此題目定位在社會良心的社會影響上。

公職官吏與民間企業組織的職位在中途會離開的原因很多，許多是因爲主管或雇主爲了自己利益，對手下及員工不公平、不體恤、不留情，迫使其離開。但也有一種是不稱職者，不得不離。其背後的力量，有因競爭激烈，或經濟不景氣，但也有一種是社會良心的推動。社會良心一方面使不稱職的當事人能知所進退，另一面使社會形成壓力，逼迫當事人不得不退。

二、社會良心者對昏君污吏的批判

歷史上的專制時代，君主與大官是國家社會的權力階層，是有權力令人辭官者。一般的小官與小老百姓難以與之敵對，無力向他們挑戰。英明的皇上對於貪官汙吏，則可以取消其官職，嚴重者甚至會誅殺其九族。當社稷出現昏君及貪官污吏時，卻少有人能勇敢站出來反抗，只偶而會有良心之人，對之加以批判或作對。爲官者會被人民逼退，常是很偶然。偶而在朝代之末，會見有不怕死的叛變民衆與賊寇出來革命，將昏君推翻。偶而也見到朝中出現包青天一類的高層清官，能將一些下層的貪官汙吏加以清洗。

在現代民主制度的時代，遇有國家各階層的官吏或公務員爲非作歹時，有良心的媒體及平民就較能加以批判鞭策，使其無所逃遁。當其劣跡無法使國民接受時，就得鞠躬下台。通常犯有缺德敗行的官員，都會自己加以掩蓋隱藏，但批判者的眼睛與嗅覺都很敏銳，會對其嚴格加以檢驗。

三、官場文化中「忠良」的角色

官場是一種不同一般民間的普通社會環境，故有其特殊的文化，下級巴結與逢迎上層是普遍的一種，官官相護也勢所難免。此外上層對下級下馬威，找替死鬼，都是常有所聞的事。今日的政黨政治容易形成結黨對抗，狐朋狗黨一堆，但也偶而見有少數志同道合的忠良之士，能愛國愛民，造福社會。

在古時中外的官場中，總會出現一批忠良之士，持有高貴的良心，不向惡勢力低頭，不拾人牙慧，也不欺壓百姓，以人民福祉優先，以社稷安危為重，言人所不敢言的忠言，做人所不敢做的正事。在賢明君主面前，忠良之士常會被提拔成國之棟樑，遇到昏君則成為奸臣讒言鬥爭清除的對象。在今日政治場域與文化中，良心之士的角色與下場也大同小異。好領袖會重用他們，壞領導不會用他們，甚至會利用他們負擔責任。

四、辭官的良心者

一些有良心的為官者，一心要努力做事，但因環境不合，在未與惡人同流合汙，或與他人爭相奪利之前，會先辭職。不同流合汙是堅守清廉原則，不與他人爭利是擔心把利益爭了，別人就無利可得。歷史上能有良心，甘願辭官的志士不多，但也有少數可貴的例外，在下節述說有關李衛辭官，便是一則。

能主動辭官者，除了幹過壞事害怕東窗事發先走了之者，或是以退為進者之外，一般都是較有良心者。因為官職得來不易，有些還是求來的，要他捨得主動辭去，眞不容易。如果辭官因為不願同流合汙，不貪圖富貴，更是難能可貴，這種官必是有良心的好官，只因上級未能知人善用，很可惜浪費了人才。

五、「李衛辭官」的故事

中國歷史上發生著名李衛辭官的有趣故事。李衛是清初高官，歷經康熙、雍正、乾隆三朝，官居署理刑部尙書、浙江總督及直隸總督等，是朝廷一品大員。此人爲官清廉，在位時甚能體察民間疾苦，深受百姓愛戴。重要的政績有緝查私鹽，修築海塘，善於捕盜等。他曾是出身街頭的小混混，有點玩世不恭，但其辦事都能拿捏準確，恰到好處。乾隆皇帝對其有喜有怒，使他多次要辭官求去，但都因辦案績效優異，一再被挽留，成爲史上佳話。

如果李衛在性格上沒有玩世不恭的毛病，不至使君王生氣，與皇上之間發生不愉快，自己就不用忍不住要辭官；如果李衛缺乏幹練的才華，皇上也不會在他求去時，加以慰留。但李衛還有更重要的人格特質是，具有一顆良心，不畏懼權勢，不貪戀官位。

六、離職的原因有由良心使然者

近代職場上離職的情況不少，最近臺灣經濟景氣不好，不少企業關門或縮編，迫使不少員工離職。多半是雇主主動裁員或遣散員工，較少是員工主動求去。但在經濟景氣不差時，主動離職者會較多，其中有人另有高就，也有人因爲不能稱職，良心上過意不去而求去，求能心安理得。這種離職者是少數，但其良心行爲卻有令人尊重之處。

主動離職者有良心，因爲不占缺，可免阻擋他人的工作機會。也因其能知不勝任之恥，勇於承擔自己的過失與責任，合乎知恥近乎勇的道德良心與勇氣。勇敢主動離職的人有良心，可作爲他人之楷模。

七、無良心僱主逼退員工的事跡

在無情競爭的社會，不少企業雇主以營利賺錢爲主要目標，少有社會責任的良心。當事業發達蓬勃時，求人甚殷，當事業衰退時，爲能節省成本，就會無情辭掉員工，不少員工被逼辭職或放「無薪假」。

與此種無情無義缺乏良心的企業主相同的政府機關的主管，遇到機關出事時，都將責任推給屬下幕僚，甚至將部下當爲替罪羔羊。犯錯的自己卻能高枕無憂，非常缺德，也不公平。

八、離職改善社會角色與職能

機關與組織分子離職，可以改善社會角色，也算是功德一件。能改善社會角色是因爲可更替職位，使更有能力者替代原來職務，對組織機關盡更完美的責任，對社會國家盡更多的貢獻。

離職者多半不適合舊職，更換一個較適合的新職位，也能有較佳的表現，對機關社會都可能會有較佳的貢獻。能適才適用的社會，是公平的社會，也是良心的社會。

選舉花錢

一、議題的開端

(一) 正值大選前夕

我寫這篇短文正值二零一六年初臺灣大選前夕，大選的項目包括正副總統與立法委員，涵蓋範圍包括全國各地。這種選舉四年一次，對象層次最高。這次選舉特別受到國民重視，因爲此時國家面臨存亡的邊緣，國民無不期望選一位正確的領導者，帶領國家永續長存。這期間有關選舉的各種話題都會受到注意，其中選舉與花錢的關係就是重要的一項議題。

(二) 已見錢潮活動

約到選前一個月內，已見錢潮活動的新聞，目前這類新聞以免費大請客，賭局開出多種賭法，以及各地買票樁腳已有動作等最爲熱門。可見這次的選舉要與花錢切割仍不可能，目前已有多方面的人加以討論，包括電視名嘴與街頭巷尾的民衆。

(三) 名嘴的熱炒

自從有線電視發達之後，出現不少評論時事的名嘴，經常在電視上評論時事，節目的英文名稱爲talk show，相當劇院中的講笑話。到了選舉日子的接近，有關選舉的金錢遊戲節目逐漸上場，成爲被名嘴炒作的新聞，其背後也眞有金錢活動的影子出現。看來這次的選舉錢潮仍不會太冷，值得選民注意與關切。

(四) 衆口鑠金

選舉花錢的問題被名嘴炒作之後，也見聞人民衆說紛紜，有如衆口鑠金，繪聲繪影，也不無可信之處。這種花錢風氣對於選舉淨化與政治清明絕對無益，應該加以撻伐，使選舉能早日正常運作，國家的政治早日健全發展。

(五) 選民的唾棄與期盼

民衆關心選前的金錢遊戲新聞有數種不同心理動機與企圖，有從正面唾棄這種活動，期待能消滅這種不良的活動者。也有人期待能見它繼續存在，使能有利自己從中發點選舉財，或得到其他好處，包括茁壯其在政壇的地位與選舉樁腳的角色。

(六) 花錢的萬能與萬惡

歸納花錢在選舉中的作用，具有萬能與萬惡的雙重意義。其有萬能之力是可以影響選情，左右選局。過去不少政治的劣貨因靠金錢買票而當選，選後必然也以撈錢回本爲要務，無視選民的利益與死活。其爲萬惡也因不該當選的人當選了，劣幣驅逐良幣，使政治陷入腐敗的深淵，人民受害，國家也沒好處。

(七) 國庫虧空及彌補也該是重要政見與議題

當前有關選舉與花錢關係的議題也涉及國庫虧空嚴重，選後必須面對彌補的問題。根據財政部公布，至2015年7月20日爲止，國庫虧空5兆3709億，平均每人負債24萬，到目前國庫透支的數目可能更多。這種高築的負債使新總統當選後的新政府必然要面對，勢必要彌補，不能再繼續拖延，變成腐爛。這種對策也成爲重要的競選政策與承諾。尤其是總統候選人必須要胸有成竹，一定要談，故也成爲這次選舉有關金錢議題的一部分。

(八) 選舉花錢與良心道德有關

候選人在競選期間如何花錢及如何募款，都與良心道德有密切關係。大概的說，較有良心與道德的政治人物不會想用不當的方法與手段去花錢買票或募款，錢會用得較少也募得較少，用得也較合乎道理。但較沒良心的政客則會不擇手段花錢與募款，花費的錢通常也相對較多。因爲選舉花錢與候選人的良心道德有此密切相關，筆者乃將本文納進本書中。

二、選舉錢的來源

選舉要花錢，錢從哪裡來，來路共有許多種，下列舉出曾見的多種加以說明：

(一) 黨產

中國國民黨號稱是全世界最富有的政黨，每到選舉時該黨都用黨產爲其黨籍候選人花大錢，致使他黨候選人無招架之力。該黨曾經執政長達數十年之久，在一黨專政的時代，黨庫通國庫，其黨產的來源多半取自國家公產。直到政治民主化之後，民眾撻伐黨產歸還國有之聲才不絕於耳。檢舉賄選的意識也大爲提升，對用錢買票逐漸不屑，富有的政黨花錢在競選上的聲勢也才較收斂。

(二) 小豬

臺灣後起之秀的民主進步黨，缺乏黨產，也反對累積大筆黨產，乃發明靠匯集小豬，也即是存錢的小撲滿，募集選舉經費。小豬的捐贈都是小額數目，不像大財團的大筆政治獻金。接受小豬捐款不接受財團的政治獻金，於競選成功之後可免受財團綁架，施政上可免圖利財團，而較能爲多數大眾謀福利。

(三) 餐會

國內外重要的政治選舉都流行舉辦餐會募集競選經費，但不同候選人募款的方式與作風卻有不同，重點在單筆捐款數額的多少。有者募款對象注視大財團，金額多多益善。有者則較重視小額募款，單筆捐款金額不多，這種募款方式可減輕人情包袱，對施政的公正廉明會較有幫助。

(四) 企業的禮數

向來政治獻金以企業界的捐贈最為可觀，越雄厚的企業捐款的能力越高，捐款的禮數也越夠，但對政治人物的要求與脅迫力量也越大。官商勾結的商家多半是曾捐款很多的企業，等捐助的候選人當選了，也要求在政策上或行政上多開方便之門，能多放點油水圖利。

(五) 良心的私人家產

少數有良心的政治人物不惜掏出自己的家產供作競選費用，或做其他政治用途。曾見有良心的政治人物花錢辦理虧本的媒體事業，宣揚政治理念，或花錢養士，共同推翻腐敗政府，也為國儲備人才。這種政治人物不多，僅有的少數多半是家產富有又有良心之人。

(六) 得票補助款

依據中央選委會公布公職人員選罷法第43條的規定，總統及立委候選人得票率達一定標準時都可獲得補助款，總統每票可獲補助30元，對立委的補助是每票18元。這種補助款於選後計算發給，但候選人可將此補助款計畫在其競選經費的預算之內。

三、選舉錢的用法

政治選舉有多方面的錢可花或要花，如下列舉幾種可能的花費情況。

(一) 買票

在選風不良的情況下，競選花費最大筆的錢是用爲買票。目前一般的行情一票要上千元，兩千元者也很平常。更重要與關鍵的選舉，如選議長，價碼有高到一票上千萬元者，行情之高，令人難以置信。

(二) 賭局

選舉花錢者不只候選人，也有許多不相干的人，花錢的目的是想要贏錢。其中也有人設立賭局供人豪賭，也藉以影響選情。設局的莊家多半是黑道人物，甚至也有與白道掛勾者。這種參與花錢的方式也眞是匪夷所思。

(三) 招待旅遊

這種競選花錢的方式是由樁腳出面招待選民集體旅遊，用意除了討好選民，也有將選民集體綁走，使對手找不到人，也即經由控制選舉人而勝選。這類事件最常在地方農會總幹事競選時發生，被綁架（實爲招待去旅遊）的是有投票權的農會理事。

(四) 宴客

競選花錢也常見花費在宴客上。由於法律規定不准用宴客賄選，故宴客都要非常有技巧，避開法律的限制，否則會被判當選無效。雖然法律有不准宴客的規定，但是請吃選舉飯，甚至假借尾牙的名義擺上千桌酒席的大型宴會，卻仍有所見。

(五) 送禮

送禮是普通的人情行爲，被送的人並不會見怪，但爲選舉送禮明顯有賄賂買票之嫌。因此都要送得技巧，盡量避免違法，至今仍有不少候選人暗中使用。

(六) 走路工或發給工資

選舉過程中花費的錢有的是當走路工或工資發出去的。早年臺灣辦理選舉之初，投票很不方便，鄉下農民要投票得遠到鎮街上。候選人擔心選民不出席，乃有雇用牛車載人去投票的情形。雇牛車當然要付費，但有落選者於事後卻不發給雇用工錢。目前爲催促投票所發給的走路工錢，都要事先發給，不會賴帳，但明顯是法律所不允許。因此要非常小心發給，才能平安無事。

(七) 廣告

選舉花費的大錢常包括廣告費一項。在電視報紙等媒體買廣告的費用都很昂貴，卻有候選人不惜重金購買，明顯背後都有不可告人的重要資助，可能包括黨產或大企業的贊助等。

(八) 對國庫財源的承諾

競選期間對與國庫虧空或某些特定基金如健保或勞保等虧損的問題，都會搬上台面上討論，候選人對問題的補救也常會做出承諾，但事後跳票的情形也常發生。有些政治人物承諾並要實踐諾言，就要花費更多人民的納稅錢，人民的損失也不小。

四、花錢選舉的影響與後果

選舉花錢必會有一定的後果，但後果多半是不良的、負面的。正面的效果，實也很少見。過去有人取笑富人花錢向窮人買票，具有財富重新分配的公平正義性，實際上這種評論挖苦的意味大於讚美。選舉花錢的效果主要有下列這些：

(一) 左右選情

用錢買票可能會影響選情，使選舉結果翻盤，勝負逆轉。最後勝利的一方常會是花較多錢賄選的一方，這對於不花錢或少花錢而落選的一方很不公平，也很不正義，對社會國家民主政治與社經發展的影響也都很不利。

(二) 檢舉與訴訟

另一項常見選舉花錢的後果是檢舉與訴訟。檢舉常出自賄選買票的對手以及想領取檢舉獎金的第三者。訴訟則起自多端，有要告人當選無效，也有人告訴的理由是企圖使人不當選。一旦興起訴訟，選舉的格調都變低，選風敗壞，社會和諧也被破壞。

(三) 敗壞選風

違規或缺乏風度的競選過程都會敗壞選風。進一步則破壞民主制度，傷害社會與國家的進步與發展。今日選風敗壞表現在許多方面，包括爲勝選不擇手段賄選買票，惡意攻擊對手，不實誇大自己的優點，收買誘惑選民踐踏對手人格等，都是非常不良的行爲與風氣。若有這種敗壞風氣，雖能勝選也不足可取與可喜。

(四) 從豬仔議員到一黨獨大

傳統上譏笑由賄選而當選的無能議員為「豬仔議員」，這種議員能勝選出線是由花錢換來。落後國家掌有大筆黨產的政黨，用黨產賄選鞏固總統職位或國會議員席次，達成穩固政權的目的，這與豬仔議員的作法同樣卑鄙，同樣不足為訓。

(五) 敗壞政治

不當花錢選舉，終究的結果是會敗壞政治。使本來可以為民服務，造福人民的政治變成損人害人的勾當，為有識之士所不樂見。

(六) 從良方到毒藥

錢是非常有用之物，有錢能使鬼推磨，沒錢會氣煞好漢。在選舉過程花錢可將之用為良方，對候選人及選民都會有好處。但若用之不當，就成毒藥，會傷害他人，也會害到自己。候選人花錢多半都用在能贏得勝選的短暫利益，卻常損傷更具有長遠價值的良心與道德利益。

五、人民的觀感與期望

人民大眾看到政治候選人花費大把鈔票，都會有所感慨，一項重要共同的感想與期望是，少花一些，使政治能清明乾淨一些。但是如何使選舉的錢少花，下列這些辦法較為重要也可行。

(一) 消滅黨產

不可諱言，雄厚的黨產是使選舉花錢也敗壞選風的重要原因，有必要將之終結消滅。如果國民黨的黨產能消滅乾淨，黨員參選時就能與他黨候選人公平競爭，會較小心務實，也較能討好選民，對黨、候選人、選民、國家都會有較正面的好處。

(二) 割爛尾

有一些抓著黨產與黨意不放的黨員，不顧民意走向，只顧吸取黨的奶水，不爲選民認同，有必要將其割除。提早割除這類政治敗類，使政治清明，對人民與國家都較有好處。

(三) 崇尚公平競爭的價值

選舉是一項競爭劇烈的比賽，貴在能公平合理。人民於看膩了不公平與骯髒的選舉之後，無不希望所有願意參選的人，都能崇尚公平競爭的價值，而成君子之爭。輸贏事小，建立良好的選舉模式與風氣，辦好政治事業才是可貴。

(四) 全民參與及小額捐款

既然選舉不得不花錢，應以盡量少花爲宜。競選費用來源也以小額捐款較爲理想。無黨產擾亂，也不收不受企業界大筆捐款，可免除選後被夾持，使政治人物較能秉公辦事，也都較爲理想。

(五) 改變模式

過去我們的社會及國家很長時間習慣花大錢選舉，將選舉搞得烏煙瘴氣。今日大家無不希望能改變模式，從少花錢改變起，使選舉與政治能變爲更加清明。

(六) 乾淨選風

錢是萬能之源，也是萬惡之首。選風不好都因錢而起，有必要在選舉過程中貶低金錢的價值，使其減少興風作浪，降低不良的後果。

(七) 清明政治

臺灣實施民主制度已有一段時間，但政治始終未能十分清明，金錢的介入是其要因。今後在選舉過程中若能善為設計，使參選者少花錢干擾選舉，應能改善選風，也能改善政治。

金錢與政治

一、涉及金錢的政治新聞

2016年總統與立委合併的大選將至，選舉事件經常出現在每日的政治新聞，其中許多都與金錢遊戲有關，在本文下筆時最熱門的政治新聞是國民黨在陣前換將，改變總統準候選人，且傳出三千萬支票來往的新聞。新聞中三千萬的支票出自黨主席，也是新準候選人，收受者是退出的準候選人，但並非兩人私產的交換，而是黨產的一種運用，由黨主席所掌控。一個政黨更換總統候選人是有關國家制度的重大問題，規定嚴格。這張支票因有人提告，可能涉及搓圓仔湯等違法行爲，因此鬧成大新聞，媒體已經炒熱很多日子，但還沒停息。

國民黨治臺近百年，過去一黨獨大，黨庫通國庫，累積黨產不計其數。到了選舉的時代，黨爲能贏得選舉，穩固政權，不惜花錢在選舉上，乃是國民皆知的事，錢的用法主要在辦理競選活動及賄選上。這次大選因總統候選人出線過程怪異，先推出的準候選人不理想，產生陣前換將的怪異鬧劇，也才傳出有這張三千萬元支票的新聞。這種選舉的關聯有異於過去習慣的買票賄選事件，但候選人之間用金錢勸退的「搓圓仔湯」的違法事件，卻也常有所見所聞。這次事件是否違法將由司法判定，但對當事人的聲望與民意支持的影響，都很負面。這事件除了反映政治的汙濁，也說明政治離不開金錢的定理，因爲兩者都是權力與利益的表徵。

二、歷史上政治與金錢掛勾的罪過

在民主時代，政治與金錢的關係最先產生在政治人物出線的選舉上，而後有官商勾結。但在歷史上的政治制度長期存在君主世襲，缺乏選舉，兩者的關係乃潛伏在其他政治環節上，如天下土地皆歸國王或皇帝所有、分封諸侯的井田制度、高官與厚祿、買官與賣官、賄賂官府以及貪官吞食民財等。

中國的皇帝制度世襲數千年，歐洲德、英、法古國的皇帝制度也世襲很久。君主國家的皇室與諸侯都很富有。當君王昏庸時買官與賣官現象遍及全國各地，民間有錢人賄賂官府求職息訟也常發生。中國史上的貪官當屬清朝乾隆時期的和珅排列第一，收受賄賂的寶物很多，金銀多過國庫存藏。歷史上當國家政治不清時，官吏吞食民財的事常有所聞。讀書人學優而仕者，固有不少是能爲社稷人民的福祉計，但更多是爲能得到黃金屋及顏如玉。

三、用鈔票買選票

民主政治制度下，金錢與政治的不當關聯最常見在用鈔票買選票。許多剛從獨裁專制轉型到民主政治的國家，人民與官吏的民主素養不足，選舉時容易受金錢的誘惑，以鈔票收買選票。在這種歪風之下，也以擁有大筆黨產的政黨才最有可能執政。臺灣的中國國民黨是全世界最富有的政黨，過去由黨中央分配財物給黨籍候選人競選費用，包括買票經費，致使其黨員的獲勝率偏高，穩固其政權，卻阻礙國家民主的正常發展。

民主化初期，選舉用買票之風盛行，實也歸因人民政治素養不足，容易收賄出賣神聖的選票。收賄者尤以教育程度及收入水準較低的族群最爲常見，社會低階層的農民大衆，是這時期被收買選票的主要對象。也因此農村地區常是有錢政黨勝選的地區。但這種歪風後來隨著執政者忽略對農業農民的公平照顧，農民知識水準的提升、意識的增強，反而翻盤。今日農村地區反而成爲不再支持慣用金錢買票政黨的地區。在軍公教人員較多的都市地區，其福利受到較佳保障，選民的投票取向正好相反，較傾向用買票長期執政的政黨。軍公教人員被認爲傾向投票支持國民黨，非由黨籍候選人分發鈔票買選票，而是保護軍公教福利政策發生功效，這是另一種金錢與選票的結合。

四、行政行賄與受賄

金錢與政治掛勾的另一種現象是行政行賄與受賄。通常行賄者是有求於行政人員的人民，受惠者是辦事的行政人員。行政人員的官階有大有小，有高有低。高階的大官，可能收較大筆的賄賂，通融較大件的暗盤；小官可能收較小筆的紅包，放水較小案的不法事件。最近被掀開的行賄與收賄大案件有都市更新案、大企業提供政治獻金案、興建巨蛋大案、購買消防設施案、搓圓仔湯等，其中大筆的賄賂金錢流向，有者不明難查，常用政治獻金的途徑流動，以合法掩護非法。而實際違法者又常是知法與掌法者，就更容易蒙混過關，掩人耳目。

民眾對小官員行賄，小官員收賄的不法事件也常有所見，行賄目的都是為求方便，例如簽准申請案件，或紓解堵塞的案件，透露秘密訊息等。看在行賄者及收賄者是習以為常的小事，卻都有金錢與利益交換在其中。

五、好官將公款用在建設與福利上

政治的定義是管理眾人之事，政治與行政人物的主要任務是管理眾人的事務，而眾人的重要公共事務不外是建設與福利，都是政治及行政人員所管理或辦理的範圍。良好的官員或行政人員在管理與辦理公共事物時常要用到公款，也都要將公款用在合理的公共建設與公共福利上，造福社會大眾與人民。

但是貪官在使用公款於公共建設與福利時，有可能循私與偏差，未能將公款做合理與光明的使用。常見有些公共建設是不必要的重複，不當的分配，或發包給奸商，都有浪費公款的事端，也有官商勾結，或官民勾結的不法嫌疑。結果是使國家政府與納稅人都損失。

六、用錢擺平政治紛擾與衝突

金錢與政治的關聯也存在用錢擺平政治紛擾與衝突。政治紛擾及衝突事件可能存在人民與政府之間，政治人物與政治人物之間，或政黨與政黨之間。就這三方面可能發生的紛擾與衝突及用錢擺平的事件列舉說明如下：

(一) 人民與政府之間的紛擾與衝突及解決

人民與政府的糾紛與衝突可能錯在兩者任何一方，也可能演變到法律判決，過錯的一方可能要被索賠。政府對過錯的人民最可能罰款，最常見的罰款有交通違規及逃漏稅。人民向政府索賠的事件也有不少，常見的有公共工程敗壞，導致人命傷亡，家屬申請國賠。食品及藥物管理不當，導致人民中毒或喪命，也可能要負賠償責任。冤獄事件及爲國捐軀，人民被迫損失財物等，都可能獲得國家賠償。

(二) 政治人物與政治人物之間的糾紛與衝突

政治人物因爲黨派、立場或服務的對象不同，常會有紛爭與衝突，打架、口角、辱罵、訴訟及在媒體上公開叫囂事件常有所見聞，造成一方或雙方受到精神、肉體、財產或名譽的損失，損失的一方也常要求對方賠償，造成對方也常要花錢消災。

(三) 政黨與政黨之間的糾纏與衝突

在民主制度的國家，政黨的數目多元，立場與主張各有不同。各政黨爲自己黨派的生存與發展，習慣互相爭奪國家有限的公共資源，包括公產與稅收。爲能爭得資源，最正當也最有效的方法是爭取執政權。也因此在執政的選舉過程，各政黨都渾身解數，爭得頭破血流。正當之爭也常見在議會的殿堂上，政黨之間爲能爭得權力及人民的信賴，對有爭議性的議事卻都會有激烈的競爭與衝突。除了口舌之爭，也會見到集體性的全武行。

七、拒絕金錢與政治結合

成熟民主國家的人民，逐漸有正確的民主觀念及獨立思考，不再容易受金錢的誘惑與政治詐術的欺騙，較能拒絕不當金錢與政治結合的概念。選舉時拒絕收賄，有求於政府時，由透過合法的手段與方法辦理，不再行賄，也不多講究派系關係。逐漸養成政府官員也少再寄望由收賄發財致富。政黨爲能長期獲得選民的支持，不再用賄選的方法贏得選舉，注意認眞施政，勤於服務人民。

在民主制度下也發展出一套檢舉制度，檢舉或告密者雖有道德上的爭議，卻能有效約制行賄、收賄、貪污等敗壞政治風氣與制度的行爲，對於拒絕金錢與政治結合的不良現象都能大有幫助。

金錢可助政治的成就，卻也是妨礙良好政治制度與風氣的媒介與器物。民主政治要能正常發展，從政人員與平民百姓都必要能了解種種金錢與政治關係的善與惡，且要能力行端正，拿捏兩者的正確關係，不因貪財而妨礙自己正確的政治觀念，共同表現正確的政治行爲，促進國家民主政治的健全發展。

社會改革

一、社會改革的意義與性質

(一) 意義

改革的英文名稱爲reform。此一名稱的意義是指改良與革新。社會改革是指革除與改良現有社會制度中不符發展進步部分，使之符合新發展的需要。廣義的社會改革則包括社會、文化、政治與經濟等方面的改革。

1. 改變與進步

改革可能發生在各種不同層次，在社會國家層次的改革最常指出社會、文化政治、經濟等的改革。而改革的目標都是在求變化、革新與進步等。

2. 緩和漸進的變遷

改革是變遷（changes）的一種，這種變遷是緩和的演變，也是片面的改變，不是劇烈徹底從根拔起的改變。

3. 異於革命

改革異於革命，革命是劇烈的行動，常會流血，死傷人命。但改革是和平漸進的，會給一些人痛苦，但不至於流血傷命。

二、社會改革的必要性

社會改革之所以必要，因有幾個重要的理由：

(一) 脫離落伍

社會改革常是爲了脫離落伍的社會經濟制度，以及封建保守的政治文化制度，需要改革甚至需要革命。經濟落伍衰敗，需要改革振興。社會、政治、文化條件落伍敗壞，都需要改革與改進。醫療制度與方法落伍，也需要改革與改進。針對落伍敗壞而加以改革，目的都在能脫離落伍。

(二) 追求平等

社會性或政治性的改革常是因為社會上某些群體受到不平等待遇，未能使其獲得合理公平的對待，而需要改革。美國的黑人曾被白人作為奴隸，引發黑人抗爭，乃有人權的改革。不少開發中國家，因為窮困農民的生活難以翻身，而有土地改革。工人生活也困苦，而有勞工制度的改革。世界上許多國家的婦女不能與男人享有同等權利，而有婦女改革運動。

(三) 追求進步

凡是改革都要追求進步，使能比以前更好，更進步。政治上的民主改革可使人民享有較多權力，經濟改革可使經濟條件更加改善，宗教改革則可使信仰的體系能更加合理。

(四) 改善生活

各種社會改革的最終目的都是為能使人民的生活更為改善，這樣的改革才能受到人民普遍歡迎，也才能站得穩，處得久。如果改革只是以少數人的利益為目的，不久就會被多數人民摒棄。

三、社會改革的心理基礎

改革是一種行動，但都要有心理基礎。重要的心理基礎有下列多種：

(一) 心理意識

改革是有意識的行爲，由人民意識到改革的必要性、意義、價值之後，才會想要改革。當然有人會經人煽動引誘，在無意識或低意識的情況下，呼應或參與改革，但這樣的參與都不穩固，不會長久。等到意識清醒了，可能會退出，或是轉變成眞正贊同參與改革。

(二) 心理價值

人有意識贊同或參與改革者，一定能確定改革是有價值的、有功用的，其價值或功用，可能是改善條件，改善生活。每一種特殊的社會改革，其特殊的價值會有所不同。

(三) 心理態度

人對於社會改革的心理態度是複雜的，基本上從反對到贊成都會有。贊成之後，參與的心態也可能會有許多種，可能熱情參與很深，也可能淡然處之。對於其他的參與者，可能願意與之密切合作，也可能各自爲之，互相切割。

(四) 心理勇氣

改革是否定過去與原來的面貌或條件，可能遭遇阻擋與反對，本身也可能遭受某種程度的損失。因此，贊同參與改革者常要能勇敢面對，不在中途退怯。

(五) 心理熱誠

參與社會改革運動常要費時、費力、費錢、費精神，必須要在心理上有足夠的熱誠，才能持續，才不半途而廢，眞正支持參與到底。

四、阻礙改革的保守心態

社會改革也常會受到若干心理因素所阻礙而難以推展，這些重要的心理因素也可看成是凡俗的心理掩蓋了良心。

(一) 既得利益

既得利益者，都會有害怕因改革而喪失利益的心理顧慮，可能就不贊成，甚至會反對改革。世界各國推行土地改革時，既得利益的地主多半都會反對。一個國家推動政治改革的團體，多半是處於在野的政黨。執政的政黨，因享有既得利益，多半是比較反對改革的。

(二) 害怕破壞

不少人民不贊成改革，主要因爲害怕破壞。擔心一旦因改革而破壞，會失去安定，生活方式要做改變。改變雖然可能變好，但會不習慣，因而不能調適，也就會對改革加以阻礙，或反對。

(三) 疏離感

另一種阻礙或反對改革的心理是疏離感。對於推動改革者沒惡感，也沒好感，對其推動的運動也就不加可否，置之不理。這種疏離的感覺，也可能多少擔心會因改革而受損。

(四) 懈怠心態

不少社會改革都會要求或期望全民參與，但是有人因懈怠，懶得去參與，也就不贊成，不參加。許多社區建設難以推動，並非因爲社區居民眞反對，而是因爲懈怠，擔心要出錢出力，就懶得去過問，也不願參加。

(五) 害怕失敗

社會改革並不保證都能成功，有失敗的可能性。阻礙改革的另一種保守心理是害怕改革失敗。領導者害怕失敗，就會失去領導的熱誠。隨從者害怕失敗，就會打退堂鼓，而不願跟從。害怕失敗的感覺一旦籠罩大衆的心理，改革步伐就會緩慢。

五、有效社會改革的契機

社會改革要能有效，應把握若干重要契機。

(一) 破除私心

首先應破除私心。私心常是對不合理社會條件維護不改，或做不合理改變的重要因素。不良的社會條件，本來應該改革，卻因私心的考量而不改，或改得不合理，都不是社會改革的正途。重要的私心包括怕有損失，怕要花錢或費力，或害怕於己不利等，也可能自己持有特殊目的。

(二) 溝通協調

改革過程中，免不了會有不同的立場與思維，要使改革能順利進行，必須溝通協調，化除歧見，取得共識，共同接受改革的目標，並且一起爲共同的目標努力。協調的要點在於，要使一些人能放棄成見，犧牲私利。

(三) 創新改善

改革的重點在於淘汰老舊，換取新品。要能達到此種目的，必要創新改善，才能創造新品。要能創新，則要重視研究發展。

(四) 建立制度

改革要能穩固持久，則必須建立制度。對已改革的事物，要建立制度，使其成形。穩固改革的制度，就可使改革的成效持久，可提升改革的效益及價值。

(五) 加強人文關懷

社會改革的過程中，許多人都會受影響，有人得利，有人受損。社會能多給受損失的人一些社會關懷，便可使其減少心理抱怨與牽掛，也可使其減少害怕與憂慮。對於改革的順利進行與良好後果，都有很大的幫助。

六、良心的改革原則

社會改革要能利多弊少，則要秉持良心來構想與實踐。良心的改革至少要注意下列數點原則：

(一) 自主意識的覺醒

改革的前奏先要使有關係人的自主意識都能覺醒。不應有人對於改革的詳情內容不明不白，被別人牽著鼻子走。這樣的改革對於不明究裡的人不公，也不平。

出自自主意識的改革，是自願的，可能有益無害，也可沒有黑箱作業與欺詐，故是有良心的。

(二) 誠意正心

有良心的改革必也是人人都出自誠意正心的。這樣的改革結果也很接近修身、齊家、治國、平天下。對於社會上與全國家的人民都較有好處。這樣的改革效果與價值，都比較良好。

(三) 控制私慾

改革要能成功，有關的人都需要控制私慾，唯有人人能控制慾望，減少私心，有利大衆的功利與公益才能達成。改革的後果也才能良好。

(四) 自我適應

改革的過程改變了社會條件，社會上的許多人會產生適應的問題，必須人人都能自我適應，改革才能對人人都好，也才是比較成功的改革。

(五) 大公無私

社會改革不是僅爲某特定的個人或少數人而改，而是爲社會上大多數人的利益而改。一旦大家已有共識必要進行改革，個人就必要放棄成見，表現大公無私。改革才能順利進行，也才能比較容易成功。

七、歷史上重要社會運動的良心意義

人類歷史上經歷許多社會與政治改革，每種重要改革都影響衆多的人改善命運與生活條件。如下舉出少數幾件著名的社會改革運動，及其改善衆多人民生活條件的良好後果。

(一) 馬克思倡導的工人運動

德國社會思想家與理論家馬克思（Karl Marx）鑑於自工業革命後資本家剝削勞工的不合理現象，乃提倡共產主義，鼓吹工人革命的運動。這是一種較激烈的社會改革運動。受馬克思的影響，世界上不少國家，包括蘇聯、中國、北韓、古巴及越戰前的北越等國家，都實施共產主義，由工人階級專政，使二次大戰以後世界上形成並維持很長時間的自由與共產兩大陣營對擂的局面。在共產主義的國家，工人的地位是爭取到了，但生活仍然很苦。

(二) 美國的黑人人權運動

美國因爲在移民時期移進許多黑人，但數目遠少於白人，長期間黑人都處於不利地位，早期都爲白人的奴隸。到了內戰時，林肯領導北方打敗南方，解放黑奴，但長期以來黑人的地位仍低一等，於是醞釀了國內經常發生黑人運動事件，原因多半是抗議受到不公平待遇，目的則要爭取更多更平等的待遇。

(三) 世界各國的女權運動

約自一九六零年代以後美國的婦女領袖領導要求增加女權，包括參政權、就業權與提升在家庭內與社會上的地位。後來這種風氣逐漸傳播到世界各地，各國的婦女紛紛效尤。至今世界各國婦女地位較前增高許多，在民主國家經常有女性政治領袖的產生，男女平權已經相當普及。

誠信問題

一、誠信的定義與重要性

(一) 誠信的定義

「誠信」是「誠實與信用」的簡稱。這是作爲完人的重要原則，也是善良與眞實社會的核心價值，又是道德的典範。這種原則或價值講究思想與行動一致。

(二) 誠信的重要性

講究誠信是人在社會上作人立足的重要基礎。無誠信之人被譏爲僞君子，不爲他人信賴與接受。誠信適用在各行各業之人，不論從事何種行業的人都要講究誠信，否則很難被信任，經營事業很難成功。

二、無誠信的問題

雖然爲人做事誠信很重要，但許多人並不很講究與遵守誠信。說話不算數，做人做事不誠實。過去較常被發現無誠信的人是做生意的商人，近來無誠信則常被發現在政治人物身上，也常用無誠信來批評與指責某一些政治人物或政客。會被批評或被指責無誠信的人，都因其先不遵守或背叛了誠信。

商人無誠信常表現在其不遵守承諾或預定的價格或貨物品質上。到了買賣交易或要價比原來預估或承諾的價格較低或較高，提供或要求的貨品的品質也比原先約定的較好或較差，其中固然有因不可抗拒因素的變化使然，但更多是因爲貪婪的私心與慾望致成。政治人物缺乏誠信，常是用來騙取選票或民意。有的開出空頭支票，不兌現；有的口是心非，有的言行不一致，也有的說話前後矛盾，讓人難以信任與適從。之所以會口是心非，前後不一，多半都是有意的與存心的，因此非常可惡。

三、難守誠信的原因

人在言行上會缺乏誠信，原因很多，有自己內在的心理因素，有外在的社會或其他因素。就這兩方面的因素略作分析與說明如下：

(一) 內在的心理因素

社會上的人有的較有誠信，有的較無誠信，表示兩者之間心理態度與行爲性質有差異，這些差異也是其因素。就個人內在心理因素言，可用下列數種心理概念加以說明。

1. 自我意識因素

自我意識是指自己心理上的意念與認識，這是一種複雜的心理現象，由自我認識、自我體驗、自我控制三種心理成份構成。這種意念與認識部份是天生就形成的，部份是後天養成的。因此這是對自己身心狀態及對客觀世界關係的意識。有些人天生善良，後天又經過良好的學習與調教，意識上就會形成有誠信的善良與道德心理；另一些人天生本性邪惡，後天又受到虛僞欺騙的不良心態與行爲感染，就會變成不守誠信的騙徒。

2. 價值觀因素

價值觀是一種處理事情判斷對錯，作選擇時取捨的標準。有益的事物才有價值，對有益事物及有害事物判斷的標準就是價值觀。這也是指個人對客觀事物及對自己行爲意義、作用、效果及重要性的價值判斷及認定好壞的標準。人由價值觀決定、調節、制約個性的傾向，影響需求及願望的活動。這種心理也是受天生及後天影響形成的。誠信的價值觀會讓人坦誠面對困境及對別人說明事情的眞相，提升別人對其信任的程度，無誠信的人也就不得他人的信任。

3. 道德感因素

道德感是一種道德的主觀意志，也是一種表現在行爲的道德意念。道德感與倫理感相通，人由有倫理感而形成道德感。道德感規範人的言行，使其言行具有同情，自尊自重，愛護他人，盡義務與責任，講究誠信。在不同的社會，自然條件與歷史文化條件不同，道德標準不同，個人道德感的性質與內容也會不一致。人的道德感會影響誠信的態度與行爲，有道德之人，其內心必誠實，其言行也必有信。反之無道德之人，其誠信程度也不會高。

4. 心理素質因素

心理素質包含心理認識能力與心理適應能力，以先天遺傳爲基礎，再經後天環境的教育與實踐而成。人的心理素質包括心理潛能、心理能量、心理特性、心理品質及心理行爲等五方面的心理要求所組成。總合起來有的人心理素質較佳，有的人較差。有誠信的人是心理素質較佳的人，不守誠信的人其心理素質也較差。

5. 病態心理因素

病態心理是指有毛病、不正常、變態的心理。這種心理受多種障礙所致成，包括知覺、注意力、思維、意志、行爲、智力、人格等的障礙。無誠信的心理也是一種意識、思維、行爲與人格的障礙，具有病態心理的特徵與表現。

(二) 外在的環境因素

社會上有許多人不守誠心固然是其個人的心理因素造成，但外在的社會文化環境實也不能辭其咎。外在的環境因素的較大項目可分成社會、經濟、文化、政治與法律等幾方面看。就較重要者列舉說明如下：

1. 社會因素

影響當前臺灣社會上的人不守誠信的社會因素很多，但重要者以社會價值與社會風氣不佳兩項最值得注意。社會價值觀扭曲成太注重私人利益不重視公益，社會風氣轉變成自私自利，不注重社會的生存與正常發展，這兩者是很要命的禍害。

2. 經濟因素

自從社會注重經濟發展，拜金主義盛行，多數的人爲能發展自己的經濟條件，常會走偏了方向，不守誠信原則，以能將他人的錢財騙進自己的口袋爲重要目標。這樣的發展造成許多私人的經濟狀況改善發展了，社會上的誠信道德卻蕩然消失無存。

3. 文化因素

社會自私風氣形成，文化基礎錯亂，原來的倫理道德流失，形成不少不合倫理道德的新文化。許多人爲能增強爭權奪利的能力，組成許多小團體，自立許多不正當的次文化，組織分子染習不良的次文化，包括不講誠信。這種次團體以詐騙集團最不足取。

4. 政治因素

不健全民主政治激烈競爭，導致許多政治黨團及人物只求勝利，忽視誠信道德。政治人物口若懸河，不誠實、不守信用，只重視騙選票，不實現承諾，造成人民不良印象，也形成不良示範。尤以政治領袖無誠信所造成的不良影響最爲嚴重。如今社會充滿懷疑、無信，政治人物實應負一大部分責任。政治人物雖然爭得一時的勝選，卻糟蹋了社會長期的誠信基礎，其罪過重大深遠。

5. 法律因素

誠信標準常有矛盾與糾紛，倚重司法的判定與維護。當今臺灣的司法能被信賴的程度極低，主要的原因都是司法人員不公正造成。司法人員握有很大的公權力，論事判決常給人依靠政治權勢的印象，失去其公正威信，少人能信其公正無私。司法界破壞社會公正的準則，誠信的價值與原則也被其嚴重傷害，實也值得司法界警惕與改正。

民主社會以法制為治國準繩，但制定法律的團體也常受利益團體操控，未能秉公制定，這也常是導致法制無法維護，誠信與其他倫理道德難以保存的重要原因。

四、有誠信的原則

誠信是個人心理態度及行為的表現，卻發生與存在於兩人以上的關係。有關誠信的原則應從個人及多人的立場同時看，重要的原則有下列這些：

(一) 自願介入原則

誠信關係需求與願望的發生起於兩人言語與行為上的承諾，這種承諾雖非完全在樂意情況下成立，立意者卻必須是在自願的情況下介入，不是在受壓迫情形下發生。否則，其承諾是被壓迫的，就不一定非不履行不可。

(二) 契約意識原則

誠信的背後都有約定的承諾，類似契約的關係，應允者都有類似契約的意識。未能履行或實踐，形同違反契約。有誠信的人都會對承諾像遵守契約一樣，不加違背。

(三) 公平正義原則

誠信的發生與存在於兩人或多人之間，彼此之間的權利義務雖非必要相同，卻要公平合理，合乎公正。不使一方遭受不公平無正義的欺負與壓迫。公平合理的衡量雖然複雜，卻應有一套計算的標準。

(四) 適當履行原則

誠信是有承諾在先，承諾者就必須履行與實踐。未能履行就形同爽約，也無誠信可言。

(五) 協同履行原則

誠信存在於雙人或多人之間的約定，履行約定就不是單方面的事，約定中沒必要完成某特定事務的一方，也要督促、要求或協助另一方履行承諾或約定。

(六) 利益平衡原則

履行或實踐誠信的結果，通常對於當事人會有利益，但利益不僅由一方獲得，對雙方都可能有利，但利益的分配要能平衡，平衡不一定要平均，但也不是一方得到太多或太少，而是能適當平衡。

五、誠信行爲的實踐

誠信不能只是口說，最可貴的還是要實踐在行爲上。誠信行爲的實踐可歸納成兩大方面，一爲消極的防止無誠信，二爲積極實行及強化誠信。就這兩大方面的要點列舉如下：

(一) 消極防止無誠信

1. 不說謊、不欺騙。

2. 禁止行賄與收賄。

3. 迴避不當利益。

4. 禁止提供政治獻金。

5. 不違背承諾與契約。

6. 對無誠信言行加以懲罰

(二) 積極實行與強化誠信

1. 設定個人誠信目標並達成。

2. 設立團體誠信規則。

3. 揭露及公開資訊。

4. 負責任守信用。

5. 行爲公正合法。

6. 照顧他人、團體及社會利益。

六、無誠信的社會後果

誠信與否對個人及社會都會有影響，就無誠信對兩方面的負面影響說明如下：

(一) 對個人的影響

無誠信的人必受人排除，成爲孤單無助的可憐人，正是所謂人無信不立。無誠信的人時時受人提防，害怕受騙，不敢與之交往，害怕受騙吃虧。無誠信之人，受人指責辱罵，失去尊嚴，嚴重者可能犯法坐牢。

(二) 對他人的影響

社會上的個人可能因為有人無誠信而受騙吃虧，包括損失財產或名譽。也有人因失去誠信，致使其身體受到傷害者。

(三) 對社會的不良影響

社會上有人無誠信，社會上就失去信任體系，於是社會無秩序，造成社會混亂，社會不安，也會傷害社會的和氣與安定。商業往來失去誠信，交易行為無法進行，影響經濟發展遲緩，甚至變為蕭條。

七、誠信的理論

誠信理念的歷史淵源甚早，在古中國商朝的典籍中就出現誠信與禮樂、詩書、修善、孝弟、貞廉、仁義、非兵、羞戰並稱。在西方古羅馬的法典中誠信具有善意的概念，是對惡意的抗辯。羅馬法中也將誠信與契約相提並論。一般惡意的抗辯與誠信契約都反應道德與倫理的要求。誠信的理論至少共有六種說法：

(一) 主觀判斷說

此種理論認為誠信應當從人的主觀角度把握。德國學者施塔姆勒（Stammler）認為法律應以愛人如己的人類最高理想為標準，也即如曼尼克（Manik）所說的道德理想。如果法律或契約不能符合此一理想，就應直接取用誠信原則。

(二) 利益平衡說

此一理論認為誠信的本質在於謀求當事人的利益平衡，以及個人利益與社會利益的平衡，目的在保持社會穩定和諧的發展。持此立論者有德國學者斯奇尼德（Schneider）及艾格爾（Egger）。

(三) 行爲規則說

此種理論認爲誠信志在確立一種行爲規則，即要求當事人在行使權利履行職務時要守誠信，不欺詐他人。美國統一商法典第1-201條解釋誠信是在相關行爲或交易中忠於事實眞相。

(四) 惡意排除說

此一學說認爲凡是不具有惡意的便是善意的、誠信的。持此理論者有美國的學者薩孟斯（Summers）。他指出惡意共分七類，即規避交易、缺乏勤勉、存在懈怠、不完全履行、濫用特定條款、濫用對方履行的權利、干擾他人履行等。

(五) 一般條款說

此理論認爲誠信是具有強制力的一般條款。

(六) 雙重功能說

此一理論認爲誠信的性質具有補充當事人意思的任意規範，也直接依當事人職權適用的強制規定。

上列六種誠信的學說或理論是有關誠信理念的深層結晶，供給我們對誠信的涵義與性質有更深入的認識與了解。

害人與防人之心

一、意義

(一) 題目的由來

本題目出自「害人之心不可有，防人之心不可無」兩句格言，此兩句格言出自明朝洪應明的《菜根譚》一書，此書與同朝代陳繼儒的《小簡幽記》及清代王永彬的《圍爐夜話》並稱爲處世的三大奇書。

(二) 意義

本題目根源的兩句格言意義都在勸人處世爲人的方法，人不可有害人的念頭與心思，但提防別人陷害的用心卻不能沒有，否則會受害。

二、害人之心與壞心

(一) 意義相通之處

害人之心是壞心，兩種心是相通的，害人之心必定是壞心，但壞心有時比害人之心還多且廣。太多爲自己的利益算計雖然不一定會害人，但也不是什麼好心眼，對他人也並無好處。

(二) 後果相同

害人之心與壞心的出發點也許不盡相同，但結果會有許多相同之處。第一、兩者同樣不給人有好感；第二、兩者出發點都有爲自己的利益或好處的意圖，但最後都被人不齒，反而害了自己；第三、兩者都是不值取的社會觀念或價値。

三、防人之心與細心

(一) 意義相通

防人之心，主要的意義或用意是防止被人所害，具有細心的含意。但細心比起防人之心的含意要廣泛得多。人需要細心的地方無所不在，讀書思想要細心，才不致有糢糊空間。判斷事情眞僞要細心，才能看到眞相。算帳要細心，才不會錯誤。各種細心都是重要的，防人之心的細心也很重要，否則容易被害，而難以彌補。

(二) 後果相同

防人之心與細心都是保護自己的重要方法，兩者的結果會有相同或相近之處，重要的相同之處是可避免受害或損失，包括身體上的、財物上的、精神上的。能不被害或少被害就可減少損失，自己可減少痛苦，也可少折磨他人。被騙受害後要提告，會折磨法官。要求破案，則會折磨警察等治安人員。要報復，也折磨加害人要費周章加以預防或對抗。能細心預防受騙事情發生，都可免去這些麻煩與困擾。

四、誰會害人

世界上有些人不喜歡害人，也不會害人；但是另一些人卻喜歡害人，也常會害人。爲什麼會有這樣差別，原因不只一項，重要者可用四項來說明：

(一) 性格論

性格決定行爲，這是很多人都能相信的道理。有些性格偏差的人，會以害人爲樂，不覺得這種行爲可恥或可惡。這種偏差性格有因天生的劣根性，也有因後天學壞的，甚至兩者都有可能。會害人的性格多半是缺乏教養，缺乏憐憫之心，不能感受受害者的痛苦、無辜與不幸。

(二) 動機論

不少人會害人是有動機的，常有的動機是爲了報仇、徇私、忌妒、除害，或爲了見不得他人好。動機越強，害人的手段會越毒辣。極端強烈的害人動機，爲求達到目的，常會不擇手段，害人性命的事都可能做得出來。

(三) 關係論

人所害的人可能是認識的人，也可能是不認識的人。認識的人多半是敵人或仇人，但沒良心沒情義的人也可能加害親人或朋友。害到不認識的人，可能是意外之災，也可能因爲與直接要加害的人有關聯或瓜葛。不論原來關係如何，當一方知悉受害之後，雙方的關係都會變壞。也有被害而不知情者，雙方在表面上還能維持一段時間平安無事，但遲早都會識破，而變壞關係。

(四) 情境論

不少害人的行爲是在特定合適的情境下發生，當雙方激烈爭吵時因身邊有凶器而殺傷他人。冤家因碰面而起爭吵或傷害，錢財因露白而被搶，婦女因落單而受辱。面對凶殘之人，讓他有下手機會，也是自討苦吃。

五、要防甚麼心

小人的害人之心不可不防，不防則使其有機可乘，食而知味，以致變本加厲。

能防而不防，以致無謂受害，實也不值，有時也不能怪罪他人。但究竟何種人該防，何種人不該防，應也有標準可循，重要的標準是對可能害人的人都該防。有下列心理的人都是可能害人的人，故也都是要提防之人。

(一) 告密之心

有密告他人之心的人，都該提防，不可使其知道私密之事，以免其密告而招來災殃。會密告他人的人，多半都有跡可循，其過去曾有密告他人的紀錄，或在私下表示有密告他人之意圖。這種人常為了討好權勢而當為其爪牙而密告他人，也有因為私利而不惜犧牲他人，將其密告，使自己得利。

(二) 監控之心

存心密告他人的人，多半都經過監控他人的一舉一動，目的在索取證據。監控者也常是受人之託，或聽人命令者。獨裁政府常培養一批爪牙，監控異議份子或革命志士，有時也監控股實的老百姓，老實人也會受到災殃。徵信社的人，要替顧客監控鎖定之人的行跡。職業性監控他人的人多半都不懷好意，對這些人能多一分預防，就可少一分受害。

(三) 損人之心

有這種心思的人詭計多端，以損傷他人為快樂之事。損人程度有大有小，輕者惡作劇，重者害人家破人亡。與這種人為伍或接近，遲早會被算計而受害，不可不防。

(四) 誣蔑之心

這種心理會折損人，說別人壞話，傷別人利益，不會鼓勵人或誇獎人。經其誣蔑，名譽與尊嚴都受損。存有誣蔑他人之心者，有的在暗中破壞他人，有的擺明瞧不起人，打擊別人，謹慎的人對之都不可不防。

(五) 挑撥之心

有些人喜歡挑撥他人是非，見他人之間起衝突，自己稱快，或坐收漁利。喜愛挑撥是非的人常會說謊，製造事端，使人誤信。這種人不得不防，否則會被其帶著與別人交惡，得不到好處。

(六) 欺詐之心

欺詐的目標有許多種，但詐財騙色是最普遍可見的欺詐目的。能將財與色詐騙到手，被欺詐者都因有缺點。軟弱者容易被欺侮，低能者容易被拐騙，有姿色的婦人容易被誘拐。本身能較強硬，也夠聰明，他人要欺詐就不容易。故要防禦欺詐之心，本身必須要能堅強，且要夠聰明。

(七) 侵占之心

侵占與欺詐性質相近，但有差別，欺詐常用暗的方法與手段，侵占則常用明搶的方法。社會上最常聽聞的侵占目標有財產，包括金錢的動產及土地房宅等不動產，也有侵占他人妻室的公子哥兒。侵占者都心有不軌，若能及早知覺，防其惡劣心眼，便可少受其傷害。

(八) 仇恨之心

自古以來仇恨之心就流傳人間，歷史上常有人銘記殺父之仇，不共戴天，且有仇必報復。仇恨之心的產生除了殺父與抄家滅族，還可能有許多其他原因，包括被侮辱、被欺騙、被占便宜等。仇恨的人心裡不平衡，隨時有找人報復的可能。也可能因爲行爲怪誕而誤傷他人，常人爲免受其傷害，應當避開之。懷恨者的仇人爲了避難，更必須遠離。

(九) 報復之心

心胸狹小或結怨過大，都可能心存報復，想要報復的人都會尋找機會行事，不會放過報復機會。激烈的報復方式有到你死我活，甚至同歸於盡者。莎士比亞名劇《王子復仇記》，是記述報復叔叔殺害父親又娶母親之仇的故事，報復的方法包括鬥劍及用毒酒殺人等。大仲馬的《基督山恩仇記》是一部描寫一個含冤入獄者的故事，後來越獄，獲得大筆財產，並向仇家報仇。以上兩則世界名著所記述的故事，都以復仇為焦點，使加害者終未能逃過一劫。對於復仇者不得不提防，但事實上要提防也困難。

(十) 其他小道之心

除了如上列舉者，其他會害人的小道之心還有不少，有則會直接傷害，有則傷害是間接的。今日政治上不少欠佳的政策，也許施政者並無直接傷害人民之心，但人民卻會間接受害。人民為了避免受到傷害，對於政府的政策都必須嚴加檢驗，這種責任尤其要落在有能力有職責的民意代表身上。

六、為何不可害人

(一) 傷害他人

人不可害人，因為害人會使別人受傷害，會有損失，會痛苦。輕者只是小傷或小苦，重者會有大傷與大苦，都不是好事，千萬不可行。

(二) 會有報應

加害別人在短時間會使別人受害，但經過較長時間，害處會回報到自己身上。回報的途徑可能經由仇人的報復，也可能自己內心難安受到譴責而痛苦，都以悲劇收場。佛經上常強調因果循環報應，善有善報，惡有惡報，有惡未報，不是不報，只是時候未到。這種因果原理實也值得害人者戒。

(三) 失德與作孽

害人是失德作孽的行爲，雖然社會上對於害人之人要有適度的懲罰才有公理，但懲罰要公開，要透過正式的規定與程序，不能以私下報復了結，否則冤冤相報，沒完沒了，不是辦法。爲人除害的害人行爲也要光明正大，不可偷偷摸摸，或陰險狡詐，否則都很缺德，也都是作孽。

(四) 擾亂社會秩序與安全

害人使不得，也因爲不僅會傷害個人，更嚴重者是會擾亂社會秩序與安全。

社會上有害人之人，則人人芒刺在背，心存恐慌不安。近來社會上詐騙集團的電話響個不停，接到的人，無不心生慌恐，嚴重危害社會的秩序與安全。

七、如何不害人

上述不可害人的許多理由，有良心的人更應知道如何不害人，方法也有很多，如下這些都很平常，也很容易實現，也都很重要。

(一) 不道人之短

道人之短很容易傷害到別人的名譽與聲望，但在日常生活中一不小心，他人的短處就很容易從自己的口說出。自己必須時時留神，不輕易說別人壞話。

(二) 不扯人後腿

扯人後腿也很傷人，可能使他人斷送良好機會與前程，對自己不見得有好處，既使有好處，是用他人的好處換來的，也不道德，不足可取。

(三) 不奪人所好

他人的所好是其希望與生命。奪人所好是剝奪他人的希望與生命，絕對沒良心，也缺道德，實不可爲，也不應爲。

(四) 不爲難他人

爲難他人給人難堪，給人過不去，對別人的傷害也很大。仁人君主絕不樂爲，一般小人則要特別注意，不去爲難她人。

(五) 不斷人後路

斷人後路比起扯人後腿還嚴重，斷了他人後路，使其沒有再生機會，喪失其前程與希望，讓人失望與絕望，有良心與道德的人也行使不得。

(六) 不傷人身心

害人最嚴重的程度莫非是傷了他人的身心，故要不害人，就應注意不傷人身心。不講人情，不顧道義，以及其他許多不該做的事卻做了，做了都使知道的人傷心。傷人身體者則有殺傷、毒害、燙傷、燒傷、跌傷、刺傷、割傷、槍傷等不同情況，雖然不至於使人致死，但都使人傷痛難熬，罪過至極，實不應爲。

八、爲何要防人

人與人之間爲何要互相防禦，可用數種道理加以解釋：

(一) 人有惡性

每個人的本性之中都有部分惡性，被控制不住，就會表現不良行爲，也會傷害他人，他人爲減少被傷害而需要提防。提防不讓惡人接近，提防周邊的人不使其作惡，當其作惡時，也能防他，不使自己受到傷害。

(二) 常有小人

在現實的社會上常有小人存在，小人最會傷人與害人，普遍不受歡迎。人人都要設法預防其接近，以免受到傷害。

(三) 避免受害

人活在世上不能孤立生活，必須要與他人往來與互動，但對於一些特定的人，卻會避之唯恐不及，主要的用意與目的是避免受害。

九、如何防人

爲人之道固然要歡迎與同好同在，但也必會不願與厭惡的人同道，以能避之是幸。如何才能預防受惡人之害，人人各有妙方與妙計。但下列幾項是很基本的策略。

(一) 不可輕信

人要能不受害，首先不可輕信巧言。不少害人之計都由編造謊言做起，能不輕信，就可減少受害。今日詐騙集團的危害不輕，都從製造假訊息開始，不輕信於他，就能減少受其害。

(二) 小心翼翼

要能不受他人傷害也必要對其害人詭計小心翼翼。有時情勢緊急，小心困難，就很容易受害，實也情不得已。但在可能範圍內都應該小心謹慎，當可減低受害。

(三) 毅然抵制

對於明知有害之人及其所做之事，毅然加以抵制是極佳的預防受害方法。但並非人人都有抵制的勇氣與能力，必須自我訓練與培養，方有避免受害的可能。

人口與國政

一、議題的意義、內涵與重要性

(一) 意義與內涵

人口的定義是指多數的人，常以一個地區或國家內的多數人作爲計算及考慮範圍與基礎。這些人口的重要內涵與性質包括數量、組合、移動、生老病死的變化與消長及品質等。數量的要項包括總量、類別數量與特定地理範圍內的數量也即密度等。組合的重要內涵則包括年齡、性別、教育程度、種族、職業別等。移動則包括移入、移出的數量、組合、地點、動機或原因、後果或影響等。生老病死的消長與變化又應該也可以細分成許多事項與細節，例如出生事項與細節包括正常出生、早產、非法生育、墮胎、夭折、生育控制、生後的需求等。老化則包括人數、速度、健康疾病情況、生活安置、福利需求等。疾病則包括種類、頻度、應對的醫療設施與服務等。死亡則包括人數、比率、原因、死後處理等。人口品質則包括健康狀況、教育程度、能力高低、人品的好壞等。從這些說明可知人口的意義不僅是指單純的數量，而是包含相當多元複雜的意義、內涵、性質與關聯。

(二) 重要性

由上述可知人口的意義與內涵相當多元複雜，牽連的事物也極多樣廣泛，其重要性絕非枝微末節，而是非常根本且重大。人口是構成社會、國家的最根本要素，社會上與國家中許多事物、組織、與制度等都是爲人所使用與設置，並非使人去配合或支援事物、組織或制度等。各種社會上或國家中的事物、組織與制度要如何獲取、配置與運用，都應配合人口的需求才有意義，才較合適。因此人口是國政的主角，是各種國家政治事務的重心與依據。國政的規劃與執行都必要依據人口的性質與需求，才不至於脫節或不實際。

二、人口要素有關國政

人口是國政的重心，其與國政的相關性不僅是少數幾項，而是全面性的。從行政體系中的中央內政、國防、外交到軍事、教育、文化、經濟、財政、交通、農業、司法、主計、衛生福利、勞動、科技等各部會的業務無一不與人口都有密切的關係。人口必然是各部會規劃業務與經費等所應考慮的要素，各種行政規劃與執行都不能捨棄人口要素，否則就不實際也不合理。

人口的角色與地位雖然如此重要，但在國政中卻常被忽視與排斥，原因常因各部門本位主義使然，也因各部門對於人口的性質與功能缺乏認識與了解。人口學者責無旁貸，必要將之加以分析、說明並推廣。此也爲本學會在政治大選結束後，新政府將成立之前，藉舉行年會與學術研討會之機會選擇此議題，供國人與主政者能多認識與了解，使今後的國政事務能多注意人口要素的重要性及其可能的作用與影響，在各種國政事務中能多注入對人口要素的考慮，使各種政務都能使全國人民得到更多的利益與幸福。

三、人口的中心角色

人口在各種國政中都具有舉足輕重的重要性，可成爲各種國政的需求者以及支援者。作爲需求者，也是消費者，各種國政都要以能盡人口需求與消費的業務功能加以應對，否則就不能符合人民的要求與消費，難免違背民意，也就不是良好的施政，會有浪費或失策的危險與弊端。作爲支援者，各種施政的部門或單位若能妥善估計與運用，就能獲得人口也是人力的支助，而可增加施政的效率，獲得良好的成果。

在由人口也是人民組成的社會與國家，人口是人民，也是主角，其他的資源與事務是配合與服務人口的配角。各種國政的執行者都要能明白此中的道理，以人口要素爲重，民意優先，施政就能成功而不失敗，施政機關與施政者也就能得到人民的支持與擁戴，政府就能成爲好政府。

四、本議題下人口研究的方向與性質

在「人口與國政」的議題下，人口研究的方向與性質會與人口本位的研究方向與性質有所不同，必會受相當的規範與限制，重要的規範與限制是人口變數必須與國政的任何一項變數掛勾或結合。這些國政的變數可以是前列各種國家大政的任何一項或多項，可以是內政、外交、軍事、教育、文化、經濟、財政、交通、農業、司法、主計、福利衛生、勞動與科技等。而人口與這些國政變數都可以是自變數，或應變數。人口學者較可能選擇人口變數爲應變數，其他的社會科學者若也樂意參與討論，則較可能選擇人口變數當爲自變數，而將其專業的變數當爲應變數。但是也並非一定要如此限定不可，視每人的興趣與才能而可做彈性的調整。

向來純人口學者較常選擇兩個或多個人口變數相關性的研究與分析，要將人口變數與國政中的任何一項聯結或掛勾，則必須做些調整，才較符合本次中心議題的旨趣。由是看來在本議題下，有興趣參與研究與討論的其他社會科學者一定會增加擴大，而人口學者在思考問題時也必須擴大視野，跳出傳統人口學領域的窠臼，多與人口以外的領域聯結與整合。

事實上這種人口研究並非完全偏離人口學研究的傳統方向，在人口學的研究傳統方向上，至少就有兩大分支，一爲純人口學（Demography），另一爲社會人口學（Social Demography）或人口研究（Population Studies），後者就常連結人口變數與社會變數或其他變數加以分析與研究。這次本學會年會中的學術研討會議題是將社會人口學或人口的社會研究範圍拓寬到最大最廣，這種著眼點可助發展與擴大人口學的應用價值，也可避免人口學視野狹窄或缺乏實用價值的錯誤印象與性質。

五、爭取政府與政治人物的了解與認同

任何學術要能發展，必須讓社會上多數人了解與認同，尤其是要有權力人士的認識與認同，推展起來才會更加有力且快速。人口學的學術發展已有相當長的時間，也已有相當高程度的成就，並無絕對需要再多加廣告與推銷，但也不可否認，在國內這門學科並未獲得到該有的認可與重視，許多國政部門對於人口變數的理解與應用都還很不充分與理想化，有必要由人口學界努力多加推廣與介紹，最好的推廣與介紹方法與途徑是，推出能令人信服其重要性的論述。爲能使有權力的政府與政治人物信服，有必要直接討論人口與各種國政的密切關係及可能的貢獻。若能經由本次的會議而有充實的討論，效果必能見著。

在我國行政體系下與人口最有密切關係的部門一向定位在內政部的戶政司、過去的衛生署，或經建會的人力規劃處等單位，顯然很不周全。也因此過去人口學會的學術團體及人口的學術研究機構，能得到政府部門的支持與贊助也甚有限，有必要導正與改善。人口與國政的密切關聯性，應可使國人與政府對人口及其研究有更清楚與充分的認識與了解，由此或許也會更樂意加以扶持與協助其發展。

六、對國政部門運用人口研究的建議

本學會擬定此一議題的主旨是期望人口變數能被普遍應用與落實在各種國政的計劃與執行上。要能達到此一效果，有必要得到各種國政部門與單位的認同與實踐。爲能爭取與增進國政單位的認同與實踐，在此謹向各種國政部門與單位提出數項建議：

(一) 各國政部門的主管必須涉獵人口學的理念

要使一個人能認同並實行某些事務，必先使其能有認識與了解。各國政部門的主管是其單位的主其事者，要其部門與單位在業務中能重視並注入人口要素，很必要主管的支持，當各國政部門所有工作人員還未能普遍都具有人口學的知識之前，至少主管人員要能具備，人口要素才有機會在其業務中占有一席之地。國政部門的主管或其他工作人員要能涉獵人口學的知識，則需要由閱讀、聽講或向專家請益獲得。

(二) 啓用具有人口學素養的新秀參與國政的工作團隊

過去年長一代的行政人員少具備人口學知識，以至未能多運用，這可由啓用具有此項知識的新秀加以補充，使人口概念能在各國政部門的業務中施展其必要的意義與功能。爲能使年輕的新生代有機會接觸與接受人口教育，有必要在校園中普遍開授相關課程，或在各個專業的學術部門能多摻進人口要素的相關概念。

(三) 實際推動含有人口概念的各種施政計畫與業務

要使人口概念能確實參進各種國政事務中，不能只是紙上談兵，必須要能實際推動，使人口要素能落實到較多的國政事務中，這要由有心與有識之士加以推動。最佳的推動先鋒者是當前各國政部門中具有人口學知識的行政人員，由其啓動，最容易進行並能最快立竿見影。要在社會上推廣此一觀念，人口學會的努力也甚重要，然而這些努力都可促使人口概念在國家的各項施政上長期生根。

七、人口學者的自處之道

人口學的概念要能受到社會各界與政府部門的重視與應用，最需要人口學界成員的投入與努力，因爲認識與瞭解人口學的人最有能力與資格去做這種推廣工作。國內人口學會決定提出本次年會學術研討會的中心議題，表示人口學界對此議題重要性的共識。

此一議題對於習慣研究正式人口學（Formal Demography）的同仁而言，可能會覺得較爲偏離傳統，但若想使人口研究獲得社會各界尤其是政府各部門對人口學重要性的廣泛認同與支持，則所有的人口學界同仁都必須暫時拋開自己最有興趣且最有心得、成就的領域與課題，共同爲此一最能說服外界的議題一起用心思考，提出最能爭取認同與支持的想法。這也是當前發展人口學所刻不容緩的事，相信人口學界的同仁都能贊同此一看法，且都能在大會上有良好的表現。

臺灣的農民與國政

一、農民、農業與國政複雜關係的理論概念

從廣泛的角度來看，農民與國政的關係是複雜多端的。農民有複雜的身分、需求與心理，國政的面向很多，內容也極其繁複，農民與國政的變數之間可互爲主客，相互影響，其間又牽涉到農業，農業又有複雜的生產與經營要素，可見三者之間有多重複雜的關係與糾纏。要將這些複雜的關係與糾纏分析述說完整，實不容易，本文僅選擇性挑出若干較爲重要者加以討論，討論的架構如綱目所列。

二、農民與農業人口資料統計的行政意義與性質

有關農民與農業人口的學術性研究與農業施政依據，常要借重相關的統計資料，這些資料多半由政府收集並統計完成，且作爲政府執行農業與農民行政的重要依據。過去政府收集的重要相關資料名稱有《農業統計年報》及《農林漁牧業普查報告》等兩種，其中《農業統計年報》有較完整的農民及農業人口的登記統計資料，且每年都有出版更新。農林漁牧業普查資料過去每五年做一次。自1956年開始，已做完12次，最近一次在2015年。調查對象分成農漁民與農場及漁公司等，對農民的調查取5%至12%不等的抽查，對農場則採用普查。

農業統計年報的內容共分十七大項：包括農業經濟指標、農業生產、農產與資材價格、稻穀收購數量與價格、土地、農家與農業勞動、農業生產資材、農業災害、農家經濟、經營收益、農民福祉、動植物防疫檢疫、農田水利、水土保持、自然保育、農民團體、職員人數。

農林漁牧普查內容可摘要成四大項，包括農牧業、農事及畜牧服務業、林業、漁業。全部統計結果共包含24小項，可歸納成下列項目：一、農牧業，包括農牧業家數、農牧戶數、農牧戶家庭人口數、農牧戶工作指揮者人

口統計、農牧業之可耕地面積、農牧場家數、農家農牧業收入。二、農事及畜牧服務業，包括農事及畜牧業戶數、農牧業戶數分類統計。三、林業，包括林業戶數、林場數、林業土地面積。四、漁業，包括漁撈戶數、水產物養殖家數、漁船艘數及噸位數、水產生物養繁殖面積、漁業獨資漁戶數、漁業管理者人口統計。

上列各項統計項目的名詞都有其法定意義，各項統計要項的性質也都各有其明細的解說，且各項統計各有其特定目的。就以農民的定義言，依據農業普查的規定，是指直接從事農、林、水產、畜牧等生產事業之自然人，也即泛稱爲農業人口。農戶則係指一般家庭從事農作物栽培、家禽、家畜、蜂、蠶之飼養等農牧生產事業，或兼有以農業產品、農業設備、場所等提供民衆休閒娛樂之農業活動事業，且其面積、飼養數量及全年出售或自用之自營農家、畜產品價值達特定標準之一般家庭。但是爲了不同目的，有關農業、農民、農業人口或農地等的定義，會有不一致情形，造成混亂不清。

依照行政院主計處的統計，在2014年六月底臺灣全部農業人口數爲2,988,973人，占全人口的12.86%。全部農業就業人口數爲548,000人，占全部就業人口的4.95%。就以農戶人口所占百分率當爲選票中農家所占的百分率計算，比率比工商業及服務業家庭所占比率都低，但因不少工商及服務業人口都出自農家，必然也關心農業與農民，可估計全部選民中支持農業人口立場者應會高於12.86%。這就使政治人物與政界人士所不能小覷。

三、農民數目消長的政治含義

若以農業從業人口作爲農民計算，則長期以來有趨減的趨勢，但至晚近則相當穩定。在戰後不久，工商業不發達，經濟未發展時，農林漁牧等初級產業人口所占比率高達一半以上，在1952年時占56.1%。至1997年時降至10%以下，而後逐年再下降，至2005年後已漸趨穩定，停留在5%至6%之間。這也表示農業人口再也沒有外移的潛力。

農業從業人口銳減的政治含義，可從許多方面理解，但我覺得重要者有三點：第一，表示農業與農民漸被政治人物及政治力量丟棄；第二，農業與農民對政治的影響力也減弱；第三，農業與農民在政治上變為具有關鍵少數角色的重要意義。就這三點重要的政治含義略說己見如下：

(一) 農業與農民被輕視的觀察

相對於工商與服務業界，農業與農民漸被執政者輕視的說法並非無的放矢或無故汙蔑。政府為了追求經濟成長及提高國民所得，常將農業與農民視為無效率、無助益的部門，因此逐漸不予重視。農業與農民像是被拋棄的孤兒，未能像其他兒子得到父母應有的照顧。國家預算對這部門的投入未成比例，致使其所得相對偏低，生活水準也相對低落，常僅為其他部門所得與生活水準的百分之六十至七十之間而已。

(二) 農業與農民的政治影響力減弱的觀察

隨著農業與農民相對比例銳減，農業與農民的政治影響力也隨之減弱。因為農民人數減少，表示選票減少，生產價值比例減少表示其重要性減低，農民本身能進入政治領域的能力減弱，政治圈內願意替農業農民出力及代言的力量也減弱。過去立法院的國會議員中有不少的農業界或農民代表，如今卻已少有聲音。行政部門對於農業與農民的福利與死活也漸不予以注意與重視，似有讓其快速消滅，減低負擔的情況。

(三) 農業與農民在政治上變為具有關鍵少數角色的意義

經濟地位逐漸減弱的農業與農民在政治上的地位變低，卻能變為關鍵角色。其關鍵性在於可能是展現反映政治良心的指標，也可能成為壓倒某一政治團體的最後一根稻草。政治人物的政治良心與行情固然可從主要團體的反應見之，但從少數農業界或農民團體的反應則更彌足珍貴，因其可反映一葉知秋，也可反應對弱勢關懷的良心道德。少數的農業界或農民都不能支持的政治人物或政治團體，大概也已到窮途末路，難再有最後的支持者。

四、近代史上若干農業與農民政策的矛盾與危機

臺灣近代史上農業與農民政策也與其他的政策一般，受國家定位不穩、政府黨派的不同、政治領袖個人主義及國民對政治歸屬認同歧異等的影響甚巨，造成政策的名目很多，且都很短暫，較少有長期性穩定性高的政策，且許多政策都隨政權的改變而改變。本節選擇若干重要政策說明其矛盾性與危機，這些矛盾與危機先是來自主政者少有長期規劃與認同的特性所造成，與不同政治立場人民的不同需求也不能脫離干係。以下選擇五方面政策的矛盾與危機加以分析與說明：

(一) 農地利用政策的矛盾與危機

自國民政府遷臺以後，農地政策一向是農業政策的重心，這與臺灣島上人口多，土地稀少，人口密度很高密切相關。眾多的人口包括農民，擠在狹小土地上，政策上對於土地政策，包括農地政策都很注意認眞制定與實施，主要的農地政策方向包含所有權政策與利用政策兩大方面，政策的基本依據是三民主義相關的公平正義與合理原則與精神，具體的政策先有三七五減租、公地放領與耕者有其田等的農地地權改革，隨之再有農地重劃、分區分等差別使用、委託代耕、委託經營、小地主大佃農，而至最近吵翻天的農地蓋農舍的政策的演變。矛盾與危機的問題就出在每一政策的制定與實施都無一能完全公平、正義與合理。有因政策的設計本質容易產生矛盾與衝突，也有因執行者或被影響者的私心作祟，走後門鑽漏洞，將本意不差的政策搞得烏煙瘴氣，變成苛政或惡政。農地地權改革使許多土地被徵收的地主認為

不公，感到不滿。農地重劃導致相關官員貪汙，農民損失土地。分區分等差別使用造成高等則農地地價落差在低等則農地地價甚大的極端矛盾，以及坡地等的不當使用，造成水土流失，災害連連。委託經營或小地主大佃農的政策因地權改革的後遺症，使地主擔心土地難以收回而不易落實。最近爭吵尖銳，難以立法定案的農地上建造農舍政策結果，也造成農地嚴重流失，使用凌亂，動搖農業生存前途及糧食安全的國本。

(二) 農業生產政策的矛盾與危機

歷史上農業生產政策的重要改變從最先的提高生產力，而後調整生產結構，提倡精緻農業與有機食品等。其中各項細節所牽涉的政策細項很多，矛盾與危機也有不少。爲了提高生產力，過度開發使用農業用地，包括不當開發山坡地、改造農產品基因及使用過量的農藥等最令人憂心與詬病，損及社會的安全及人民的健康。調整生產結構也有不甚合理之處，總體產業結構的調整與個體生產者之間的調整並不很能容易調和。提倡精緻農業雖然創造出不少新奇產品，卻也使一些重要的傳統可貴產品流失消滅。有機農業生產常與慣性農業生產處於競爭的局面，而難以擴大範圍與比例。

(三) 農產貿易政策的矛盾與危機

農產貿易抵抗不了國際化與全球化的浪潮，不得不由閉關改變成開放門戶。此種政策的改變使臺灣的小農制度難以和國外大農制度相抗衡，成爲國際化的犧牲者。在貿易自由化與國際化的浪潮中，政府與國家對農業與農民的支持與贊助的力道微弱不足，致使農業與農民本來生存困難的局面更是雪上加霜。近來對中國急速開放的政策，臺灣農業人力、物力與資金流失嚴重，產品交易逆流，雖然部分外移投資者可能賺到錢，但對臺灣整體農業的發展則更加不利。

(四) 農業資金政策的矛盾與危機

農業是相對弱勢的生產事業，先進國家對農業資金的供給常有特殊的設計與制度。我國過去的土地銀行與合作金庫也是特別爲流通農業資金而設定，後來在金融自由化的政策下，其農業性的功能也都喪失了。本來專爲方便農業資金流通而設立的農會信用部也曾發生被金融行庫取代的危機，所幸後來因農民抗議的聲浪不小，而避免了災難的擴大。今日農業與農民在資金需求上的困難與問題，不少都由外移的農民子弟從農業外賺得收入補救，農業與農民內部很難自我解決與減輕。當工商經濟不景氣，農民子弟從農業外賺得收入變成困難之際，農業資金的來源也變成更加困難的窘境，這也反映部分農業資金政策上的問題與矛盾現象。

(五) 農民福利政策的矛盾與危機

在臺灣近代的政治史上，農民是較少受到福利照顧的一群，軍公教獲得福利優惠在先，勞工福利繼之，農民的福利最後。較爲明顯的農民福利政策是自1985開辦的農民保險，以及自1997年開始實施的老農津貼。兩者開辦或實施時間都遠落後在各其他族群的相對應福利措施之後，且老農每月7,000元的津貼數額也比不上一班軍公教退休俸祿，以及勞保退休金及老兵每月13,000元的津貼。另一面農民經營的農業生產則長期間受到偏低糧食價格政策所約束，使其生活水準相對偏低。

以本土農民爲主體的農民福利給得較晚、較少、較差，與其人數衆多以及政治力量較弱息息相關，因而難能獲得福利好處的分配。此種福利相對落後的情形，終於導致在今日農民分布較多的縣市行政地區，居民的政治態度都較傾向不滿長期執政的外來國民黨，國民黨推出的政治候選人都較難勝選。今日南部各縣市政治色彩的分配也都形成藍小綠大。

五、農民選票的地理分佈與變遷

農民的性格一般都較保守，也較膽小。其政治態度在開始時都較聽信權勢的命令，也因此都較認同執政的主流勢力，但是一旦使其對權勢力量產生不信任與懷疑，也就比較難以挽回。臺灣南部幾個農民分佈較多的縣份，在早期選民的政黨屬性都是較傾向執政的國民黨，後來經過執政者的疏忽與農民自身的覺醒與轉折，乃變爲比較傾向長期在野的民進黨。就以農民人口比率相對高占的臺南縣爲例說明，自1951年第一屆民選縣長開始至1989年第十一屆，當選人都爲國民黨籍。但自1993年第十二屆以後至2005年第十五屆，當選人都變爲民進黨籍。後來縣市合併至今，也已經過兩次新版圖的市長選舉，當選人也都爲民進黨籍。在2010年及2014年兩次的市長選舉，民進黨候選人的得票率分別爲60.42%及72.90%，都爲各縣市之冠。

臺南縣在歷次立委及其他項目的選舉中選票的政黨分配趨勢，也大致相同於縣長得票分配的趨勢，由早期國民黨籍得票率較占優勢，逐漸變成後來民進黨籍較占優勢。

這種農民選票變遷的趨勢，同樣也較早發生在雲林、嘉義、宜蘭及彰化等農業縣份。到了晚近，民進黨得票率的優勢，已經不只限於農業縣份，既使在都會區，客家籍地區及原著民地區，也都普遍提升。這也反應候選人不能因黨籍而保證一定當選或不當選，施政的政績能否使人民感到受惠才是眞正決定選擇候選人及黨籍的關鍵因素。到了最近兩次立委選舉，臺南縣市合併後分五選區，民進黨候選人得票率也都占優勢，分配的情況如下表所列，其中第一、二、五選區都爲原臺南縣的版圖。

表1　最近兩次臺南市立委選舉民進黨候選人得票率分配

	第一選區	第二選區	第三選區	第四選區	第五選區
2008	54.58	59.17	50.27	53.27	52.66
2012	63.09	68.06	61.66	53.03	52.23
2016	71.22	76.47	71.38	58.89	72.05

資料來源：中央選委會

六、農業施政成敗的政治效應

政府的任何施政對人民的生活都會有影響，農業施政對於農民生活的影響必然更直接，也更顯著。各項農業施政可能成功，也可能失敗。成功的施政可能影響農民生活改善，失敗的施政則可能無助農民生活改善，甚至帶給農民災難。農民從農業施政的成敗及承受的影響，就會對施政者產生特定觀感與回應，對於受益的施政會心存感激，並加讚賞。對於受害的施政就無好感，甚至會有埋怨與惡感。所受影響的好壞感受，會反射到對施政的好惡。唯農民認為成功與失敗的施政，不一定與政府所想與所看的相一致。

回顧過去農業施政的成敗好壞都有，農民好與壞的觀感與反應也都有。在此舉出由農民的感受與認定較佳與較差的現行及調整中的重要農業施政兩大類，及其包含的若干重要細項，扼要說明其成敗優劣及其政治效應。在此強調所評估之農業政策的成敗是指實施後終結也是結果的成敗，不是尚未實施就預估或實施過程中的成敗。因為成果評估才能眞實的反應政策的好壞。而評估者是取政策實施對象的農民，不是社會大衆、學者專家或制定與推行政策的政府。由農民對農業政策實施結果加以評估，是因農民是農業政策的承受者，其對政策的制定與實施的利弊得失有最眞切的感受，對政策的成果最有發言權，而且成果由農民評估也與當初宣示政策的目的較一致、較符合。由這種評估過程可以獲得第一手資料，可對政策的成效作眞實的估計。

(一) 農民認為成功與優質的農政

從農民日常生活言談中令人深刻感受到的成功與優質的現行農業政策的排序或許是1.老農津貼，2.休耕補貼，3.健康保險等三項。

1. 老農津貼

對於數量不少的窮困低收入的農民而言，目前每月七千元的老農津貼意義重大。這些津貼是其生活費用的主要來源，若無此津貼，其生活會很不好過，甚至根本無法生活。不少老農感嘆此項津貼遠勝過養一個兒子。多半農民的兒子每月都無法供給父母達七千元之多的生活費。兒子不孝或缺乏能力供養父母的老農民，如果缺乏這項津貼，將無法生活度日，可見此項津貼對其生活與生存是何等重要。

老農津貼的政策從1995年開始，最先是每月3,000元，2003年增至4,000元，2005年增至5,000，2007年增至6,000元，2011年增至7,000，至2013年實施排富條款。每次提升津貼數額大致都在大選之前，不無討好農民，爭取選票之嫌。成年農民與其他公民投票選舉都有同等份量，一人一票，因此才能爭得政治人物的注意，願意提供農民較多的津貼福利。農民也才能感覺到自身還有一些用處與價值。

2. 休耕補貼

休耕補貼也是農民認為一項重要且對農民有好處的正面性農業政策。這種政策始於1997年，當國民飲食習慣改變，以及政府應對加入世界貿易組織（WTO）的調適。國民的主食由本來稻米為主，轉向也偏愛麵食，而且蔬菜水果及肉品消費比例增加，主食比例減少。再加上於1994年加入GATT及2001年加入WTO後，外國農產品進口的擠壓，使國產稻穀的出路受到限制，政府乃推行稻田轉作與休耕的政策與計畫。對休耕水田每公頃補助45,000元，一年兩期，共90,000元。多半的農民尤其是稻農都甚表贊同，因為對補救稻農收益受損的幫助甚大。

但是此一政策到晚近遭到農業主政當局的修正，主要的理由有二，其一是全部補助數額太高，每年共約高達101億；其二是不少被稱為假農民坐收不義之財，造成不公平也不公義。政策上先是由補助兩期改為減少成一期，進而將計畫全部取消。本來被農民所歡迎的政策變為人人自危，怨聲連連。

3. 農民健康保險

我國農民健康保險的施實施在軍、公、教保險及勞工保險之後，至1985年試辦，1987年二期試辦，至1995年納入全民健保體系。這項保險提供農民增加生活保障與醫療照護，廣受農民歡迎與接納。

農民收入偏低，物質生活水準相對低落，痼疾不少，患病時常因缺乏支付能力，而會延醫、失醫或誤醫，對於健康會有不利影響。但自從參加健康保險以後，就醫治病獲得較充足的保障，健康條件明顯改善。故這也是受農民普遍歡迎的政策。

(二) 農民認爲失敗與劣質的農政

相反的，農民對現行的農業政策無感或有不良感受者則依序是1.黃金走廊農業新方案暨行動計畫，2.農業ECFA。

1. 黃金走廊農業新方案暨行動計畫

這是當前政府實施的重要農業政策之一，卻少有農民能了解與體會，農民很難認同是一項良好的農業政策。

此一政策是行政院農委會於2013年開始推動的綜合性農業行動計畫。計畫的願景在打造節水，友善環境，提高農民所得，提升糧食自己律及促進農產業多元發展。推動範圍爲高鐵沿線以軌道爲中心在左右各1.5公里範圍內的農業用地。地段在彰化與雲林之間。方案的背景是防止地層下陷，以維護高鐵的壽命。適用對象包括地主、農漁民團體、農漁民及畜牧場。推動措施包括水利、農作、畜牧、漁業及其他。

此一政策未能獲得農民認同，不覺得是一種好政策，約有下列六點原因

(1) 所用名稱不很明確，不易爲農民所了解。

(2) 目標明的是爲造福農民，實爲解救高鐵壽命則甚明顯。

(3) 內容較爲一般性，無甚特殊之處。

(4) 地理範圍限於局部性，未能涵蓋全國各地。

(5) 計畫相對消極性，對其抽取地下水受到限制。

(6) 農民看不出有何特別可觀的效益。

2. 農業ECFA

ECFA的全名爲Economic Cooperation Framework Agreement，中文稱爲「兩岸經濟合作架構協議」。農業ECFA是曾經討論沸沸揚揚，反對聲浪極大的ECFA的一環，政府於2010年6月簽署。這項協議的主要內容是包括農產品貿易（排除關稅和非關稅障礙）、農業服務貿易、投資保障、智慧財產權、防衛措施、經濟合作、貿易爭端的解決等。政府將之列爲當前重要農政的一項，也列舉許多好處與優點。按規定在10年內海峽兩邊必須完成約90%商品免關稅。事實上此一政策備受到社會各界爭議，在簽署過程未很公開透明就備受詬病，簽署之後兩岸農產品貿易逆差不斷，傷害臺灣農業生產與農民收益。

有關農業ECFA對臺灣農業與農民的不良影響有兩位農業學者專家曾著文評述，一篇是前臺大農學院長的楊平世教授的〈面對臺灣、中國農產品貿易大逆差下ECFA對臺灣農業的衝擊〉一文，另一篇是開南大學吳明敏榮譽獎座教授寫的〈ECFA、兩岸交流和臺灣農業的出路〉一文。前者指出ECFA協議簽署後臺灣多種農產品包括水果、蝴蝶蘭、漁產品貿易都有大逆差。後者指出協議雖未開放多種農產品進口，但早在2009年7月暗地裡用行政命令發佈大陸地區人民來臺投資業別項目，許多種蔬果、肉品、水產品、食品、飲料和菸草製品等都已門戶洞開。協議內中國降低關稅農產品項目，臺灣並無實際利益。兩岸農業交流對臺灣並未有長遠的好處，其中有短利長空、技術外流、安全堪慮，對農業與農民無利反傷。

農業ECFA是一項高度政治手法的政策，農民被其詭異的意義搞得一頭霧水，少有直接的體會與感受，但其生產及貿易利益卻在其不明就裡中損傷慘重，等其清醒了解時，必然也知其不是一項造福農民的政策。

七、農民弱勢與本土性的政治含義

臺灣農民是十足社會弱勢的一群，卻也是十足立場本土的一群，在政治對立的氣氛甚囂塵上的時代，農民群體必然站在本土立場的一邊，其道理也有其合理的政治邏輯可循。

(一) 社會弱勢的政治邏輯

農民的社會弱勢是經濟弱勢所導致而成，而其經濟弱勢也有政治弱勢影響的影子。農民的主要經濟資源是農業生產，臺灣的農業由於歷史及自然因素使其處於相當不利的經濟條件與地位。歷史上在地農民面對外來政權的統治，使其政治地位低落，無法爲其經濟利益爭取。地理上地少人多的條件使其耕地面積難以擴大，成爲貧窮小農。經濟上的弱勢，其社會地位也低，權益分配也少，常在各行各業之末端，難有翻身之機會。社經地位偏低的人，其政治地位也低。於是低經濟、社會與政治地位形成惡性循環，當有機會經由自由意志表達政治意念與立場時，就很自然與較弱勢的在野的一方站在一邊。而在臺灣長期以來弱勢的一邊也正是本土的一邊。

(二) 立場本土的政治邏輯

農民立場本土的政治邏輯與其長期守護田產有關。農民具有安土重遷的特性，此因其擁有與使用的農地是十足的不動產，不便輕易移動，且投資生產的目標都是長期性。爲了生活與生存都必要長相廝守在固定的地方，也成爲高度的在地性，或本土性。

當外來政權未能很公平公正對待本土人民，與本土人民未能十分融合，形成對立，或明顯兩分時，作爲本土一部分的農民就很自然也有興趣與爭取政治地位與權力的本土菁英站在一邊，成爲其重要的支持者與隨從者。有時支持的對象是本土色彩濃厚的個人，有時是團體。當臺灣的政治團體有明顯的本土性者出現與形成時，農民的政治心裡就有較固定的歸屬。以目前本土政權的政治團體有兩個，一個是民進黨，另一個是臺聯黨，現階段民進黨的氣勢比臺聯黨的強，農民心理上也有西瓜靠大邊的效應，傾向民進黨的較多。要能穩固農民的支持，則政黨的領導人很需要能有受人認同與支持的舉動與努力。

八、由提升農民政治力量改善生活前途的展望

(一) 由提升政治力量改善前途的必要性

農民是國民的一部分，也是國家人口的一部分，國民與國家的進步與現代化是國家發展的重要目標，也少不了要同步改善農民的生活。農民生活改善的前景可由多方面的改善獲得，但鑑於政治與人民的命運息息相關，則要改善農民的生活就不能忽視提升農民政治力量這一重要因素。

國家的政治力量有一總數，但其分配情形則因不同團體或類屬的實力不同而異。過去臺灣農民生活相對困苦，與其政治實力相對較差，實有密切的關係。今後要展望改善農民的生活，很有必要由提升農民政治力量著眼與下手。

(二) 農民政治力量提升的外在優越條件

展望臺灣的政治情勢，未來農民政治力量的提升有其限制，例如人數漸減，生產能量所占比率漸少，都有可能妨礙。但是從另一方面看，卻也有看好的優越條件，重要者是本土政治實力的增強，應對農民政治力量的提升會有很大的幫助。本土政治實力的增強包括農民力量的一部分，但還有其他許多別的力量。其他別的力量都曾立基在農業與農民的基礎上，力量的主體也甚有可能是農民的子孫後代，沒理由不對農業與農民不加關懷與幫助，或不

去扶持農民增進力量，改善生活。

(三) 農民自我覺醒與自力更生的重要性與可能性

農民政治力量的提升不能僅靠外力的幫助與拉拔，自我覺醒與自力更生更爲重要，唯有自助，他人才能助之。展望農民自我覺醒與自力更生提升政治力量的可能性應可樂觀，主要可從前面對農業縣份農民選票支持本土政黨屬性候選人的績效見之。

農民的政治覺醒與更生還可從其拒絕選舉賄賂見之。過去農民人窮志短，容易收取選票賄賂，因此也使施賄的政客容易得逞，本身卻終吃大虧。但經過民主教育的洗禮，已漸能拒絕受賄，能自作主張。這是農民政治進步的主要動力，有此改善，其政治與生活的前途也會較爲樂觀與可爲。

參考資料

中央選委會，民國97年，第七屆立法委員選舉公報。
中央選委會，民國101年，第八屆立法委員選舉公報。
行政院主計總處，民國99年，農林漁牧業普查報告
行政院農業委員會，民國103年，中華民國農業統計年報。

第三篇

無社會良心的前因與後果

沒良心行爲的前因後果

一、沒良心行爲的原因

吾人思索人爲何會有沒良心的行爲表現，答案恐怕不只一端，爲能有較多方面的了解，在此列舉數項加以說明：

(一) 人性本惡的根源

沒良心是人類的一種惡性，天生就有，古時諸子中的法家就提出人性本惡的理論。人是動物的一種，天生脫離不了動物的本性，其中就有沒良心的成分，包括搶食、侵害、咬人、鬥爭等。人類較常見沒良心的惡質行爲與這些動物的本性沒大不同，只是人類表現得較有變化。

(二) 社會化不足

人之異於禽獸在於人類還有善良的本性，能逐漸戰勝惡魔，脫離動物性的沒良心部分。社會學家稱人類經由教育，去除動物惡性，變爲有良心有人性，了解與實行與人和平相處之道，這過程稱爲社會化。但是很不幸，有些人社會化程度不足，良心未能充分發展，就會產生不利於他人的沒良心行爲。

(三) 掌握權術

社會上常會表現沒良心行爲的人，有的是教化程度極低，少有分辨文明人類與野蠻動物性質差異的能力。但是也有不少是因爲權高位重，有機會運用權術使壞，表現缺乏良心行爲，殘害人類與百姓，能不令人感嘆？

(四) 爲能獲利

多數出現無良心行爲的人，出發點都是爲了自身的利益。當自己利益與他人安全衝突時，就會爲獲得或維護自己利益而傷害他人安全。惡人想獲得的利益種類很多，有爲謀財致富，有爲滿足性事，有爲維護名譽，也有爲不足爲道的莫名其妙理由。雖然目標互異，但方法手段上有一共同的特性，就是沒有良心。

(五) 算計他人

有些無良心行爲開始的動機是要算計他人，包括對看不上眼的狂人、仇人，乃至舊日情人的挑釁與報復。也有要算計的人並非熟人，而是素昧平生的陌生人，只爲發洩自己怨恨，不認對象。恐怖分子傷害的人，常與他們都無直接關係。

(六) 不被認同的理由

社會上無良心行爲者，常會編造一大堆理由，但多半不被世人認同。其編造的理由，有的不實，有的荒唐，有者極爲恐怖，令人咋舌。也有換個人做時合情合理，卻不該由他來做，做了都不能被認同。行爲不被衆人認同時也反映行爲者沒有良心，做了不該做的事，行爲後果多半會傷害到他人，甚至是會傷害全社會上的人。

二、幾類常見的無良心行爲

(一) 黑心的商業行爲

沒良心行爲可能表現在人類行爲的許多方面，最常見的是在商業行爲上。因爲黑心商業手法發生機率太高，以至營商者都會被冠以奸商，常有流行無奸不成商之汙名化。對於殷實商人而言，甚不公平，情何以堪。

商人容易埋沒良心，因幾個原因造成：第一，作奸與無奸之間，利益差別很大，不夠奸詐有時會虧本或破產。第二，奸詐的商業行爲較容易隱藏假裝，較不容易被看出。價錢不實，常被一分錢一分貨的謊言掩蓋，不良品質的商品常被精美的包裝所掩飾。商業不像農業，一旦虛假，即遭天譴，農作物不能成長或結實。第三，不實在的黑心行爲是商界副文化的一部分，商場上多讚美會賺錢的人，少過問錢是否賺得合乎道德良心。

(二) 敗壞的政治行爲

政治行爲也容易出現沒有良心，最主要的原因正如常言道權力使人腐化。政治人物掌握常人缺少的公權力，使其能方便運用權力，常會將公權力用在不該用的私領域，或在公領域上運用不當，以至做出傷天害理沒良心的事。

沒良心的政治行爲，有者出自個人動機，有人開始當官的志向是在求黃金屋及顏如玉，求飛黃騰達。有者是出於被動，例如接受原沒想要的賄賂，或被迫加入腐敗集團，但其不良後果都要概括承受。

(三) 不符職業角色的行爲

社會角色五花八樣，非常之多，各行各業的規範標準不同，有人規規矩矩，遵守準則，但有人卻會不守規矩，胡亂行爲。法官不公，軍人不忠，警察不正，教師不學，醫生無德，都不符合職業角色，也不符職業倫理道德與規範，致使百業不振，社會退步。

(四) 惡劣的日常生活行爲

平常人日常生活必要食衣住行以及與人應對，如果有人對待自己生活過於奢華無度，對有責任扶養的人卻不給飯食，讓其行乞要飯，不給衣著，讓其衣衫襤褸，不給房屋居住，讓其露宿街頭，不給自由行動，將他禁足在家，都是不人道無良心的行爲。平日與人應對不講道理，橫行霸道，欺負弱小，不守規矩，胡作非為，都不是善類。

三、對本身的不良後果

沒良心的人，不能行善，做出壞事，都不會有好結果，可能先使他人受害，最終也都會害到自己。對自己的不良後果可分幾點說明：

(一) 敗壞名聲

沒良心做壞事者必定沒好名聲，惡名昭彰，出門被人指指點點，好人聞之退避三舍，無人願意與他爲伍或共事，導致孤獨無依，做事難成，自己也會生活得沒趣味。

(二) 觸法受刑

極端沒良心的行爲可能觸法犯罪，極可能會被法律制裁，受到刑罰。輕者罰款，重者坐牢，甚至處死，下場都不會好。

(三) 遭受報復

沒良心行爲之後常使受害者痛苦，因而被痛罵，被批評。受傷害者可能尋求報復，包括可能舉牌抗議，提起訴訟，甚至以激烈的手段加以追殺或詆毀。不被認同的行爲者，有者雖可逃過被報復劫數，但下場都很難看。

(四) 難以做人

爲人心黑，不講良心世道，多半下半輩子都難以做人。會被指責爲小人、惡人，受人輕視，不受尊重。人人擔心會上當吃虧，不願與之往來或合作，成爲孤立無援之人，做人障礙重重，做事也難成。

四、對他人與社會的不良後果

(一) 傷害個別他人

沒良心行爲的後果多半不利他人，傷害的情況不一，有人失財，有人失身，也有人的損傷包括多方面。但有些不良他人的後果也會被隱藏，或被忽略。被害人有的能自知，有的卻被蒙在鼓裡。自知者有的會反擊，也有的無能爲力，只好吞下。不能自知或無力自救者，則成爲長期受害的可憐人。

(二) 傷害社會全面

社會上無良心行爲多半不被世人認同，對社會都有傷害，有者傷害較小，有些傷害卻很大。傷害小者或許會使人破財消災；傷害大者，人人對社會沒信心，對政府無好感，對他人不信任，可能使全社會混亂，人人自危，日子不好過。

歷史定位

一、成爲時尚名詞的由來

「歷史定位」這一名詞由來已久，歷史上有大志向的人都想在青史上占一席之地，千古留名，且凡是被認爲是偉人者，歷史也都會給他留下一個美名。但這一名詞成爲衆人皆知又常掛在嘴邊的時尚名詞，則是在當代時下。當下全臺灣的國民都知道這是指某位政治領導人物的心頭願望，他希望經由擔任兩任全國性政治領袖的時機，能作出一件轟轟烈烈的豐功偉業，獲得歷史定位，留名青史。有人說他想要的定位是促成兩岸統一，成爲中國歷史上的偉人；也有人說他想要獲得諾貝爾和平獎的殊榮，成爲世界的名人。傳言中其主要心計是得自其父親的遺願，也成爲他的志願。經過國人的傳言之後，當事人不好意思明說，但在其施政的作爲上卻明顯要終止兩岸分離，傾向統一的表現，給國人確有促成中國統一意圖的觀感。

這種意圖與表現的功過不必等到事後的歷史定論，當前造成國格與地位喪失，國內經濟崩潰，民不聊生，已被國人罵到臭頭。也許後來會有寫歷史的人是他的同道，眞會給他記上大功一筆，但客觀而言，其任內造成當代國家社會的損失，經濟水準退步，人民生活不堪，未給入罪，若反而稱讚其有大功，這樣的歷史評價既不眞實，也不爲人民接受。

二、偉人歷史定位的條件

歷史上想追求被定位的人，無不都在追求偉大的美名，也被稱爲是偉人者。但偉人都需要具備一定水準的偉大條件，最重要的是對多數的世人有好處，有貢獻，不會有壞處、有傷害。偉大的政治人物是能實踐對人民生活有利益的政績之人，包括能貢獻人民的物質生活改善、精神生活進步。這些偉大的政治人物有可能是打倒腐敗暴政昏君的革命家，可能是勵精圖治的領袖，可能是民主的王道者，也可能是守業有成的君主。偉大的智者包括發明家、思想家、理論家、文學家、教育家、藝術家、宗教家、科學家、醫學家及預言家等。偉大的凡人則有仁人善士，及努力工作盡守本份的農工勞苦大衆等。這些偉人有人能獲得他人的讚揚而得名列青史，有的卻因未被傳頌而沒沒無聞，但後者並未失其偉大的本質。

要在歷史上留有美好地位與名譽，不能只因位高權重，或浪得虛名，重要的是不能有傷害人民百姓的行爲舉止。既使功名蓋世，但只要有瑕疵，都會被詬病。如中國歷史上的曹操，功蓋三國，但因奸詐無比，殺人甚多，並不爲史家所推崇。

三、史上也有被定位臭名之人

古今中外還有不少軍事政治領袖，雖然都蓋世聞名，卻都因傷天害理，傷害人民生命與福祉，在歷史上都未能獲得好評，甚至有的還遺留千古臭名，希特勒就是這樣的一位。前面所指的當代我國政治領袖，在還沒下台之前，已被評爲臭名的定位已有不少，包括無能、自私、無恥、軟弱、笨蛋、晉惠帝、亡黨、特首等。

近來有些不懂事的毛躁小子，毫無本事，也想在歷史上留名，乃以極端的手法幹出驚天動地駭人聽聞的壞事，如在捷運中瘋狂殺人，或是放火燒車等，雖然都使他本來默默無名的小卒，一下子變成人人皆知的風頭人物。但是這些偏激的小人物，雖會短暫出盡風頭，但長期之後，都會給以反面的評價，其虛名也不會存留太久的時間。

四、歷史定位的教訓

歷史上的偉大名人，一大半是靠自己努力獲得的，但是有不少刻意想在青史上留名者，因爲努力不足，或走錯方向而不能留下美名，反而留下臭名。因此也給有意在歷史上定位的野心家或仁人志士重要的教訓與啓示，想要在青史上留下美名，一定要有正確的目標與方向，也要展現足夠的才能與努力。正確的目標與方向不是以自己所認定的就算數，而需要由同時代同社會的多數人所認定。違背同時代同社會大多數人的想法與目標者，是自私的人，絕不能受衆人的認可，也不用想在身後能留有美名。

努力不夠或才智不足者也難能有美好名譽，想要在歷史上留名，也未能留得美名。會有難處是因爲未能建立有意義又有份量之功。才智不足影響其選擇目標有誤，方法不對，用人也不當，效果不良。努力不足則使其效率欠佳，難有成果。有此教訓，想要在青史上定位留名者，一定要有能力立下對社會有益的正確目標，並且要展現足夠的才智與努力，使理想的目標實現，造福大衆，受大家歡迎與懷念。有此才智與努力之人，則雖然不一定想要留名，都能實至名歸。自己無須表明要有歷史定位，歷史自然會自動給其留有一席之地。這樣的定位很自然，也很貨眞價實，値得有心人切記與追求。

買辦與間諜

一、買辦的定義與良心性質

(一) 歷史定義

在中國歷史上買辦一詞始於明朝，是指替宮廷或地方衙門採購日常用品的職位，相當於日本的御用商人。到了清朝末期，鴉片戰爭以後，開放五口通商，歐美商人紛紛前來中國買賣，進行雙邊貿易，乃新興買辦的角色，幫助外國商人從事翻譯以及處理貿易事務，成為外國企業與國人之間的橋樑。買辦一詞英文為comprador。此種職位為外國商行所雇用，其主要條件是外語能力強，溝通協調能力也要好。

(二) 當今的意義

當今買辦另有特殊意涵，大家已經都知道是指握有特別權勢代表臺灣政府，也替中國政府拉接雙邊生意並交流辦事的我國人民。這些新的買辦多半出自政治世家或權貴，獲得臺灣方面的政治領導人的默許與授權，來往兩岸之間接洽大宗的貿易。也常充當政治人物的祕密代表，穿梭兩岸進行祕密性政治往來。這種買辦因為代表或享有政治權力，方便從事厚利的貿易事業，多半能像以往的買辦，累積豐厚的資財。

(三) 良心性質

能當買辦的人多半有特定的能力，但因所辦之事雖然有利以前的洋人雇主以及今日的兩岸政治權勢，但常會不利國內人民百姓的生活。遇此情況，買辦要放手去做，就有違良心，有良心的買辦可能會心有不安，沒良心的買辦則照做不誤。

二、買辦的條件與特徵

早時與洋人溝通的買辦者除了外語能力要強，溝通與協調能力要好，還需要具備下列幾種重要的條件與特徵：

(一) 鑽營的條件

古今多半的買辦都有很強的鑽營的條件。指有良好的語言與溝通協調能力之外，還需要有鑽營的能力，也即是找關係的能力。不少官二代或富二代獲得買辦的機會常是經由上一代安排而得。但不少無官場與企業背景者，則全靠自己鑽營的能力與條件達成。在我方面需要鑽營與政治高層建立良好的關係，獲得其認可與授權。在他方面也要鑽營與他國的政治高層或企業建立關係，始能方便從事買辦工作。

(二) 特權的條件

經過世襲或自己的鑽營與努力而獲得買辦職位者，多半都獲有特權。特權來自兩方面，一是雇用的洋人或洋行，另一是本國政府。若是到中國的買辦，從中國得到的特權可能得自政治高層。國內外的雇主或政府給買辦權利，是要其方便賣力做事，使雇主或雙方政府得到利益。有時買辦不容易拿捏，要討好一方會得罪他方，享有特權也要盡對的義務或責任。

(三) 人格特性

買辦是一種特殊行業與工作，適合這種行業與工作的人會具有或養成特殊的人格，重要的人格特性有幾項：

1. 奴隸性格

看多了從古至今的買辦，普遍都有奴隸的性格。隨著洋主人或他國政府的呼喚，唯唯諾諾，絕對從命，不敢反抗。如果買辦的職位是由國內政府高層派令或示意的，則對國內主人也同樣唯命是從，不敢得罪，害怕喪失特權，也會將買辦工作成果向權威者報告，取得信任與支持。

2. 官僚性格

買辦做的事雖然是商業，但都涉及國與國之間的商業或貿易，具有政治外交色彩，權限之大關係國計民生。又其權力得自主人，對外辦事也常狐假虎威，假借主人的權威向業務夥伴施放壓力，使對方就範，官僚個性十足。夥伴商家爲能拉好關係，賺得利益，都能任其命令，聽其威風。

3. 壞牛性格

買辦持其得自雇主所給予的權限，常會欺壓同胞，對買賣之物加以操控，迫使貿易夥伴的同胞聽命就範，對於外人雇主則唯命是從，不敢吭聲。這種性格有如壞牛性格，只在牛舍內欺負母牛。

三、買辦的利益

(一) 發財致富

買辦牟利的項目很多，包括工資、佣金或分紅。若其經手的貿易是獨門生意，還可由控制價量而獲得暴利。買辦也可自營生意而獲得利潤。因其經手的生意都很大筆，投資報酬的利益也都相當可觀。多數的買辦能快速累積盈餘資本，也都能很快發財致富。

(二) 海內外通吃

近來由國內到中國當爲雙方買辦者，能獲得的利益也是得自雙方，可說海內外通吃。獲得的利益相當可觀，不少賺了大錢的買辦，會在國內購買豪宅置產。在對岸投資的項目更多。開大醫院者有之，開大工廠者有之，開大飯店者有之，甚至有投資金融事業者。有買辦的背景，其投資的事業能收到較特殊的保護，成功賺錢的機會也較大。

(三) 利及親近與後代

不少買辦的優厚職位與條件於其較年老時轉手給其後代繼承，或讓其親友分享。因此其親近與後代繼續獲利的機會也很大。厚利的買辦事業極可能爲親友分享或由後代繼承。所謂肥水不落外人田，買辦這種油水涵蓋很多的特權行業，很少不由家人或親人接替者。

四、買辦對國家人民的傷害

(一) 犧牲國家人民利益

買辦常會犧牲國家人民的利益，但在強盛又制度化的國家，買辦不該地下化與特權化，兩國之間的貿易應有公開正常的管道，利益可歸全國人民共享，不該只由特權買辦獨享好處。

(二) 傷害貿易商

買辦經手貿易，會有操縱與控制進出口貨品量價的行爲，影響市場上的自由買賣運作，本人及其雇主獲利，其他同行貿易商則可能吃虧。

(三) 國內生產者與消費者雙雙吃虧與損失

買辦爲外國商人及生產者促銷，卻有可能傷及本國的生產者與消費者。清末英國輸入中國時的中國買辦，促銷鴉片，嚴重影響國人健康及國家財力及軍力，幾乎滅亡整個國家。

五、間諜的含義與良心性質

(一) 定義

間諜是指潛入敵對陣營或競爭對手中刺探情報或進行破壞活動工作的人，使所效力的一方有利。業務種類可分軍事間諜及工商業間諜等，就活動內容則有情報間諜、聯絡間諜、活動間諜。就服務對象分，也有單方間諜、多方間諜及反間諜。軍事間諜是有關國安間諜，都由政府支持，費用龐大，目標在監視敵國軍情及國家機密，都在祕密中進行。間諜的工作對象也常針對犯罪集團。間諜是極危險的工作，被發現常被處死，但也常有合法團體爲之掩護，此種間諜常被稱爲臥底者。警察人員常臥底在犯罪集團中，蒐集情報及罪證。間諜工作成功常能建立救國救民的大功，自己也能獲大獎賞。

(二) 兩極化的良心

間諜工作常有兩極化的良心性質，一種是極端效忠國家人民，肯冒高度危險犧牲奉獻的良心之強，非常人所能比擬。但其行事手段卻又極爲殘酷毒辣，像是沒有良心的野蠻人，極爲敵人所痛恨。

六、間諜的條件與特徵

間諜工作是一種很不尋常的工作，不是人人都能做，適合做的人條件與特徵也很不平常。將幾種重要特徵說明如下：

(一) 身體條件

間諜工作者的最重要身體條件是強壯與機靈。看到影劇上的間諜常會遇到險境，遇到就要機靈反應，且會打鬥。沒有機靈強壯的身體，可能很快就會沒命，成不了事。但是為了能蒙騙他人，有時老弱或怪模怪樣的身體，反而是理想的間諜人選。

(二) 心理條件

間諜的重要心理條件莫不以鎮定為第一，不能容易露出馬腳，否則容易被識破。鎮定心裡也有賴冷靜殘酷的個性或心理加以配合。遇事冷靜，不輕易情緒化，到了生死關頭也要心狠手辣才能冷靜。

(三) 社會條件

社會條件要配合工作的性質與情況，間諜工作要有複雜的社會關係為之掩護，有時則要少有社會關係，生活在社會的死角才能躲藏。機靈的間諜應能辨識最適當的社會情境，安排最恰當的社會條件。

(四) 偽裝

間諜可能遭遇的險境很多，要能善於偽裝，變換面相及外型，才能蒙騙檢查，安全過關。

(五) 堅忍

間諜是一種艱難危險也辛苦的工作，要有堅忍精神與能耐才能勝任。需要堅忍克服的情境包括躲藏、能耐凍，也要忍得住刑罰。

七、間諜對國家人民的好處與傷害

間諜有時爲國爲民，有時只爲雇主領袖，有時爲敵人或對手做事，有時做眞有時做假，故其功過難計。就潛伏在敵人或對手陣營的我方間諜對我方國家人民可能的好處與傷害指出幾點重要者，加以分析與說明。

(一) 爲國盡忠視死如歸

不少國家雇用的間諜工作目標是爲國爲民，能爲國盡忠，爲人民盡孝，將生命視死如歸。這種間諜是忠貞愛國愛民的志士，值得全國人民敬仰。

(二) 捨己救人

稱職的間諜也都因視生命不足惜，而能捨己救人，也値得被人稱頌。

(三) 賣主求榮

也有容易變節的間諜，到了緊要關頭，害怕危險與沒命，而出賣主人，換來生命或報酬。這種間諜可說恬不知恥，不稱職，也沒志氣，實不足取。

(四) 出賣國家與人民利益

間諜最嚴重的過失莫不以喪權辱國出賣國家人民利益者爲最。這種間諜常以手中持有的國家機密出賣給敵國，獲得高價的酬金。也有以犧牲國家人民的權益換來一家人的特權者。兩國戰爭期間常有出賣國家人民的間諜引敵人入關，戰敗後卻贏得新主宰國的大功臣，論功行賞，享受榮華富貴，看在國人眼中則是大奸之人。

(五) 傷害眞誠忠厚的社會價值

間諜在行事運作過程中常要有違天理，做出一些傷天害理的勾當，違背也迫害眞誠忠厚的社會價值。這種傷害不僅及於國家人民，且也擴及到傷害全地球的普世價值。

八、兩者互通的可能性

本文將買辦與間諜相提並論，也因感到兩者之間有互通的性質，於此將兩者的兩點重要關聯扼要敘說如下：

(一) 買辦容易通敵而成間諜

先從買辦具有間諜的性質看，主要是買辦容易變成間諜。原因有主動與被動兩種情形，主動是由於買辦的奴隸性與媚外性，使其主動要求當間諜。被動是由其過去的績效，被敵人看上可進一步利用成間諜，爲其進一步祕密效勞。兩種工作的性質相近，使買辦變換角色也較容易成功。

(二) 間諜兼有買辦的職責

不少國人稱當敵國間諜者，極可能兼當買辦的角色，以明的買辦掩護暗的間諜。這種掩護既合理也有效。

九、人民如何面對買辦與間諜

面對買辦與間諜可能的危害，人民必要小心應對，重要的應對辦法有下列四種：

(一) 監督買辦

買辦有正當職位，不能消滅他，只能監督他，不使其做壞事，傷害人民百姓。見其有兼做間諜的行爲時，尤應嚴加防範。

(二) 提防敵方間諜

敵方的間諜對我方都極不利，故要時時提防，時時警覺，間諜可能隨時在我們身邊，要嚴加防範，尤其要保密，不使其有機可乘，減少受害。

(三) 保護我方間諜

我方間諜的目的在保護我方人民與國家的安全，應受我方人民的保護。唯因保護間諜是極危險的事，必須非常小心。

(四) 預防被間諜出賣

間諜很會利用各種人或社會情境，一般人很容易被其利用或出賣。爲了自己的安全，極必須小心注意。

食安問題

一、食安的重要

(一) 民以食爲天

凡人都要吃食物，爲能塡飽肚子，消化成能量與維生因素，產生活力，維持生命。食物的種類繁多，有主食與副食，肉食與素食，固體食物與流體食物，天然原生食物與加工食物，本地生產的食物與外來的食物，新鮮的食物與儲藏的食物，平價的食物與高價的食物，也有安全的食物與危險的食物。每人每日食進體內的食物種類不少，數量也不少，因個人生活習慣、所處的環境及具備的條件不同而有差異。人吃食物是爲了健康，但不當的食物會使人生病，會危害健康與生命。

(二) 有毒食物傷害健康與安全

古人吃的食物多半是天然食物，雖然也有不安全之慮，但相對較少。近來化學工業發達，世界上出現許多人造食物，或在天然食物上添加或改變成分與原素，致使許多食物都有毒性或不衛生，人食用會中毒，有害健康，甚至會死亡，都會使人害怕，影響生理及心理衛生與安全。食物安全問題，乃引發國人普遍關心與憂慮，也多有討論與研究。

(三) 食安與國安的密切關係

食物安全不僅關係個人健康與安全，更會關係整個國家的安全問題，簡稱「國安問題」，其關鍵之處在國民的力量與安危與國家的力量與安危息息相關。人民不健康就缺乏力量，人心不安就會動亂，都會危及國家的安全。也因此糧食安全的問題，不僅人民關心，國家與政府也都很關切。維護食物安全不僅是個人的私事，更是國家安全層級的公務。

臺灣新總統與立委選舉日漸近，一項違反食安的大案件被法院判決無罪，與大多數的民意相違背，社會上乃引發軒然大波，幾位總統與立委候選人也都批評判決失當，對於食安也都再鄭重重申政見，足見幾位未來國家的重要領導人也都將此一事件不以小看，視爲是國家安全層次的重要事件與問題。提出的相關重要政見包括創設毒物管理機構、建立生產履歷並明顯標示履歷證明，加強市場查驗與規範，修改食安法加重賠償責任，提高共同監督機制等。

(四) 食安維護關係道德良心

食安的維護不僅是科學與技術的問題，更是道德良心問題。不安全食物的來源多半出於缺德的生產者與運銷商所爲，但失職或袒護的管理官員也有責任，兩種人的良心上都有缺陷與問題。問題越多越大，牽涉的人也越普遍，關連的道德良心也越高公共性與社會性。本書將此課題加以討論的用意，也在於此一問題關係社會良心至鉅。

二、食安問題多端

(一) 近來食安問題頻傳

近來臺灣的食安問題頻傳，營養午餐不衛生者有之，食物中毒者有之，果菜含農藥者有之，肉類含抗生素者有之，提煉餿水油與地溝油成爲食用油者有之，工業用品充當食物者有之，吃死豬肉者有之，食品含重金屬者有之，泡製的鮮奶及果汁有之，工業原料醬油有之。受害者不分男女老少，不分個人或團體，也不分貧窮或富有，但以窮人居多。危害的地點不分外食與家用，但外食者較爲危險。

受害者程度不一，有人中毒嘔吐，有人罹患疾病，有人殘廢終生，也有人中毒身亡，依毒物來原種類與毒性輕重不同而異。但受害者都爲無辜，他人見之不僅害怕，而且會不滿與氣憤。也都希望能有清潔衛生的食物可吃，有乾淨衛生的飲料可飲。

食安發生問題常可見之於媒體，包括電視新聞與報紙的報導。發言者有記者，也有專家學者。報導內容有譴責，也有分析與說明。犯案者有的被訴之法律裁定，也有的不了了之。歸納主要的肇禍者約有三大類，將之列舉並說明其危險性如下。

(二) 原始生產的危險性

天然食物主要由農漁民生產，臺灣的小農漁民在生產過程中有的無心，也有的有意生產出有毒的糧食。無心都因不知情，或欠缺正確的生產方法，或因農地及灌溉水受到汙染。欠缺正確生產方法主要在農藥與肥料的使用上。有意者都是爲能獲得小利，過度使用成長素與農藥，以至汙染了農產品，卻不加以避免或減輕。

(三) 製造與加工過程的危險性

廠商在製造與加工食品過程中存心爲了獲利而忽視違禁原料，致使產品有毒，不合衛生，這是今日工業化與都市化社會食安問題的重點所在。進步的化學工業技術常可巧妙製造出外表美觀但實質不良的食品，蒙騙消費者使用，卻會使其受害於無形。

經過製造與加工的食品項目很多，良心的廠商生產出來的食品都能安全無虞，但是缺德的廠商卻會泯滅良心生產出足以害人健康與生命的食品。類似的案件有不少，但以最近發生的頂新劣等油案件最具代表性。頂新是一家到過中國經營食品生意的著名廠商，不久前返臺收購一些在臺經營多年的老廠牌，其生產銷售的食用油品卻被發現使用不合格的低劣原料提煉製成。事件爆發後舉國消費大眾譁然，負責人被檢察官求以重刑，但於事後不久隨即被法官判決無罪。這樣的結果更使社會大眾憤怒。大家懷疑事件會如此演變與其曾經提供當今在任的最高民選總統大筆政治獻金有關，受到特殊的政治庇護所至。人民對於此事特別不滿，有多種原因：第一受害者衆多；第二廠家已發大財而聞名，卻還坑詐消費者，占民衆便宜；第三，與政治高層密切關係，受到特殊政治袒護；第四罪刑的判決翻轉幅度太大，也違背人民的期許。

(四) 運銷失當的危險性

此類危險食物的發生不在製造加工過程，而是在運銷階段。包括廠商更改有效使用期限，使用不當的包裝，儲藏與運輸過程受汙染等不周密的管理，都可能使食物的品質變壞。

三、製造食安問題者的喪心病狂

各種食物傷害的發生，以製造加工者存心變造不安全食物最爲嚴重。此類製造商或加工商分爲兩種：

(一) 無知的小加工業者

此類廠商多半是傳統的小加工業者，因爲缺乏科學知識，常以傳統方法製造加工食品，會有不夠嚴格的消毒去汙的處理方法與過程，導致其製造加工的食物會有欠缺衛生營養的弊病，這類疏忽多半是無心之過。

(二) 存心不良的大企業

大廠商產品銷售面廣，資本雄厚，技術能力也高，有些缺德的廠商能將不乾淨不衛生的原料經過高度技術性的處理過程，變爲外表看來與良好食品無異，甚至更爲美觀，但實質上並未能去除低劣的本質。此類廠商不是無知，而是過度精明，存心騙人，受害者也都不在少數，危害的程度都很深。許多本來不宜食用的物質，經其改造都會被呑進人體，也排除不了，形成長期的隱性中毒。

四、呼籲糧食供應者要有良心

爲能減少與避免食品危害人類健康，居於推展社會良心的立場，有必要提出呼籲與宣導，重點要由廠商的心理建設做起，重要的心理建設方法有下列數種：

(一) 將心比心

製造與加工食物的廠商首先要能將心比心，將自己也比照消費者，也會食用自己生產的食品。自己不願受害，別人當然也不願受害。自己都想食用合格的食品，消費者也都希望食用合格的食品，自己就不能製造與加工不合格的食物供應別人食用，以致傷害到他人。

(二) 殷實爲重

各種食物製造與加工的廠商也要以能殷實做人爲重。人來世間，爲時短暫，終要回歸塵土，不可爲賺大錢而埋沒良心，不可不誠實，不厚道，爲非作歹，爲世人不齒與唾棄，自己造孽而延禍子孫。不殷實的欺騙行爲終會爲人所知，也會傷害到自己。

前面提及的頂新公司不夠殷實的行爲，就得到現世報。不實的行爲曝光之後，其經營的超商就被消費者抵制，生意一落千丈，不到一年就關閉自己的門號，轉讓他人，怎能不令人感慨。負責人被判無罪之後，不服的民衆又發動抵制其所有產品，不久也會明顯看出其損失。

(三) 消除業障

不良食品商人都有必要減低自己所造的孽，消除自己的業障。但解鈴還需繫鈴人，自己的業障要自己除。與其做後難除，不如不做。

(四) 誠心懺悔與改過自新

已經造了業障的惡劣廠商，自己要能誠心懺悔，改過自新。不能再假情假意，毫無悔意。懺悔的行動不是只拜佛念經，改過自新也不是口中說說就行。兩者都要能從內心眞誠徹底醒悟與悔改。經營企業不再只爲圖利，應以服務及貢獻人群爲要務。過去曾經做過的業障罪孽深重，今世今生努力償還都還不完，何況不努力。如果無把握可以徹底改過自新，誠實的經營，不如就此完全放棄，轉讓給有良心的經營者。

五、政府要有改善的擔當與能耐

過去臺灣的食安會出那麼多問題，除了經營者無良心，政府的無能也責無旁貸。針對過去政府的重要錯失，今後需要特別注意與努力之處至少有下列五種：

(一) 保護食安爲較優先要務

政府過去對於食安的管理未能列爲優先，以致問題重重。政務多端，每一部門每一事項都希望能排在較重要的序位，能多爭取較多的預算與資源，可做較多較大的作爲。食安被歸納在政府結構中的衛生福利部門，外在的強勢部門很多，內部的福利分支門也用去大量的預算，食安的政務給人的印象都在較不重要的地位。要能減少弊端，有必要提升其地位的相對重要性。

(二) 戒除袒護奸商

政府高層袒護奸商的事蹟常被揭發在陽光下，有的是以政治獻金方式交手，也不無賄賂或索賄之嫌疑。食安要能良好，有必要從政治的清明做起。上層者特別要做好實際清廉公正的榜樣。清廉公正不能只講給老百姓聽，若實際上未能眞除政商之間骯髒的金錢往來，清廉公正的政治就很難生效。爲官的袒護奸商，常使奸商有所依靠，敢於胡作非爲，爲官者實不可不愼，必須戒除，才能期望政治清明，包括保證食品安全。

(三) 增強監控能力

有些危險食品的出現係因監控力量薄弱，政府主管組織要加強人手，改進功能。監控是會得罪人的事，得力人手最需要勇敢之人，但勇敢的尖兵也要有可靠的保障，上層的支持及法律的保護都是重要的後盾。必須使執行監控的人能安心工作，才能獲得實際嚇阻危安食品的成效。

在民主法治的國家，監控人民行爲的重要機制是立法與執法，民意機關的立法院責任重大，立法諸公要能用心設定周全的相關法規，不可含糊不清，使存心作惡者有機可乘。執法的司法機關更應有保護多數人利益與權利的良心，不可護短，危安食品的監控才能實際有效。

(四) 失職官員的自律與控管

一些習慣或可能失職的相關官員，必須能自律控制，不可有誤，才能發揮監控危安食品的功效，保證食品安全。官員的自律控管與奸商的懺悔自新相同，都要出自內心的眞誠，不能只說不行。

(五) 消費者要有知覺

危安食品最後的接受者與受害者是消費大眾。要使市面上的食品都能安全，則消費者大衆都要有知覺，明辨食品眞假及優劣，這要靠知識及經驗。也要能勇於抗拒不良食物，使劣質食品無生存的空間，才是徹底消滅危險劣質食品最後階段的方法。

作孽的敗家子

一、多有其人

敗家子自古以來常有所聞，其來源不一，有出自貧困，也有出自豪門，尤以豪門敗家更受注目。其人不務正業，耗盡萬貫家財，終至傾家蕩產，是其特徵。敗家子普遍失去天良，聽不下勸導，也是其造孽的關鍵。有鑒於此種人類爲數不少，拖累家人社會，必須提筆討伐。

(一) 男女老少

敗家之子以青少年男性最爲荒唐，但男女老少都可能存在。嚴格地說女性應稱爲敗家女，中老年人應成爲敗家公，或敗家婆。但因有敗家的共同劣根性，且都曾爲人家子女，都可用廣義的敗家子稱之。

(二) 不分排行

論排行，敗家子可能出自長幼都有，不是長公子就是老么，老二老三也都有可能，可謂不分排行，但以幼兒作怪最多傳聞。各種排行行爲不良，都有其合理說法，長子自立性高，具有帶頭使壞作用。中間兒女受父母管教較爲失焦，心向外界，容易學壞。小兒子較無責任負擔，也較容易受寵慣壞，是較容易走偏行爲的條件。

(三) 輕重都有

敗家子的敗家行爲輕重都有，其共同特性是劣行讓人切齒，罪孽讓人搖頭。較輕者遊蕩在外，好吃懶做，坐食山空；較重者侵害他人，不被原諒，可能鋃鐺入獄。古時有敗家的紈袴子弟，胡作非爲，終難逃脫包青天的虎頭鍘，今之敗家富人子弟，曾有夜玩酒店後把馬子開名車兜風，出車禍身亡者，能不唏噓。

(四) 喪失天良

敗家之子多半喪失天良，不思父母苦心，不理家人牽掛，不學好，不聽勸告，只顧自己所喜，不顧他人擔憂與死活，強奪他人所好，都使身外人憤慨。此種人揮霍錢財，不務正業，爲非作歹，都爲天理所不容。

二、作孽行徑

敗家子作孽的行徑有許多種，有傷人的地方，也有害己之處，綜合起來，重要行徑不下十項之多。如下撿十項常見者，供其爲鑑，也供關心他的人看清其面目，不再助紂爲虐，方便能多幫助其挽回正常的行爲與生活。

(一) 染有惡習

敗家子普遍都染有不可救藥的惡習，這些惡習都使他們荒廢正業，花錢散財。所謂惡習也都很難更改，因都有很誘人的力量。這些惡習是一般常人所不敢踏進與陷入的領域。一旦踏進陷入之後，都缺乏自拔的能力，於是會越陷越深，終至難以救藥。如下所列各項，都是重要的惡習。

(二) 不務正業

正常人爲了生活，都要至少謀一項正當職業，當爲生活工具或手段。但是敗家之子則不務正業，有可能因爲缺乏就業能力，無人願意提供給他工作機會，但更多眞實情況是，因爲自己吃不了苦，下不了身段做一些費力流汗的工作。寧可遊手好閒，騙吃騙喝，也不願意找一分正事來安身立命。

(三) 酗酒鬧事

敗家子的第一嗜好是，最常愛好杯中物，天天與同好酗酒，痲醉神經。

不覺不該，也不覺可悲與可憐，鬧事作樂，也常會捅出紕漏，傷及他人與自己。可能於酒後駕車，出車禍受傷或喪命，給家人添加麻煩，傷心也傷身。

敗家子酗酒的方式有多項，富家子弟酗酒之處常在高消費的酒店或酒廊，也都是酒與色相連。較中下階層家庭的敗家子，酗酒地點有可能在較低消費的路邊攤、小吃店或啤酒屋，但酒後也常會鬧事。

(四) 賭博吸毒

敗家子最要不得的惡習慣是賭博與吸毒，這兩樣惡習慣花費錢財之多常比吃喝有過之無不及。賭博與吸毒不斷，再多的家產都有可能很快花光。常聞賭客被人設局詐賭者，於一晚之間就會傾家蕩產。染上吸毒者，花錢買毒就像無底洞，毒癮發作時，若無錢買藥，就會變賣或典當家產，無家產可當可賣者，就會用偷用搶。

(五) 折損身體

敗家子生活作息不正常，身體很難保持健康，多半會亂出毛病。有的酗酒，傷及肝膽與腸胃等五臟六腑，有的感染惡毒，毒火攻身。也有的因爲打架廝殺，傷及手腳面相。吃睡生活不規律不正常，也是折損身體的重要原因。

(六) 揮金如土

買醉作樂，沒有不花錢散財的，有錢的敗家子，常會揮金如土，出手大方，在賭場、酒場、舞場常一擲千金，面不改色。散財之後很少後悔，能後悔時，已經空空如洗，要翻身則要等百年身。錢財賺來不易，揮霍起來卻快速，不少祖宗三代都是節儉致富者，被敗壞的子孫一代掏空，常被鄉里傳爲笑話。

(七) 債務纏身

敗家子揮霍常不以花光手中所有財物爲足，還會舉債補缺，以致欠債累累，債務纏身。沒錢先向家人及身邊的熟人要，要不到就用借，借貸之後沒計畫也沒能力償還，再借不到時，說謊恐嚇招數都來。到了私下借債的來路山窮水盡之後，也就容易陷入地下錢莊的圈套，害了自己，也害了家人。地下錢莊容許不了不還債務，不還會被斷手斷腳，甚至失掉生命。

(八) 拋妻棄子

敗家子不務正業，既不能立業，也難成家。未婚者娶不到妻子，已婚者留不住佳人，因此常成爲孤家寡人，光棍一條。有些極不負責任的敗家子，結了婚生了孩子，卻不盡爲人之夫與父之責任，成天在外遊蕩，妻子受苦，子女挨餓，等於拋妻棄子。自己樂得輕鬆，結果到後來也都眞的妻離子散，人倫走樣。

(九) 傾家蕩產

敗家子的成名也因爲眞會傾家蕩產，一無所有。原來極爲富有家庭的後代，若未爭氣努力，財富雖不至全部敗光，也會銳減。在農業農村社會，敗家子常會賣光祖先遺留的田產。在工商城市社會，敗家子則會敗掉房地產或其他資產，只是工商城市社會富人的資本較爲龐大，較不容易敗光。

(十) 無底深淵

一個家出了敗家子，破財就像無底洞，有者耗盡家財，還不算結束，還要欠一大筆債務。常見敗家子花了自家的錢之外，還要騷擾父母兄弟姊妹、親戚與友人。坑父母的老本，以及祖父母留給孫子孫女的教育費。早時敗家子吃鴉片會將穀倉的存糧盜賣光，也逼迫父母無處可藏零用錢，不得不藏在天花板上，或地板下。家中不能見錢，有錢一定會被敗家子拿去花光，就像鴨舍中留不住蚯蚓，一定會都被鴨子吃光。

三、事出有因

家中會出敗家子，一定事出有因，將幾項較重要的原因列舉並說明如下：

(一) 缺乏家教

不少問題人物，包括敗家子的人格形成要素之一是，自小失去家教，父母未給教導或教導無方。未能給子女正確的觀念，致使子女缺乏正確的價值觀與人生態度。敗家子因爲不知賺錢辛苦，乃學會亂花錢。因爲不知工作神聖與必要，於是習慣遊手好閒。因爲不知是非曲直，於是容易犯錯，做盡壞事。有失教養不僅未能接受正確的觀念，還可能接受錯誤的觀念，錯以爲勤勞是苦命，享受是福氣，花費是應該，學壞是權利，欺詐是聰明。失去正向的教養又錯認負面的價值，人格形成偏差，就會做出不可原諒的敗家行爲。也有家教太嚴，造成反彈而走極端者。

(二) 損友拖累

敗家子性格形成的另一原因是由於損友的拖累。朋友是個人行爲的重要參考對象，人的行爲很容易受朋友的感染與影響。所謂「近朱則赤，近墨則黑」，有什麼樣的朋友，就會有什麼樣的自己。敗家子受到壞朋友的引誘拖累，很容易學壞鬼混，吃喝玩樂，懶惰成性，耗盡家產，成爲道地的敗家子，也是社會的寄生蟲。

(三) 社會罪過

有些敗家子的形成要歸咎社會的罪過。社會風氣不良，條件不佳，存在許多形形色色的陷阱，使生活其中的人不知不覺落入陷阱，身受其害。敗家子染上豪賭，因社會上有賭場，並有拉線者。會吸毒，因爲有人販毒賺黑錢，會上色情場所飲酒作樂，因有酒家、酒店或酒廊的存在。

(四) 自身的罪過

家庭、朋友、社會是形成個人性格與行爲模式的外在因素，人受到外在因素的影響後最終都要由自己決定如何行爲。人有自由意志，有自由選擇的空間，有人於受外在因素影響後能夠奮發圖強，力求上進，終會成功。但有人於受到影響之後卻不知努力，自甘墮落，敗家子是屬後一類，要歸咎也得算在自己頭上。當然有些特殊情形，其家庭、朋友及所處社會的條件實在太差，使其奮戰無力，難以自拔，實也情有可原，但個人定力不足，實也難辭其咎。

四、拖累家人

多半敗家子會拖累的對象都以家人爲首當其衝，家人畢竟是他最親近的人，才最關心他的死活，有求也比較會必應。有過分的舉動，家人也比較可以容忍。

一般敗家子拖累家人的模式有下列數種：

(一) 伸手要錢

敗家子手長腳長，「要吃不賺」，經常口袋空空。經常欠缺也需要錢財，沒錢會先找家人要，對象包括父母及兄弟姊妹，其中較有錢也較心軟者，是其伸手的主要目標。要的數目有多有少，少的較可應付，多的就較難給。

(二) 耍賴施暴

當敗家子向家人要不到錢時，會狗急跳牆，會使出耍賴、恐嚇、欺騙或暴力的手法。曾見在醉夢中的敗家子在向家人要不到錢而起爭執時，手持利刃刺殺親人。這種事件慘絕人寰，其對家人的拖累，莫不以此爲甚。有些長期不知悔改的敗家子，向家人的要求威脅是長期無止境，對家人而言，有如埋下一顆定時炸彈，隨時都會爆炸，使家人驚慌又無奈。

(三) 留下殘局

經過敗家子的耍賴施暴，要錢之後，無論家人給或不給，給多或是給少，都會留下殘局，也是後遺症。給多了家庭經濟明顯受影響，也較容易引起家人意見上的衝突，給少了則會很快被用光，很快會再要求。完全不給，則敗家子心有不平，可能提出不可預知的殺手鐧，也給家人帶來不安。

(四) 惡果深遠

敗家子對家庭的惡劣影響或後果非常深遠，花錢一定難免，更嚴重者會鬧得家中雞犬不寧，包括其他家人受到威脅，彼此爭吵失和，無心努力做事。老年父母的養老金被搾取空了，後繼的生活堪慮。有時敗家子回家要錢，驚動左鄰右舍，使家庭失了面子，給他人不良的觀感與印象，惡果都相當深遠。

五、前景堪慮

觀察敗家子的前景好的較少，壞的較多，略述幾種可能的好壞前景，並說明其情況如下：

(一) 回頭是岸

能回頭是岸是敗家子最可貴的一種前景，可惜這類案例不多，但也絕非僅有。能夠回頭的敗家子，有如金不換。浪子能夠回頭，多半有幾項軌跡可循，第一是經過重大打擊後清醒過來，如大難不死；第二是有高人相助，前人信能救人靈魂者是神仙，今日理解能救人靈魂者可能是高明的心理諮詢專家或執法者，也有可能是有高度感化力量的仁義善心人士。能夠回頭是岸的敗家子能拋棄前孽，改過自新，誠屬可貴。

(二) 愈陷愈深

敗家子的另一種不良前景是，敗壞的德性越陷越深，罪孽越積越多，終至無法自拔。其後果是在經濟方面終致傾家蕩產，在人際關係方面越來越斷絕，在名聲方面，越來越差，在發展機會方面越來越困難。當此前景陷入絕境之際，會後悔莫及，但已難再超生。

(三) 獄中度日

犯有重大過錯的敗家子，到了踩到法律紅線時，可能吃上官司，受到法律的制裁。嚴重者被判決徒刑，終要被關進牢裡。長時者無期徒刑，坐監終生。短時者也要數月或數年。牢中生活並不好過，失去自由，遭受不平等對待，有時也有暴孽行爲發生，使受刑人在獄中度日如年，整天數饅頭，當作數刑期，等待能快點結束，重回自由的一日。

(四) 悲慘人生

敗家之子在有錢揮霍時，會很闊氣，但當潦倒時，兩手空空，沒錢買米買菜，狀況甚爲悲慘。也有敗家子，在年輕時未能保養身子，老來潦倒之時，健康情況甚差，人財兩空，生活條件更爲可悲。

(四) 社會敗類

敗家之子遊手好閒，不務正業，對於社會缺乏功能與貢獻，還常拖累家庭與社會，成爲兩者的負擔。較嚴重傷害社會道德與功能者，成爲社會的敗類，爲衆人所不齒，給後代子孫蒙羞，實值得敗家子本身認識與警惕。

發展的傷害

一、發展爲當今的重要價值

發展是當今世界普遍重視的社會價值。自二次大戰結束以後，世界各國大致停止戰爭，轉爲重視社會經濟等各方面的發展，以促進及改善人民生活爲重要目標。

(一) 各國都重視發展

各國重視發展，大致都以經濟發展爲首要，只有少數獨裁國家如北韓等，將發展祕密武器當爲最優先發展目標。發展經濟的主要目的在能提高人民的物質生活水準，改善人民的生活品質。經濟的發展有助社會的繁榮與政治的安定，也都是發展的重要事項。

(二) 發展會帶來傷害

很不幸，經濟發展若不小心經營管理，很容易帶來傷害。傷害來自發展的目標與方法出了問題。傷害的範圍極廣，包括害死並傷及生命及物資。最終都會使人類受害。

(三) 發展的傷害常因缺乏社會良心造成

發展傷害的發生，常來自一些沒良心的企業開發者，使用不當的物資原料及方法等，使有毒有害的不當物質殘留在製造或加工物品上，吞食或使用的人畜等生物會傷及身體，也傷及人類的心理。沒良心之處，在於明知故犯，自私自利，不顧他人的死活與健康。

二、發展的傷害多半是隱藏性

(一) 企業發展的外顯目標都爲造福百姓

發展的外顯目標都爲造福人民百姓，使百姓能有豐富物資，改善生活條件，過更健康與更舒適的生活。製造加工商人順應消費者的需求，製造與加工許多物品，供應消費市場。

(二) 多半的企業發展都隱藏傷害性

當製造及加工商人所用原料與方法不當，製造與加工的產品不衛生，不安全，就具有傷害性。但這些傷害性常隱藏不見，消費者不容易用肉眼分辨，以致容易受害。隱藏性的傷害物質受高明技術的包裝所掩蓋，使用不當時，隨科學與技術的進步，對人類的傷害會更爲變本加厲，發展的傷害乃越來越多。

三、發展不良物資造成傷害

發展的傷害，一種是發展不良物資，造成傷害；另一種是發展形成破壞環境，而後造成對人類的傷害。先就發展不良物資所造成的傷害加以說明，而後再說明形成環境破壞後導致的傷害。

(一) 發展不良物資的傷害

發展的物品大致分成兩類，一類是食品，另一類是用品。不良食品常會傷害人體健康。不良食品無非以有毒者最爲嚴重。食物的毒害約有三種來源，第一種是主要原料有毒，第二種是添加物有毒，第三種是對食品儲藏不當而變質含毒。

(二) 發展不良用品的傷害

許多不能吃的用品也會因為生產不當而含毒，以至傷害人體健康。曾經被證實並報導過的有害不良用品有兒童玩具，裝水的寶特瓶，穿在身上的衣物，以及蓋在屋頂上的石棉瓦等。幾乎很少經過化學處理過的物品能不含毒性的。

(三) 使用不當的傷害

有些食品或用品有毒傷人，是在製造或使用過程中方法不當所造成，有些食物因加熱溫度太高，使用燒烤，或因添加不良的色素或調味料造成。人因要享受飲酒的樂趣，研究發展多種的酒品，但有不少人卻因飲用不當，超過負荷量而傷害身體，或因酒品不好，而身敗名裂。另一種人類因對創造發展用品使用不當以致傷身的事例是，開快車或酒後開車導致受傷或身亡，這類事件幾乎每天發生，是人類發展事功的最大諷刺與警惕。

四、發展形成破壞導致傷害

有些發展傷害人身安全是間接的，先經由破壞環境與資源，繼之再傷害人體或其他生物等。重要的發展所產生的環境資源破壞，約有如下列舉的四大方面，每方面延生的傷害重點都有所不同。

(一) 工業發展造成空氣及水汙染及傷害

工業發展是當前世界各國經濟發展的重點項目。工業發展的種類繁多，不同種類工業發展造成環境破壞細節會不一樣，引發的傷害結果也不太一樣。但總合起來，重要的工業發展造成的環境破壞主要是，空氣及水汙染。多半的工業都要使用能源燃料，包括用電、燒石油與燒煤炭，都可能產生氣體，形成煙害，汙染空氣，使空氣汙濁、或含有臭味與毒氣。

多種工業運作過程也都需要用水，用過的水可能變成汙水，排進河川，不僅汙染河川，也經汙染的河水滲透土壤。不少魚池、魚塭、農田都受其害，變壞品質，而無法生產。

(二) 開墾與建築發展造成水土破壞及傷害

臺灣的山坡地面積廣闊，卻有高度超限利用之危險，其中有者開墾成高地農業用地，如用為耕作，栽種茶葉、水果、檳榔等，也有利用為休閒遊樂及建築住宅等設施，容易造成土石流，傷害道路及社區，也會傷及人命。

(三) 農漁業發展的破壞及傷害

臺灣地少人多，農業精密經營，農地上施用肥料及農藥相當密集，也會造成農地及農產品汙染。過度使用農藥，有害消費者的健康。

(四) 自然資源破壞造成的傷害

人類因為講究發展，過度利用資源，致使可貴資源減少或消滅，造成生態條件失衡，終究會遺害人類本身。目前世人普遍擔憂與關切的地球暖化問題，已經逐漸浮現，免不了會帶來災難。地球上已經被過度利用的資源有許多種，石油、森林、魚類、土地等都有過度利用的危機，以致會有價格暴漲或破壞生態的問題，都給人類帶來警訊。

五、小傷害也不可小看

(一) 小發展的小傷害不可忽視

各種發展造成的傷害有大有小，其中較大的發展，傷害較大，也較容易被注意。較小的發展，傷害可能較小，也較容易被忽略。事實上累積小發展的小傷害都有可能形成大傷害，因此對於小發展造成的小傷害，也不可忽視。

(二) 小傷害隱藏性高容易被忽視

發展的小傷害問題較小，隱藏性較高，也較容易被忽視。小廠商、小企業及小消費者，都可能是傷害的製造者，可能源自自己疏忽，也可能源自他人疏忽。累積許多小傷害，可能變成大傷害。許多資源被過度利用及堆積的廢棄物所造成的傷害，都與累積眾人造成的小傷害有關，也都不能忽視。

(三) 發現小發展的小傷害人人有責

發現小發展的小傷害可說人人有責，先要留意自己有無過失，再注意四周圍有無類似情形。有過則改，小傷害能減少，大傷害就可減免。事實上小傷害是較容易控制與化解的，不像大傷害一發不可收拾。

六、人爲災害與業者的良心問題

發展的人爲傷害有兩種不同情況，一種是存心的行爲，另一種是粗心的疏忽。兩種都因人爲發生，都應受到告誡，問題才能減輕。就這兩種問題背後的良心問題略爲探討如下：

(一) 存心的行為問題

不少發展事業帶來傷害，都因業者存心為了偷工減料，或為節省成本造成的。是可以避免而未避免，而其未加避免，是存僥倖之心，以為可以蒙騙消費者，是很沒良心的行為，應受譴責。

(二) 粗心的疏失問題

也有發展性的傷害，是因業者或消費者粗心的疏忽造成的，這種過失的傷害，罪過較少，但同樣會造成難以彌補的傷害，過失者也難免要受到良心的譴責。

七、展現良心為發展要務

為能減少與避免因發展而造成傷害，根本之計是要從展現良心做起。有良心從事發展性事業，或享用發展的成果，都可使發展的傷害減到最小。如何展現良心則有如下四要則可供遵循：

(一) 不因貪利而失去良心

人會有意無意使發展的事物形成傷害，都無不因貪圖利益造成。偷工減料或使用低價的原料，都是為能減少成本，多獲利潤。若能減少貪婪，就可避免。使用物品或是消費者過度利用，也是貪心使然，都有必要節制或戒除。

(二) 負起社會責任的良心

企業負有社會責任，要回饋社會，維護社會，這是基本的企業倫理與道德，但不少企業主並未認眞實行。若能確實建立這種良心，使企業主能多以社會大眾的幸福利益爲念，節制一些個人的私利，工廠老舊了，該修就應修，該停工就應停工，應可減少傷害事件的發生。

(三) 良心是正確發展的後盾

發展是人民與國家共同的希望與目標，大家都不願意看到國家社會的經濟停滯不前，搞得國家貧困人民窮苦。但是國家的經濟要發展，必須要穩健，穩健的發展則要從業者與人民的良心做起。不貪婪，不投機，不懶惰，不投靠別國，不欺詐，也不傷害別人。實實在在，扎扎實實，從新開始，再創發展的榮景。

(四) 扶持良心企業家與消除黑心財團

隨著經濟發展，黑心的企業與財團有增無減，社會政府必須要用心加以糾正扶持，使其正視良心，負起社會責任，不做傷天害理的事，國家的經濟發展才能導入正途，也才能永續長存。

浪費的城市建設

一、公共建設的重要性與迷失

公共建設是一種屬於社會大衆的建設，建設物的所有權屬社會全民所有，建設的成果爲全民所享用，也因此一般都很受社會上多數人民所歡迎。這種建設多半都由政府出錢，由人民參與，但也有不少是由政府一手包辦完成者。一般在都市人口密集，預算有較充足的地方，公共建設都較充分。在鄉村地方，人口分布較稀疏，公共預算較缺乏，公共建設也相對較爲不足。

公共建設一般都受人民歡迎，因爲建設之後人民可享用，包括美化景觀與實際利用。但是有一些公共建設很不務實，有浪費嫌疑，人民看了就不會喜歡，甚至會有反感。不實際的地方，主要有兩種情形，一種是建設並無實際用途，另一種是建設只是翻新，並無增添，而翻新過程明顯有不必要的破壞，造成浪費。過去存在最多的無用建設，以蚊子館最具代表性，而浪費型的建設以都市中的馬路、人行道及公園的挖補最具代表性。

二、可能浪費的政府官員

公共建設的過程有者是經由人民或民代的建議或申請，由政府官員核准發包而進行與完成。但也有一些例行性的公共建設是政府官員一手造成，並未有人民及民代的請求與建議，這類的建設常不符合人民的希求，浪費的情況卻特別突出與明顯。政府官員隨心所欲，每年按例編列預算，照樣葫蘆，消化預算，做些沒有意義或意義不大的建設，卻要花費人民大筆的血汗錢。而這些建設卻偏偏呈現在許多市民的面前，怎能不令市民百姓痛心。

這種浪費公款的政府官員約有兩類，一類是決策層級的官員，爲求表現與績效，而作下不當建設的決策。一種是主管事務的較中下層官員，聽命上級的交代，每年編列例行的預算，並且執行例行的建設事務。其編列的預算，常一年多於一年，而且多半並無新意，到了執行時，就會看到將一些建設不久的工程，挖了再建，明顯浪費。

三、態度行爲的過錯

決策與執行不當的官員，從人民監督的立場看，其態度行爲必有過錯，過錯的地方有因不用心，有因爲存著不良的心。不用心是指對於建設的計畫不用心，每在年度之初提出年度計畫時，不用心思考新問題與新需要，常爲省事，只將舊例照抄，因此作不了新建設，也浪費不少公費預算。基層公務員會有這種不用心的心態與作爲，也常因上級主管不用心指示與督導。都市預算浪費的情形特別常見，也因其預算相對充裕，而主政者與監督的民代也常有不很正確的觀念，以爲預算多、建設多，就是好政績，卻未考慮過度或不當的建設是一種失敗的施政績效。

存心不良的過錯主要是想從過度或不當的建設中獲得好處，包括討好有關的上級、民代、包商或人民，其中存心不良者也有想從中撈得油水者。官商關係密切一向是許多社會與國家的常事，公共工程要開動，包商才有工程可做，也才有錢可賺。許多浪費型的公共工程，常都是先由包商策畫，而後由官員接受的。但官員接受不必要的建設建議，也就有過錯。我常見一些新完工不久的建設，很快就被破壞的情形，心想如果是私人的建設，一定不會這麼浪費。

四、制度上的缺失

不少浪費的公共建設也不能全歸罪於官員的過錯，制度上的缺失也應負一大部份的責任。這方面的缺失主要有三點：第一，重視施政績效不重節約的制度；第二，在年底報銷建設預算的制度；第三，城鄉建設經費分配不均衡的制度。就這三點制度上的缺失略作說明如下：

(一) 重視施政績效不重節約的制度

政府的治權機關與政權機關雙雙都很重視施政的績效，但較不重節約。重視施政無可厚非，但不重節約，則會造成浪費。施政要績效必定要花錢，花錢不節制，就會造成過度消費，入不敷出，甚至會負債累累。許多城市中的浪費型建設都是過度重視建設不重節約的結果。

(二) 在年底報銷建設預算的制度

政府的各種建設預算照規定都需在年底預算屆滿時消化完畢，這種制度常造成在年底時為了消化預算，快速趕工，造成工程粗糙，品質不佳，形同浪費。

(三) 城鄉建設經費分配不均衡的制度

政府的財政劃分，通常都較偏重城市，忽略鄉村。城市較充裕的建設預算，使都市的政府與人民對於建設經費不覺得可貴。常會有過度消費與浪費的情形，這種毛病在鄉村地方就較少見。都市的建設政策幾乎不因政權的更替而有太大改變。而建設常較重視能給市民一眼就見之的事項。有形的物質建設，尤其是修補道路、水溝等的實質建設，是最受注目與重視的項目。

五、政策的錯誤

前面所指三種有缺失的制度，也都是錯誤的政策。政策實施久了就成為較長期性固定性的制度。城市的發展與建設常是政治人物競選時的政見與口號，當選之後無不以施展建設為重要施政目標。因為任期不長，施政建設也常選擇可以立竿見影的硬體建設爲主要項目，硬體的建設偏偏又是花錢較多較快者。較容易爲市民眼見又認同，又常是市民經常路過就較容易見到者，於是就造成有關市容的建設經常更新，看不到的黑暗面，也就較少會去注目與在意，建設的政策因而會造成不少偏差與錯誤。

六、包商的企圖

每項建設的背後都配合一家或多家工程包商。包商是實際施工者，也常是建設計畫的始作俑者。始作俑者常發起建設的構想與計畫，再由其向主政的官員建議或推銷，被接受了，就變成建設計畫，經編列預算，制定實施時間，也就將錢花掉了。

商人的主要企圖與目的是爲了賺錢。爲能賺到政府公共建設的經費，包商須先與政府官員建立良好的關係，有良好的關係就能承包到工程，就能賺到錢。包商與官員建立良好關係的管道很多，請客吃、喝是很常見的一種。贈送厚禮，包括金錢也是常有的事。也有透過間接管道，拉近人情更是不無可能。人情近了，關係好了，事情就好辦。

也有些包商經過規矩競標而後得標者，爲了工程能順利進行，也需要於得標後，與官員建立良好關係與感情，其中可用後謝的方法，但不無會發生過度也不當的親密關係，以致影響建設品質的公平性與公正性，都是很不良的現象。

七、民代的失職

民意代表如議員或立委者，其主要職責是監督政府，包括監督政府的施政計畫與執行，當然也應監督公共建設的正當性與品質。但是會有工作不力的民代，並未能作好監督工作，甚至會有民代勾結商人，專做政府的生意，賺政府的公費，其失職的情況更爲嚴重。

公家的預算只有民代能接近與監督，如果民代未能監督，就給運用的官員開了一扇方便之門，公共建設的正當性與公平性就難保得住，也就難免會常見有不少浪費的公共建設的發生與存在。

八、民衆的忽視與縱容

在民主的社會與國家，人民是主人，官吏是公僕。人民有權監督與管理官吏的行爲。但是事實上大多數的平民百姓對於公共事務並不加聞問，任由官員處置。人民不喜歡聞問公家事務，原因很多，有因知識與訊息有限，無從聞問起。有因嫌麻煩或怕事，而不加聞問。也有因爲自掃門前雪的自私心理作祟，而不過問國家大事或公共事務。以致有人看不出有浪費的公共建設的發生與存在，也有人雖然看到了卻當作未看到，或在心中嘀咕一陣就讓它過去了，不加追問與關心。至成錯誤的施政與建設繼續下去，無所介意與警惕。

九、全民買單與損失

政府浪費的建設，直接浪費的是公款，但間接浪費的是老百姓的血汗錢，納稅錢。雖然建設可使人民享有使用的好處，但浪費卻使人民得不償失。因爲政府浪費的結果，國庫空虛，對人民加稅，人民的負擔加重，生活變得更苦。

政府浪費在建設上還是較好的作爲，更糟的作爲是浪費了卻無建設。此類浪費也有不少，許多都是人民看不到，也感覺不到的，但都要全民買單。政府對不起人民的地方，無不以這種浪費最爲嚴重，也最爲可惡。

十、全民應有警惕

人民選出政府的負責人，用意與目的是爲人民服務。但是不負責任的政府官員卻很會浪費，不能替人民節省，將人民的錢大把的浪費，使人民遭受損失與苦難，人民不能不覺醒。覺醒之道是要睜開眼睛，多察看各種公共建設，不使有浪費的情事。發覺有浪費情形，一定要抗議，要設法補救與改善。人民能警惕，就可使政府變爲更有效率，更爲公正廉明，人民也可獲得更多的幸福與滿意。

炒作股票與房地產

一、問題的緣起

(一) 社會上炒作股票與房地產的人很多

當今社會炒作股票與房地產的人爲數很多，一般估計全臺灣經常投入股票的股民應有數百萬人，炒作房地產者或許較少，但仍可觀。過去投入股市的活動有「全民運動」與「賭場之島（Casino Island）」之譏。股民有大戶與散戶之別，其中大戶又含有股東派與市場派，有內資與外資之分，小戶也常稱爲散戶，包括投入小錢的公教人員、家庭主婦等，後者常被稱爲菜籃族。

在資本主義自由經濟的社會，參與炒股與炒房的人數衆多，並無可厚非。一般社會上約只剩下窮人與農民不參加炒股與炒房，窮人沒錢參加炒作，農民普遍也都很窮，又居住與生活在鄉村地區，距離股票市場遙遠，有錢也不便買賣。又其平日生活簡單，能有一房可以安居，已能滿足，無意也無力炒作房地產買賣。在偏遠鄉下地方，房價不會上漲，多買房屋也無利可圖。過去農民較有興趣的置產方法是購滿農地，做爲生產之用，與今日炒作房地產，坐等漲價獲利的用意，十分不同。

(二) 炒股炒房影響社會風氣

違規炒股與炒房，明顯有違國家法律或社會規範，對於社會風氣會有不良的示範。多半的股票與房地產炒作者，都有機會賺到不尋常也不公道的錢，賺錢之後的消費容易變爲較大方，但也較奢侈，甚至不法，會有帶壞社會上一般人消費習慣的危險。

過去股票市場熱絡之時，投入股市炒作的人多，賺錢的可能性也大，社會上不良的消費風氣也隨之不當發展，奢侈性的非必需娛樂及色情業等，都很發達，也都有敗壞社會風氣的後果。

(三) 腐蝕社會良心

社會風氣不良，直接敗壞人心，也腐蝕社會良心，腐蝕的面向甚廣。各種不當的炒作手法都會直接影響社會上多數的人學習與效法，作出不遵守社會規範與法律的事，也常以不當的方法做事做人，花錢用錢浮華奢侈不實。社會喪失奉公守法的道德原則，作人的態度不誠實，利用權術躲避法律規範，投機取巧，也喪失節儉自持的善良風尚。所謂人心不古，常見經由炒股與炒房，帶來社會歪風。因爲見於炒股與炒房有上述與社會良心的密切關係意義與性質，乃引發此文的討論。

二、炒股與炒房的意義與歪曲

「炒」的意思本來用於炒熟食物，有趁熱快炒的意思。炒時要將熱鍋中的食物很快翻動，炒作股票與房地產，也具有很快翻動的性質，有炒熱交易市場的意思。

一般炒股與炒房的交易時間都較短期，與長期性的投資不同，兩者雖然都是買賣，但短期交易者存心能急速獲利，投資則具有長期投入資金，參與生產或服務的誠意。炒作者個人可快速得利，但對於市場秩序則常會扭曲與破壞，會使一些來不及脫手的下家慘遭嚴重損失，故也很缺德。

三、不當的操作手法面面觀

觀察以往，炒股與炒房不甚規矩的方法爲數不少，常見者至少有下列三項，將之列舉並說明：

(一) 違規的手法

這是指明顯違犯規則或法律的手法，在股市上常有嚴重違規的「內線交易」，即是取得未公開的訊息，作不當買賣，獲得高利，影響市場公平性的交易。其他還有反覆掛單及撤單，欺詐市場。擺單打壓價位，影響市場，手中缺乏股票超額賣出，互相配合交易，拉抬價位，當日沖銷等，都是違規違法的炒股行爲。

房地產交易關係較大筆的財產，法定程序較爲繁複，但是違規交易也常發生，多半發生在較熟悉法令的建商或仲介，欺詐較不熟法令的買主。建商或開發商的欺詐包括變更建築計畫、偷工減料、假廣告、不符環保消防規定，造成買主損失。賣方也常有逃漏稅的違規事件。來自仲介的欺詐情形，常見者包括不實估價與諮詢、隱瞞包商售價、無照經營等。

(二) 合法但不合情理與道德的方法

過去不當炒股與炒房的新聞常有所見，有些炒作明顯違法，有些雖然還在法定範圍之內，但卻不合情理與道德。近日出現一位副總統候選人被舉發曾有利用職權套購軍眷住宅的情事，雖然自辯並無違法，但輿論普遍認爲道德上頗有瑕疵，社會觀感不佳。

(三) 投機取巧的方法

凡是不合法或不道德炒作股票與房地產的行爲，都是投機行爲。投機的意義在想不勞而獲，想快速發財，想以少錢博大錢，想能一夕致富。要實現這些夢想都有冒險性，也都會損及他人利益。重要的危險是可能被炒熱後市場上瞬息萬變的跌價套牢，或因急於搶購，而買到劣貨。損及他人利益是因可能侵犯他人合法權益，或誘人上當，造成他人的損失。

四、社會影響與觀感

炒作股票與房地產有可能快速發財，令人羨慕，但也可能因手段卑鄙，令人唾棄，或因可能破產而令人警惕。會快速發財因爲漲價很快，會手段卑鄙因爲賺的是黑心橫財，可能破產則是因爲跌價也很容易，也可能因爲投機心態會遭到有心人的算計。

股票與房地產價格快速漲跌都因短期的炒作促成，非穩定的供需形成。快速發財雖然有可取之處，但壞處不少，會敗壞社會風氣，腐蝕人心，已說明於前。破產或虧損的不良後果有不少，重要者至少有下列數項：

(一) 喪失生活依據

財物損失或破產之人立即性的不良後果是喪失生活依據。曾有股票或房地產大亨徹底失敗後，負債累累，變成生活無依的流浪漢，命運可謂足夠悲慘。

(二) 造成人心不安

當社會上因爲股價下跌，損失者衆之時，怨聲載道，社會氣氛低迷，人心恐慌不安。當房價被炒高了，社會上買不起房屋的無殼蝸牛很多，也怨聲連連，抱怨政府政策的不是。窮人對於住在豪宅的富人會有不滿，影響社會趨於不和諧，不和平。

(三) 危害社會秩序

炒股炒房多少都有欺詐與投機，會紛亂社會風氣，危害社會秩序。社會上的人能安貧樂道的人變少，想一步登天，一夕致富的人增多。於是有人不擇手段，會破壞社會秩序與紀律。

(四) 妨礙社會發展

經濟發展要有足夠的資金，當股市及房地產市場行情下滑時，資金缺乏，少有動能，發展速度緩慢。當社會因炒股炒房使經濟蓬勃發展時，社會風氣變為奢侈虛偽，道德變差，社會的發展也變為無甚可取。

五、發財者問心有愧

炒作股票與房地產者都心想發財，通常也少有反省，發了財只會高興。只在兩種情形下心中才會感到慚愧，一種是虧損時，另一種是被詬病時。就這兩種可能有的心理反應探討如下：

(一) 虧損時的反悔

炒股或炒房原是為能發財，但是如果運氣不佳，在市價的頂峰買進，買後價格立即下降，而後節節敗退，就會穩賠不賺，常會氣極敗壞，後悔莫及。曾有炒股者因為被套牢，翻不了身，以至氣餒而輕生者，可見其失望與反悔至為極端。

(二) 被詬病時的慚愧

另有一種問心有愧者是當其不當炒作，雖然可能成功並且賺進大錢，卻被他人指責得體無完膚，逼其不得不心中有愧，悔不當初。

一般的常人投機炒股炒房，最多只有身邊的人會知悉，也較少人會多管閒事。但是參與競選重要公職的人，當曾有炒股炒房的行為時，常會被人用顯微鏡加以嚴格檢驗。在媒體公開之下，搞得全國人民皆知，既使不犯法，不至於被判罪刑，但其人格聲譽卻也相當於破產。除非其臉皮特厚，可以不理會，否則都會心有愧疚，也可能拖垮選情，使其難在政壇上超生，也不得不後悔。

六、政府角色的疑問

炒股炒房是個人行爲，但政府也常參與其中，政府參與炒作的角色有多種，且每種角色常出問題，列舉三種重要角色的問題並分析如下：

(一) 政策角色與有誤的問題

股票與房地產涉及全體國民的福祉與生活，政府都有政策爲之引導與管理，但政策可能有誤或不周之處，引導人民跟隨起舞，發生炒股炒房的熱潮。有人得利，也有人吃虧，造成不公平的不良後果。

(二) 管理角色與不周的問題

政策是行動目標與方向，管理是實際行動，政府對於股票與房地產除了制定政策供爲遵循，也負責實際的核准、監督、與懲處的管理行動。但曾見負責的行政官員在管理過程中會有循私舞弊，管理不當與不周的問題，也會助長炒作歪風，收不到良好的管理效果。

(三) 帶動炒作的角色與問題

政府在炒股與炒房的行爲中並不完全超然與中立，本身也可能是參與行爲的一分子。在股市上政府常使用基金進場調節價格，但也會有調節不當的情況，未見改善市場結構，反而傷害市場的自然運作。

在房地產市場上政府通常較少直接參與買賣，但因有公地可釋出使用，常會出現弊端，其中最不爲民衆原諒的是將公地賤價出售給財團，助長財團炒作。此外在各種政府推動的平價住宅，常見有權勢的政府高官在暗中插手作弊圖利，也最爲人民所詬病。

七、常態的演變與發展

在資本自由的國家，開放股票與房地產供私人買賣是必要也是正常的制度，開放股市的主要目的是要活絡資金，投入產業界。開放房地產買賣的主要目的是，讓國民能有良好的居住條件。但是兩者都會演變成投機分子套利的方法與途徑，未能維持本來的主要用意。改進之道一方面要靠政府能有適當的政策與管理措施，另一方面也要靠人民的良心，有所節制，不擾亂秩序。使兩種制度與市場都能正常運作，都能正常演變與發展，全民才能較公平得到利益與好處。

有必要假造學位嗎？

近日來有關假造學位的問題討論得風風雨雨，輿論探討的要點都較集中在假造過程，較少提及爲何要假造的根本問題。這一問題之所以較爲根本是因爲有人想要假造，才會進而引發假造行爲及如何巧妙假造。

學位之所以會被假造，基本原因是學位有用，也因爲由正規途徑得之不易。這兩個原因也扼要回答了爲何有人要假造。

先說學歷的用途。基本上學歷是一種社會制度的產物，用爲表示標準化的學習過程與成就。同等的學位表示學習過程雷同，學習成就也相近。學位表示學歷，常使用學習時間長短及等級高低表示。在學校中正常學習六年，相當小學畢業，九年初中畢業，十二年高中畢業，十六年大學畢業，十八年得碩士，二十二年得博士。從小學到博士表示逐級漸高的學習歷程與成就。這種正規的學歷確實也會有不能眞實表示學習成就的情況，因此就有學位與學問不對等的理論，但用學位來表示學問卻也少有人疑問。社會上有學位無學問或無學位有學問之人，都是比較非正規的表現。

因爲學位有其客觀取得的標準條件，可方便用爲衡量一般的學習歷程與成就的程度，在許多的場合，如升學、求職或與他人條件的比較上，都可作爲先決的條件之一。經過長時間的使用，也都能被大家所接受。

學位因有客觀的用處，所以會爲衆人想要取得，其中有取得不易者，就會使用造假的手法。取得不易有因能力不足、失去良機、條件不許等，也有因爲先不認爲重要，後來才覺得重要者。以我們的社會整體條件變化的情況看，先因貧窮後來變爲較富裕，後來又變爲窘困，影響不少人於合適取得學位的年紀時因貧窮無法就學、升學，以致失去機會，但後來經由經商或其他途徑發財致富了，想要學位，就常走在職進修的途徑彌補，但也有人會以較簡便的捷徑用假造或取巧的辦法取得。

世界各國學位等級的排列大致相近，但不同的個別教育單位給予同級學位的嚴格水準則常大有差別，有的甚嚴，有的較寬，也因此既使眞實的同等學位，實質程度會很不同。也形成有學位不等於有學問說法的原因之一。學位的假造是有關學位外在問題之一，學位的內在問題則還有隱藏能力的虛實。學位與實力常有差距。

學位與實力既然有差別，後者卻又更貨眞價實，重視學位者就應更重視實力。有實力之人常於取得學位之後不停努力學習磨練累積，未得學位之人也能由努力學習磨練而獲得實力。人人若能體會實力比學位更重要，也就不必處心積慮去經營或假造學位了。

爭權奪利

一、爭權奪利的含義

本文將「爭權」與「奪利」兩個概念相提並論，因兩者關係的確極爲密切。又將兩者視爲無社會良心的前因後果，因也兩者與社會良心確實具有負面因果關係的性質。

(一) 權力的含義

1. 目標含義

權力一詞受社會學界、政治學界與法律學界廣泛注意與討論，其含義也做多方面的闡釋。首先是常被視爲個人或團體追求的目標。而所追求的權力目標有許多種，重要者包括政治權力、經濟權力與社會權力等。政治權力含有政治支持程度、政治影響力，以及政治利益分配的能力等。經濟權力指經濟權益的購買能力、分配能力及消費能力等。社會權力則包括社會資本量、社會地位層次，以及社會影響力等。

2. 手段含義

權力也常可從手段或方法上加以理解。作爲手段，常被用爲獲取資源，包括人力、金錢、財物、地位等資源。手段或方法有時正當合法，有時則蠻橫無理，殘酷無情，也就是不擇手段。

3. 結果含義

將權力看成結果，是指獲得了權力，可從正當途徑努力得來，也可能用非法或黑道的手法得來。知識可增權力，但要由知識獲得權力，得實實在在努力用功讀書思考。黑道人物的權力主要靠成群結黨的組織，配合凶殘的行事作風，令人害怕而得到暴虐的權力。政治權力可得自選票，或經領袖指定而獲得。在專制、落後或腐敗的國家，政治權力則常由革命得來，也即槍桿子出政權。

4. 關係含義

權力的實際運作是一種互動關係的性質，有權力的人對無權力的人可發號施令，或壓迫他人遵命。無權力的人對有權力的人則要必恭必敬，否則會容易受到有權力者的回擊。權利平等的人之間則可彼此尊重，和平相處，平等相待。沒有高下之分，也沒尊卑之別。

(二) 奪利的含義

1. 以獲得利益爲目的

奪利是以奪取利益爲目的。利益的範圍極廣，有實際得到錢財或其他物質上的利益，也有空泛的名位或心理滿足的利益。奪利要有效，常要依靠權力，利用權力奪取利益。位高權重的人都有較佳奪取利益的機會。

2. 與爭名相提並論

奪利一詞常與爭權或爭名相提並論，這也表示兩件事常會同時發生，也即爭權奪利或爭名奪利成爲常用的成語。要能有效奪利，常必要先爭權或爭名。權力大或名氣大，機會多，利益也較可觀。社會上許多人愛出名，都是爲能奪得利益。爲能奪利，常要打開知名度。藝人是標準最喜歡打知名度的人，名氣大可使其表演檔期與票房都較可期，價碼也較高。政治人物也是喜歡打知名度的人，知名度高，選票也較多，支持度也可能較高，有利其增強政治實力。當今物品要有銷路，也常需要做廣告，打知名度。但是爭名有時也有不利之處，不當出名或出頭，可能是最先被打翻的對象。

二、爭權奪利沒良心性

雖然人有爭權奪利的權利，但爭權奪利確是沒良心的行爲，可從如下幾方面觀察與理解：

(一) 零和的理論

零和是指權利與利益總和有限，有人爭奪多了，他人就得少了。不少爭權奪利者都是強奪了他人該有該得的部分，肥了自己，卻瘦了別人。過年坐火車的人多，車票常被有權力的人包了，沒權力的人在車站苦等許久，卻買不到票。

(二) 權力的不平等性

社會上各式各樣的人，權力的分配極不相等，有錢人，地位高的人，權力常比一般人大。有錢人可僱用人，沒錢人要被雇用，要服務有錢人。地位高的人，可發號施令，地位低的人則要唯命是從。這種權力分配不均，雖然有其合理性，但不合理的成分也很大。當權力的取得不公不義，有權力的人待人接物不顧公平道義，則不平等的權力就都含有沒良心的性質。

(三) 奪利的剝削性

利益的獲得經由強取豪奪就是剝削，剝削了他人應有的權利，使他人應得而未得，應多得而少得。侵占他人財產是剝削他人權利，是沒良心也是違法的行爲。強迫手無縛雞之力的兒童去做大人的事，也是剝削兒童的基本權利，是殘害兒童，也是沒良心與違法的行爲。

(四) 利益的虛幻性

世界上許多利益的性質是虛幻的，不得到覺得可惜，得了也沒實質好處。兔強要去獲得，或是硬要取得，實在有違天理與道德，也是極沒良心行爲。許多爭到未用，不能用，或不適用的利益，都是虛幻的利益。

(五) 手段卑劣

最沒良心的奪利之處是使用卑劣的手段，明搶暗偷，詐騙，設計圈套，刑求逼供，欺凌霸佔，都是極卑劣的奪利手段。

三、爭權目的常為奪利

爭權的目的常不單純，會有多種目的，有可能單獨只想要有權力，有為揚名，有為復仇，有為利益，其中為能奪利，常被列為先。

(一) 多種目的以利益優先

爭權有時是單只為能有權力，但更多是與爭利同時進行，而且爭權常是因，目的是為了奪利。政治人物爭權，目的常為能成名奪利，並享受富貴生活。商人明白以爭利為其主要目的。學生搶第一名，有因愛面子，或為爭取獎學金。工人上街頭抗爭，主要目的都是為能多掙幾個錢，可養家餬口。

(二) 權與利相輔相成

實際上權與利常會相輔相成，有權容易得利，有利也較容易買到權。官家有權，常可與商人換來利益，商人有錢，也常不難買通官方，得到自己所願。官商勾結自古以來就有跡可循。

(三) 兩者也狼狽為奸

權與利如果能用於正當之處，不無有好出路。但是實際上較多的情況是兩者會狼狽為奸，都容易用不當手法互換。喜歡爭權奪利的人，乃會給人很負面的觀感。

四、適當爭權奪利的方法

權力與利益有時可以實至名歸，來得自然正當，但也可能來得不易，常要經過力爭才能獲得，因此衆多的世人一生都在爭權奪利。權力與利益好處多多，人要爭權奪利也無可厚非，但要爭得恰當、合理、合情也合法。就正當的目標與方法的要項略述如下：

(一) 正當的目標

爭權奪利首先要將目標端正樹立，在職權範圍內不犯規、不違法的目標大致是端正的。適當的目標也應是能力所及，而且得之可使自己與他人與社會得到幫助爲理想。

(二) 善良的方法

善良爭取權利與利益的方法是不能危害他人，致使他人吃虧受傷，這些方法都應該是規範內的。有時善良的方法與有效的方法相牴觸，有良心道德者，爲人做事還是應該以善良方法爲優先考慮。

(三) 不用惡法

許多有效的方法可能是惡法，絕對不可使用，否則用了會傷人害人，既無良心，也不道德。循私忘公，非法勾當，強取豪奪，程序不正義等，都不是善良的方法。

五、不使權力腐化

社會要有功能，使一些有能力的人有權力，可方便做事是有必要的。要能維持社會眞正的公平，使一些做了較多事的人，享有較多的利益，也是必要的。但都不可過分，否則就無法無天，天下大亂。權力像鴉片，容易使人上癮腐化。如何維護，不使腐化，極爲重要，追求者與旁觀者都要共同注意與負責。

(一) 不濫用職權

已經獲得權力的人，不可濫用職權，這是維護權力不使腐化的首要原則。雖然很難辦到，但有權力者必須切記，並自我約制。

(二) 不使公權力私用

社會上多數有權力者，都是手中握有公權力的人，這些人不可將公權力私用，否則濫權會滿天飛，也就很難維護權力的正當性。

(三) 不枉顧情理與國法

權力之上還有情理與國法，可以不使權力濫用。有權力者必須不枉顧這些情理國法，才能知所節制，不使自我腐化，也可不使權力腐化。

(四) 平民百姓的監督

缺乏權力的一般平民百姓爲使權力不腐化，維護的方法是要有效監督有權力之人，不使其濫用權力。監督的方法有許多種，注意其言行，揭發其醜行，阻擋其惡行，都是有效的方法。

第四篇
社會良心態度行為的培養、訓練與實踐

建立重要社會事業的良心準則

一、社會良心要有具體事業為之培養

社會良心需要由社會上多數的人共同凝聚具備而成。而良心出自個人內心的發展，若有具體事業為之培養，就能發展更快。本文列舉數種最需要具有社會良心的事業並說明其準則，供經營者與接受者共同認識與體悟，以利社會良心的培養與發展。

二、建立教育事業的良心準則

教育是教導與培育知識、能力與人格的工作與事業，教育工作是一種事業，有人將此工作與事業當為終生職志，也有人以此當為維生工具。以此工作事業當為終生職志者，就較容易散發良心；當作維生工具，則較容易喪失良心的準則。

不論教育者的動機為何，教育事業至少應建立下列幾樣重要的良心準則：

(一) 發展心智目標的準則

教育事業的主要準則是要有明確的目標，此一目標是要發展人類的心智，通常都由教育小孩做起。重要的心智包括各種良好的知識與道理，也即古人所言傳道、授業與解惑。這種準則也包括通識與專科的教育。

(二) 自由義務的準則

此一準則起自羅馬時代，強調使受教育的個人有自由發揮的機會。為尊重自由發揮，不宜給兒童太多的約束與規定，給其有較多自由想像與創造的空間。德國教育很重視此一準則，也培養近半的諾貝爾獎得主。此外在各國的大學以上的教育都分科別類，給個人能自由選擇。

義務準則是指每一個人也都應有受基本教育的義務，依此原則各國的教育體系中都規定義務教育的年限與範圍。既使在自由選擇的大學教育中，也都規定一些共同必修科，具有高等知識份子必備知識的意義。

(三) 平等的準則

人不分男女、老少、貧富、貴賤都有接受教育的權利，教育工作者對各類各樣的人的應給予教育的機會，也是有教無類的眞諦。

(四) 特別施教的準則

人的興趣與天資各有不同，教育工作與事業必要順其自然，施以適當的特殊教育內容，效果才會最佳。

三、建立宗教事業的良心準則

宗教是對神明的信仰與崇敬，主要功能與目的在使信仰的人能滿足心理需要，減緩生活壓力，提供積極的生活態度。也在勸人爲善，使人的行爲能合乎團體與社會規範與態度。綜合各種宗教的重要準則，有下列三項必須建立：

(一) 提升心靈生活準則

各種宗教的功能無不都在提升人的心靈生活，避免心靈淪入罪惡深淵。勸導且幫助人的心理能清淨平安。主要途徑有經由信仰、讀經、聽道、反省、覺悟、懺悔等。

(二) 尊崇道德規範準則

各種宗教的教義也都尊崇道德規範。儒教講究恕道、民本、仁政，道教講究無為與順應自然，基督教講究公義、愛人、施捨、眞誠無欺，佛教講究善惡因果、行正道、行良善。

(三) 實踐社會服務準則

多半的宗教團體為能行善，符合良心道德，都有實踐社會服務的準則。重要的社會服務，包括提供清寒獎學金，辦理救助弱勢服務事業，對於災難的救助等。

四、建立社會服務與福利事業的良心準則

社會上存在許多社會福利與服務事業，都能具有良心的準則，匯集有良心的人有力出力，有錢出錢，共同服務與造福社會。這些事業有不少是由宗教團體所辦理或提供，其他的主辦者還有非宗教性的慈善團體，也有政府的機關部門。這類事業可以振奮人心，導向善良。如下舉出幾項這類事業及其培養社會良心的準則與功能：

(一) 建立兒童育幼的事業與良心準則與功能

此類事業收容及培育有問題兒童，減輕其生活遭遇的不幸問題，使能較正常發展心智，不使走入歧途，增進過社會生活的能力。這種事業不僅幫助今日兒童，也幫助來日成年人發展心智，更幫助了社會減輕負擔，對人群社會有可貴的貢獻。執行兒童育幼事業者貴有良心，社會也培養出共同的良心。

(二) 建立老人安養照護事業與良心準則與功能

老人安養與照護事業的目的在安頓老人的居住與生活，尤其是以幫助行動不便，生活無依的老人爲主要對象。使老人能有所終，這是大同世界的境界，也是社會良心的展現。老人安養事業一方面提示年輕人要負安養老者的責任，另方面也可達成彌補無法親手奉養老者的年輕人之任務，對於人群社會都能有較恰當的安排與運轉。是一種良善的服務事業，也可促進社會良心的發展。

(三) 建立毒癮勒戒事業與良心準則與功能

此種事業是專爲戒除吸毒而設立，多半是公辦的事業。維護道德良心的意義深重。可以解救吸毒者不再繼續沉溺不醒，也可減免社會上的許多人不再被染毒者糟蹋與傷害。

(四) 建立少年觀護事業與良心準則與功能

此種事業是針對未成年犯罪者出獄後或假釋期間的觀察與監督，目的在使其能改邪歸正，也可避免受害。對犯罪少年、家庭與社會都有護衛的功效，其對於少年人格的修正尤有正面的功用。這種事業常由公益基金會主持與辦理，具有社會公益的意義與作用。

(五) 建立身心障礙者的福利事業與良心準則與功能

身心障礙是指在身體生理及心理上有障礙，包括各種身體部位的形狀功能與心理狀態的異常，障礙者的行爲能力會有障礙與缺陷。此類福利事業的目的與功能在幫助障礙者減輕、克服與解決障礙與困難，提升行爲能力，改善生活品質。這種助人的事業也是很有良心與道德的事業。

(六) 建立公共服務事業的良心準則與功能

這種事業是以提供大衆生活上必要條件爲主旨，重要的公共服務大項包括提供交通、救災、教育、文化、科技、體育、衛生、休閒、娛樂等活動與權利的保障。這種事業多半要由政府辦理，民間也可參與響應。公共服務事業也可使民衆方便，滿足人民的需求，解決人民的困難，具有道德良心的本質與特性。

五、建立政治事業的良心準則

政治是管理衆人之事，運作得當可造福人民，運作不當就會擾民。政治能否有益人民或會擾民，受政治人物有無良心道德的影響至鉅。能以人民利益爲念的政治人物，是有道德良心的政治家。只顧自己私利，不顧人民福祉的政治人物是政客。政治家本身是有道德良心之人，可強化人民良心，並且可提升社會道德良心水準。政客就較缺乏良心，也會給人民不良示範，敗壞社會道德良心水準。

六、建立企業的良心準則

企業是以營利爲主要目的之事業，但營利是得自社會民衆，因此企業也常被期望與要求回饋社會，爲社會盡道德責任，這也是企業的倫理準則。對內要善待員工，關注職工的生命安全與身體健康，改善工作環境，保障其合法權益，分享發展成果。對外則要遵守商業道德，公平交易，童叟無欺，誠實守信，貨眞價實，尊重自然，保護環境，珍惜節約資源。切勿提供黑心產品，傷害消費大衆。

也有經濟學家將企業良心解釋成五德，即是「慈悲、幸福、誠實、綠色、成長」，意思與前面所述內容相仿，都是要有良心與道德的準則。

七、建立醫療事業的良心準則

廣義的醫療事業包括醫務、護理、醫藥、醫技等，四種醫療事業分別由醫師、護士、藥師及醫技人員等四種專業者處理，此種事業的主要目的與功能是治病救人，基本上是一種高道德的事業與行爲。過去社會上對醫師的稱讚有「仁心仁術」、「懸壺濟世」、「華佗再世」、「濟世良醫」、「醫術高明」等，對於護士的稱讚也有「白衣天使」，有些用於稱讚醫師的用語也可用爲稱讚藥師。醫技是新發展的專業，較少見有古時稱讚的諺語。

替人治病的事業本來是一種高道德高良心的事業，但也會有較缺乏良心之人，做出有違良心之事，受人詬病與批評。重要的醫師的倫理規範以醫師公會會員大會於最近通過的倫理規範爲例，就共分總則、與病人關係、與醫療機構及醫事人員關係、醫師間相互關係、紀律、負責等六章，其中與病人關係的最重要一章所規定的倫理規範就包含下列這些：要守法行事、態度誠懇、考慮病人權益、關懷病人、說明病情治療方針及預後措施、不做差別待遇、尊重病人隱私等。醫師重要的不軌事蹟有叫價太高，形同敲詐，使用假藥或禁藥，態度惡劣、醫療失當等，都會敗壞行市，使高尚的事業蒙羞，實也值得業界檢討與社會的警惕。

行善積德

一、選擇行善最美

人的行爲型態可有多樣選擇，其中選擇行善最爲美麗，結果也會最爲美滿，因爲行善可以積德。行善者可造福別人，爲他人所歡迎、喜愛與尊敬，也能造福社會，算是積功德。行善的事蹟越多，累積恩德也越多，所獲得的善報也越多，個人感覺也越良好，人生的結局也最完美。相反地，未能行善或甚至行惡者，他人受害，社會受害，本人也一定不得好報，終究也會感到無趣，甚至會很後悔。

由於行善的好處美麗可貴，可利人利己，値得每人效法童子軍，實行至少「日行一善」，更不嫌多多益善，使行善充滿人間，則社會充滿良心，到處溫暖和諧，國家興旺，天下太平。

二、行善的精義與方法

行善含義廣泛多端，中國古訓中的禮義廉恥四維，忠、孝、仁、愛、信、義、和、平八德，仁、義、禮、智、信五常，都是重要的行善精義與準則，彼此都有相同或相通之處。菩薩講六度，也是六種行善方法，包括布施、持戒、忍辱、精進、禪定、般若。一般佛家強調十個方法，包括與人爲善，敬愛存心，成人之美，勸人爲善，興建大利，棄財造福，護持政法，敬重尊長，愛惜生命。這些都是佛家的經典與觀點，以及用來勸人爲善的方法或途徑。

我們常人可學古時聖賢及神佛的精神行善，也可由許多一般生活內容與領域去體會與實踐，重要方法包括明白道理，寬容體貼他人，淡然無華對待自己，幫助需要幫助之人，不增添別人麻煩，愛護自然，熱心服務，不損傷地球，保護健康，感悟良知，履行道德，扶持老弱、小孩與病殘，安心靜養，感悟生活，守望歸宿。

以前行善之人常勸告後人行善應該遵行許多其他的原則與方法，重要者還有行善無分大小，積善不計多少，善事行無止境，行善不必等待，行善也不圖報。

這些也都是重要的行善指針，值得行善之人效法。

三、影響行善的因素

人願行善原因很多，可分內在心理因素及外在環境因素兩大項，合併內在心理因素及外在環境因素可再分成消極性與積極性的兩大項，將兩項的重要內涵列舉說明如下：

(一) 消極因素

1. 個人內心的迴避

個人行善的消極動機或原因是在內心想要迴避或減少妨礙行善的因素，重要者有爲了能去除罪惡、業障、禍患與災難。人的行爲常在善惡之間遊走，不行善就容易作惡，爲能避免與遠離罪惡而行善，去除罪惡也可避免業障與禍患或災難。

2. 外界的制約因素

個人能不作惡而行善，也常因外界的規範對於作惡有多種制約力量，這些力量包括輿論準則、風俗、規章、法律等。都對個人的行爲有約束力，不得超越與違背，否則就要受到制裁，從輕罰的批評到重罰的死罪。

(二) 積極因素

1. 個人積極的追求

個人行善的積極因素主要是出自內心的追求，行善所要追求的重要目標包括爲了積德、造福與享樂等。行善爲能積德，可造福自己、子孫與社會大衆，由是也可使內心享受到愉悅與快樂。

2. 外界的激勵

個人要行善除了出自於自己的意願，也常由外界的激勵所促成。重要的外界激勵力量包括宣導、表揚、獎賞等。政府與民間都設立不少激勵人民行善的機關與辦法，重要的政府機關有各級的文建部門，重要的民間團體則最多是宗教性及慈善性的。重要的辦法則有各式各樣的定期性或不定期的活動，包括舉辦講道、出版刊物、服務弱勢團體、救助災難與辦理嘉獎活動等，都能收到效果。

四、行善可以積德的道理

行善可以積德是一種理論，也是一種信仰，能否實際應驗，必要經過推敲與求證。重要的答案可從如下幾方面加以觀察與證明：

(一) 報應的因果關係

行善與積德有密切的關聯，且是有報應的因果關係，可當行善是因，積德是果，但也可以倒過來看，爲了行善而積德。將行善看成因，是指行善之人都有高尚品德，行善越多，累積的品德也越多，積德的人理論上應可得到回應與補償。將行善看成果，則行善的動機或原因是爲了積德，要積德有可能是爲了補過消孽，也可能是爲了祈福。

(二) 心理效應

行善行爲也是一種心理效應，心地善良而行善。而人的善良之心則得自天生與後學。善良是人的天性之一，但天生不一定完全本善，卻有本善之根。但是善根是否能繼續發展，則後天的學習與教養之影響更加重要。綜合先天與後學的善念成爲心理的一部分，此種心理強時，表現在行爲上就成了善行。

(三) 社會互動影響與後果

社會上人的表現行爲都不僅是單純的個別心理反應，而是經與他人互動所形成的社會心理的後果。人生活在社會上必定會與人互動，因而其內心的感受多半是經過與人互動後形成的，其行爲表現也都是這種與人有關心理的反應。行善的行爲可能出自回應他人的善意，也可能是被他人的惡行所刺激，因而引發救難的菩提善心。

五、威脅行善的危機

人在行善的行爲過程中，處處充滿阻礙的荊棘，隨時有打消善心的可能，重要的阻礙因素約有下列三項：

(一) 瞬間惡念

善行出自善念，善念與惡念並存在人的心中。惡念常在瞬間出現，隨時有戰勝並打消善念的可能。例如見財起意的惡念，會銷毀了累積一生的善念與善行；瞬間不能忍耐的惡念，也可能引發殺機，而鑄成大錯。

(二) 報應不實的孽緣

照理行善會有善報，應受人所深信，但是有時因爲回報太慢，或有不對等報應的孽緣，致使人不相信善有善報的關係與道理，也就不重視行善的價值與必要性，甚至會作惡而逞一時之快，得到短暫的利益。

(三) 惡劣環境的影響

人不能或不願意行善，也常因外在惡劣不良環境使然。黑道團體中的個人很難擺脫惡行，善良的人有可能因壞人的慫恿，以致犯規或犯法。在汙穢不潔的氣氛或環境中，常人很難保住良善而不受感染與影響。

六、行善積德的事蹟

自古以來行善積德的故事或實例曾有不少，在中國傳統文化下許多善行都與修心養性，或在家中盡責盡孝，在鄉里中助人，最爲多見與傳聞。在西洋社會，行善的事例有不少到外國傳教及救人之神職工作者，其善行會跨越國界。古今中外也有不少著名的發明家或思想理論家，原先並無懷抱行善之心，但其努力的結果，卻能長遠造福人類社會，應算至高之善行。

局部性或地方性的行善事蹟多半會在當地流傳，算是其積德的報應。跨國性或全球性及對人類有較大貢獻的善行，多半都會流傳較遠較久，當事人也可能獲得較大獎賞，當爲其積德的報償。國際上最負盛名的諾貝爾獎，每年都會頒給對世人在某些特定方面有重大貢獻的人，其貢獻都具有積德善行的意義。

七、有關行善積德的名言

行善積德是自古以來普遍的重要價值與行爲，在中國的社會文化下流傳與累積的相關諺語名言有不少，選擇若干加以解說詮釋，供大家欣賞與品味。

(一) 積善之家，必有餘慶

此語出自易經，其後連接「積不善之家，必有餘殃。」「餘慶」兩字意指餘留德澤。「積善之家，必有餘慶」這句語的要義，是指多行善事必有後福。這句話曾被許多信佛的出家人用來勸告凡人，許多老百姓也常在農曆過年時當成門聯，用爲提醒與教育子孫後代。

(二) 積德無需人見，行善自有天知

此語也出自勸人爲善之佛門，用來勸告世人只需行善，不必太在乎別人了解與誇獎，終究一定會爲上天所知，世人所留傳。人只需行善，不必太擔心後果，好的結果自然會形成。與此語相通之語還有「行善之人，如春園之草，不見其長，日有增。作惡之人，如磨刀之石，不見其損，日有所虧。禍福無門，總在心。」

(三) 人爲善，福雖未至，禍已遠離；人爲惡，禍雖未至，福已遠離

這也是出自佛門勸人行善的名言，說明一個行善的人，雖然沒有得到福報，但至少大禍已遠離。相反地，不行仁義，喪盡天良的惡人，雖然表面看來平步青雲，但眞正的福報已遠離他，目前只是尙未出現惡報而已。與此語相近的儒家名言有「爲善必昌，爲善不昌，必有於殃，殃盡必昌；爲惡必滅，爲惡不滅，必有餘德，德盡必滅。」

(四) 業要自己消，福要自己造，禍要自己除

這三句話的前兩句也是佛門常說的話，最後一句是本文作者加上的。三句話都強調自己的行爲與後果都由自己主掌，不必借助他人。想要消除業障，享有福報以及去除禍患，都要自己努力，不能假手別人。行善與去惡行爲由自己掌控，後果也由自己承擔。

(五) 勿以惡小而爲之，勿以善小而不爲

這話是三國時劉備向兒子阿斗說的一句名言。這是做人做事的基本原則與道理。劉備說這話的用意是要兒子進德修業，有所作爲。後來常被人用爲勸人不做壞事，要做好事的起步。人不要以爲小惡就無大害處，就可以做，小惡必竟還是惡事，對人會有害，累積小惡就成大惡。反過來，也不要以爲小善就不值得做，或因不難做，就不必去做。累積小善，也可成大善事。人要行善必須從較容易作的小善做起，要除惡，也必要從危害較小的小惡戒起，都較少困難，也較容易見效。

自我管理

一、自我管理的意義與重要

(一) 意義

自我管理的簡明意義是指個人對自身的管理，在此定義下管理涵蓋許多方面的意義，包括監督、約束、控制、要求、激勵與發展等。能自我管理的人在這許多方面的管理都不必假手於人，可由自己的用心與努力達成。

自我管理是管理範圍與領域內的一種重要方式與形態，與一般所指管理他人或自身之外的事物有點不同。自我管理強調個人自己管理本身及有關的許多事物，不必假手於人，或專爲他人設想。這種管理行爲的主客雙方同爲一人，所以管理過程的主客體合而爲一，兩者在管理過程中都處於較主動的情況。

(二) 自我管理的重要性

自我管理是很重要的管理概念與實際行動，重要理由至少有以下幾點：

1. 是最能簡便實行且最能容易見效的管理工作

比較其他正規的管理工作，自我管理是一種較特殊但也能較簡便實行，且較容易見效的管理工作。這種管理的簡便之處在於管理者隨時可施展管理行爲，施展得宜就能不必依賴他人，而可立刻見到成效。不像一般正規的管理工作，強調由施展對他人或身外事物的管理而收到效果。由管理他人或其他事物常需要他人或其他事物的配合，配合不當，效果很難見著。

2. 一般的管理階層常會疏忽自我管理故很必要強調

自我管理之所以重要，也因這種管理容易被管理階層疏忽。管理者常只知或只會注意管理他人或他物，反而常忽略管理自己，以致未能以身作則，管理的實務也難達成良好績效。因爲自我管理的功用如此重要，故在管理學上不得不加以重視。

3. 社會上人人都有必要自我管理

自我管理在狹義的概念上，常只指企業管理或社會工作上管理者或被管理者需要的自我管理。廣義而言，社會上人人都必要自我管理，由自我管理而成長與發展。每人需要自我管理行爲的面相很多，包括管理工作、生活、爲人、處事、身心健康等，無一樣不必自我管理。因爲人人都需要自我管理，且管理的內容極爲多樣複雜，每人都需要學習與實踐，管理學上也必要認眞研究與討論。

4. 做好自我管理可使個人、組織與社會獲得好處。

自我管理之所以重要，另一重要理由是可使個人、組織、團體與社會獲得好處。個人的好處是可獲得激勵、成就與發展。組織與團體的好處是能有良好的運作與功能。社會的好處是能協調、發展與進步。

二、管理者容易忽略自我管理的問題與原因

自我管理很重要，但是不少管理者雖然很會管理別人，卻常遺忘管理自己。因此既使針對管理者，就有特別強調並提醒其重視自我管理的必要。管理者常會忽略自我管理，因爲有幾個原因造成，將之列舉並分析如下：

(一) 習慣行爲

管理者的主要任務是管理他人及組織的事務，長期習慣行爲使養成只會注意他人的對錯，及管理他人的是非，卻很容易忽略及遺忘管理自己。這種習慣的養成因例行的職責與工作使然。

(二) 嚴苛自私

有些管理者雖然也知管理自己的必要性，卻因爲嚴苛自私的個性與待

人之道而有意寬待自己，不作自我管理。凡是有錯誤或問題都認爲是別人的錯，不作反省與自責。待人嚴苛者對待自己都很寬厚。

對待他人嚴苛的管理者多半也都很自私，喜歡挑剔他人的毛病，卻寬待自己的過錯，少作反省與自我檢討，當然對自我管理就很不周到。

(三) 盲目瞎搞

社會上不入流的管理者也有不少，有些程度與品質不佳的管理者，做起事來盲目瞎搞，甚不明智，既未能管好他人，也不能管好自己。這類管理者可謂很不入流，自我管理能力也很差，對組織及團體事業的管理也不會有好績效。

(四) 專制獨裁

管理者由於掌握大權，很容易指責他人的不是，因而也容易流爲專制獨裁。獨裁管理者的特性會認爲錯誤都是他人造成，自己並無責任。因此常會對受管理者施展獨裁專制的作風，包括苛責、修理、開除他人，且始終不肯認爲自己有錯。

(五) 權力傲慢

組織中管理者是擁有權力之人，習慣發號施令，支使別人，卻不受別人支使。工廠企業的經理人對員工掌握生殺大權，公家機關的主管對部屬掌握考績大權，更高階的政治領袖掌控國家的資源與機器，影響百姓生靈，權力很大。有權力的人容易傲慢與腐化，習慣養尊處優，不知民間疾苦，也少反躬自省，不加管理自己，只關心自己的特權。

(六) 自以爲是

管理者忽略自我管理的另一原因是自以爲是，因爲身處管理者地位，下屬員工都以其馬首是瞻，爲首的管理人員見於員工唯唯諾諾，未有激烈的反抗，使其自我感覺良好，不易察覺自己的毛病與缺點，剛愎自用，自以爲是。這種人常忽略自我管理，常要搞得天怒人怨，以黯然下台爲收場。

(七) 社會歪風

管理人員不知自我管理者，本身固然是關鍵，應自負大部份責任，但並非全部原因都由自己造成。社會歪風未能給以管理人正確的環境與概念，容易姑息養奸，提供不良的錯誤示範，使管理人員未能潔身自好，管好自己，實也常是使其失於自律的重要因素。有些中階的管理者常因上位者行爲不軌，造成上行下效。高階的管理人員也因員工幹部或民眾逢迎巴結，致使未能察覺知錯。追究各階層未能自我管理，實也都有一部分是外界環境原因造成。

三、自我管理的要項

個人自我管理要能實現良好，必須先要了解自我管理的要項，重要者至少共有四項，一是管理目標，二是管理標準，三是管理方法，四是管理實踐。就這四要項的重點說明如下：

(一) 管理目標

人生在世有必要自我管理，管理必先設定目標，也即要先決定管理何事？當爲社會的正常人或善類，必要管理的事項不外下列幾項：1.對工作的管理，2.對財物的管理，3.對時間的管理，4.對人格的管理，5.對情緒的管理，6.對自我品牌的管理。在這些目標下自我管理的要點將分別於下列本章各小節加以討論。

(二) 管理標準

自我管理的過程於設定目標之後也必要訂立管理的標準，意指要將自己管理達到什麼程度或境界，如要管理成一般正常人，成上乘的人，或成最高等的人。不同管理標準會決定管理方法與努力實踐的程度不同。

管理標準的設定可由自己選擇，但要設立何種標準也要參考社會情境，包括他人的期望與觀感，故難免會受他人的看法與意見所影響。社會上多數的人都將自我管理標準定在一般正常水準，僅有少數較有心的人設定在水準之上，卻也有少數不成器的人，會將標準設在一般水準之下。

(三) 管理方法

可驅使個人管理自我的方法很多，個人稍作用心就不難獲得，重要的方法有學習、反省、實踐等。學習可由讀書、觀摩、思考與效法的途徑獲得。反省則要靜心、虛心及反思並求改錯與修正，甚至要變爲更加積極進取。實踐則要將管理的想法與看法應用並表現在日常生活中，化成行爲與行動，使能吻合管理的目標，向目標推展，使目標達成與實踐。

(四) 管理實踐

管理實踐是指實踐管理的概念，將概念表現在行爲上，包括口頭表現，如論說、對話。也包括行動表現，如腳踏實地做出行動。全部實踐行爲包括口到、心到、手到與足到。

四、自我工作管理

工作管理是自我管理的第一目標，因爲人生下來要活命就必須工作，獲取必要的生活資源。就此目標的自我管理要點分析說明如下。

(一) 以工作自食其力安身立命

工作是自食其力的方法與途徑，人由工作而自食其力，並獲得安身立命。人一生下來就要食、衣、住、行、育、樂等消費，經過這些消費，才能活命並成長發展。各種消費都需要資源，資源都存在自身之外，常要有能力才可獲得。

工作是獲得生活資源的重要方法或途徑，人在小時未有工作能力，常由長輩工作取得生活資源，給以消費。及長，父母年老力衰，甚至死亡，獲取資源的責任即落在下一代的身上。成年的人除了由工作養活自己，還常要扶養幼小的子女及曾經養育自己的父母等長輩，因此世界上幾乎人人爲了生活都必須工作。不必工作而能過好生活者，只有少數富人的後代，或極端無工作能力不得不由他人或政府供養者。也因此社會上幾乎人人對於工作都要珍重愛惜，妥爲管理。由妥善管理工作而自食其力，並因而安身立命。對於每個人，工作都極爲重要。

(二) 選擇工作目標

自我工作管理的第一步驟是選擇工作目標。世界上的人所做的事有千千萬萬種，但每個人不可能每樣都做，只能選擇合適的工作來做。何爲合適的工作，主要有三個條件：第一是適合自己的興趣，因爲自己感覺無趣的工作必定不可能做得起勁，也必做不好。第二是自己能力可勝任者，有些工作自己雖然有興趣做，但若能力不足，同樣也難做好。能勝任的工作是指對其工作能有充分的了解，並能掌控要訣。第三是工作的性質要能合乎社會規範，不為社會所排斥或拒絕，否則也會逼使人無法將工作繼續做下去。

個人要選擇這三項重要條件的工作，常要經過用心思考，甚至要用心磨練。自己也必要有定見，能參考他人的選擇，卻不能盲目跟隨他人鼻息。應能選擇自己興之所至，力之所能，又合乎社會規範的工作來做，才會順手並容易成功。

(三) 規劃工作程序選擇工作方法

工作目標決定後，接著就要規劃工作程序，並選擇工作方法。工作程序包括工作進程及合適的時間表。工作時間表要訂出每一工作進程的時間點，以及需要花費的時間量。進程的時間表訂得越準確，工作進展就越能掌握與控制。

要使工作目標能順利達成，選擇適當的工作方法也甚重要。針對每種工作目標都可能有多種工作方法，其中有些方法有效率，有些則不然。有效率的工作方法常可使工作較快速完成，且成果會較佳，所花費的成本也都可能較為節省。如何選擇方法，則管理者的經驗與用心都是關鍵。越有經驗越能用心的管理者，通常都較能選擇合適的工作方法。

(四) 實際執行工作

要使工作能有成果，不能只是紙上談兵，停留在計畫階段，必須實際執行。學者的實際工作是要讀書、寫作與講學，政治人物的實際工作是要推動良好政策造福人民，工人的實際工作是動手操作機器或工具，農民的實際工作是下田種植農作物或到畜牧場飼養家禽家畜等，漁民的實際工作則要下水捕撈魚產，或到魚塭飼養魚蝦貝類。

執行工作要能確實，需要腳踏實地，按部就班，不辭辛苦，實事求是，不能偷工減料或混水摸魚。能努力執行，必有良好成果。

(五) 檢討工作成效與得失

每一過程的工作都可能有得有失，必需要經檢討才能確知成敗得失。由了解工作的成敗得失，有助下一步驟的工作效率與成果。對於成功與有成果的工作目標與方法，都可再繼續使用。對於失敗與不當的工作目標與方法則可能必要更換去除。從檢討工作成敗得失的過程中，不斷累積實務經驗，可使工作管理不斷進步與提升。

(六) 改進工作與持續工作

人的一生常要工作很長的時間，通常到年老時才會退出職場，停止工作。當停止工作以後，也可能還要持續做一般家務或自身的雜事。有工作就必須要改進，改進的方法與心得常由經驗與檢討中得來。不斷的改進是工作管理的最好原則與最終目標。

五、自我財物管理的準則

(一) 財物管理的必要性及其要義

凡是人都需要過物質生活，因此都需要取得與保存物質必需品。其中有些物質常要變換成錢財加以管理較爲方便。

筆者見於社會上的芸芸眾生對於財物的管理觀念與行爲甚爲不同，在本節討論自我財物管理時，以常見的兩極管理準則作爲對比討論。而所討論的管理面相則包括財物取得、使用與保存等。如此做相對比較討論的目的，在使讀者能了解極端不同管理方法的優劣得失，供爲力行自我管理的取捨與參考。

(二) 取之有道或無道

財物管理的起步是要能取得財物。財物的取得則包含有道與無道兩個不同標準。有道取得財物的方法是使用規規矩矩的方法取得應得的財物，規規矩矩是指合乎社會規範，自己要付出應付的血汗與力量。由此法取得財物，別人無話可說，自己也可心安理得。

另一種取得財物的方法是投機取巧，以不當的手法不合乎規範的途徑強取或盜取，所得到的收穫常可超乎平常水準，卻爲社會所不齒與不容，自己得之也常未有好報，可能遭受追討與報復，甚至會違法坐牢。這種取財的方法或手段雖有危險，但還是會爲不少人所樂爲，因爲報酬率高。社會上用偷、用搶、用拐、用騙乃至由貪汙、販毒、走私等不法取得暴利錢財財者，都屬這一類，雖然獲得容易，但危險性也高。

面對兩種取得財物的方法，前項明顯是正途，後項則是歧途，個人要取得財物當然是要以走正途爲宜。

(三) 量入爲出或以出導入

財物管理的另一要項是對財物使用與消耗的準則。有兩項極端不同的準則是量入爲出與以出導入。不同的人、不同民族與不同社會用錢及物資的習慣都會有這兩種不同的標準。量入爲出者通常都能省吃儉用，以不透支爲重要準則，有多少收入決定多少支出，而且支出常少於收入，多餘的收入可作爲儲蓄。這種理財的方法，生活過得簡樸，但不會短缺透支。

另一種標準是以出導入，其支出水準通常都較高，爲能有較高的消費水準，常要花費較多的氣力賺錢，但容易入不敷出。不得已常會以不當手法賺取黑錢，彌補黑洞與不足。個人收支以出導入者常少有存款，甚至容易負債。國家財政政策以出導入者常會造成國庫虧空，負債累累，實在也值得爲政者深思與節制。

(四) 精神主義與物質至上的生活哲學

人類對財物取得的水準與程度高低，與其生活哲學是崇尚精神主義或物質至上有高度密切關係。崇尚精神主義的人，對於物質需求程度會較低。但是重視物質主義的人，會將物質的重要性看爲至上無比，因此對於財物的取得與擁有也都比較在意，對於財物有較多需求，也較講究對財物的保存與使用。

物質主義者追求財物的種類也較多，人心重視對物質的消費。當社會物質主義興盛時，社會上必然重視對物質的創造、生產與製作。個人常以擁有較多金錢和財物爲追求快樂及晉升社會地位爲標準。當全社會的物質主義高漲時，通常經濟發展的水準也會提升，但道德水準可能墮落。

相反於物質主義者是以精神爲生命世界和人類文化的本體思想爲主張，也以生命世界及人類文化爲精神的表現形態，將精神與物質作有機的結合。持這種主張者，雖然不完全否定物質，卻視精神重於物質。比較持精神主義與物質至上的人，對財物的追求與管理方式與程度有所不同，準則也會很不相同。

(五) 戒除奢侈或提升水準

財物管理另一項準則的對比是，戒除奢侈或提升水準。有人主張戒除奢侈，有人則主張提升享受水準。持這兩種觀念與態度的人，對於財務管理的準則也截然不同。持戒除奢侈者以崇尚簡樸爲重要價值，擁有物質以能維生爲滿足，不求華麗高貴，也不隨便浪費。但是追求高等享受水準者，對於較低品質的物質常無法感到滿足，必須講究高級品。對於價格昂貴物質的消費並不以爲奢侈，而視爲正當必須。

(六) 追求小康或巨富

社會上不在少數的人管理財物的目標都在累積財富。但對於財富應該擁有多少，則有小康與巨富的差別。目標在能達成小康水準者，相對較能容易達成。一般能力中等者，只要努力工作又能勤儉持家，其家境多半能維持小康水準。但是要達成巨富，相對就較爲困難。能成爲巨富的人，多半都要有常人之上的賺錢能力與手段，所指能力是能善於投資及理財，所指手段是能有異於常人的膽量及作爲，包括敢冒險，心狠手辣，不擇手段，或是才智過人，也敢作敢爲。

(七) 安居陋室或豪宅

人對財物的管理包括對住宅的擁有與使用。現代人對於食衣住行方面改變較大的是，對住處的要求較爲講究。有人能安於居住在僅能擋風避雨的陋室裡，但更多人都要求住在價格設施都較爲昂貴的豪宅中。兩種人對金錢的擁有及居住的講究程度都有差異。

(八) 用平價物或明牌貨

人對財物管理的另一面相是使用物品的性質。觀看衆人所使用的物品，依其品質與價格高低約可歸納成兩大類，即平價物或名牌貨。平價物與名牌貨在實質的耐用程度上差別較小，在心理感覺上的差異則較大。使用平價物品者在心裡感覺上都較平實。但是使用名牌貨者，除了也顧及物品的主要功能外，還更在乎社會地位與面子問題，藉名牌貨提高或不損及其身分地位，用以炫耀自我或保護自我。

(九) 愛惜舊物或喜新厭舊

物品用過會變爲老舊。不同的使用者對於老舊物品也會有兩種截然不同的看法與感念，一種是愛惜舊物，對舊物寄以感情與懷念；另一種是不惜舊物，將之捨棄，另結新歡。

對使用過物品愛惜與懷念與否，常與認識或喜愛過的人是否珍惜念舊有異曲同工之妙。兩種不同思維與想法的人，儼然表露出兩種不同的自我管理態度與方法。

(十) 節儉致富或消費生財

人對於財物的管理中也會有兩大不同的分寸，一種是節儉成性，如果其收入不差，也能不難致富。另一種是講究消費，創造財富，但是如果創造不能成功，或績效不佳，則高度消費很容易坐吃山空，傾家蕩產。這兩種不同理財的方法也容易區隔出個人對於財物自我管理的差別準則，可爲學習者借鏡。

六、自我時間管理

(一) 意義與重要性

1. 意義

自我時間管理是指自己管理好自己可利用的時間，使能順利達到目標。

2. 重要性

時間對每一個人是重要的資源，也是重要的限制因素。是資源正如許多人所說，「一寸光陰一寸金，寸金難買寸光陰，」時間比金錢還寶貴。人可以用時間爭取空間，以及換取各種物資或機會。時間也常是一種限制因素，最明顯是當「時不我予」之時，雖有各種資源與機會，但會因缺乏充足時間的侷限，也就事事難展。人生來世間只有短短數十年，一年只有三百六十五天，一天只有二十四小時，都很有限。因爲有限制，也就顯得其特別重要，管理時間也就不可輕視或疏失。

時間管理之重要也因其不加管理就很容易流失。時間隨著日月星球的轉移，在不知覺中就匆匆過去了，不加注意與管理，寶貴與有用的時間都會變成空虛與廢物。人的一生不善做時間管理，把時間虛度了，浪費一輩子，多半也都一事無成，到了老大，徒然傷悲，已經後悔莫及。

(二) 重要原則與方法

前人對於時間管理已研究並發展出若干重要的原則與方法，值得關心者借鏡與參考，如下選擇重要的四套並將之加以介紹與說明。

1. 計畫原則

時間計畫是時間管理的一種很重要原則與方法。透過時間計畫將時間的先後順序排列出利用與活動的事項，作爲個人做事與活動的準則與指引，也當爲工作活動的具體時間表，有這時間計畫表，工作活動就能井然有序，有條不紊。

時間計畫最必要考慮順序與長短，按順序必要排列出先後的程序，按長短的不同分割出短、中、長期等。這些重要的時間計畫給個人作爲實際進行工作與活動的依據。

2. 四象限原則

四象限原則是指就事件的緊急與重要兩項要素構成四個不同的象限，再依此四象限決定行動的先後與緩急。四個象限是：(1)緊急又重要，(2)緊急不重要，(3)不緊急但重要，(4)不緊急也不重要。對於這四種事件的處理時間是，對於緊急又重要的事件立即就做，對緊急不重要的事選擇性來做，對不緊急但重要的事可緩做，對不緊急也不重要的事就不做。

3. 十一條金律

十一條時間要素的金律是Admin從廣泛角度考量時間因素所提出的重要原則，於2010年見在《中外管理》雜誌上發表。將這些金科玉律或原則及其要義扼要列舉並說明如下：

(1) 與自己價值吻合

這是指對時間要素的考慮要配合個人的價值觀，如此配合才能確知時間的緊急與否與重要順序。

(2) 設立明確目標：以最短時間完成最多事項為目標原則。

(3) 改變自己的想法：克服並完成不想做但必須做的事。

(4) 遵守20比80定律：以較高比例的時間用在做較重要的事。

(5) 安排不被干擾的時間：保留一些時間不被干擾，以便能冷靜思考提升效率。

(6) 嚴格規定完成期限：以有限的時間完成規定的工作，以免浪費時間。

(7) 做好時間日誌：詳細記錄做每樣事情的時間，供為檢討改進之用。

(8) 理解時間重於金錢：學習成功者的經驗可助節省許多時間與金錢

(9) 學會列清單：由看到清單而更愛惜時間。

(10) 同一類的事一次做完：可節省時間，提高工作效率。

(11) 以每分每秒最有效率做好事情。

4. GTD（Getting Thing Done）方法

這是取自David Allen所寫的一本書名，其重要的原則是在於個人可由通過記錄的方式，使頭腦可集中精力在正在完成中的事。這種方法共分五小類，也是五個步驟；

(1) 收集：收集有關資料。

(2) 整理：不定時系統化進行。

(3) 組織：包括資料組織與行動組織。

(4) 回顧：回顧與檢討計畫。

(5) 行動：定出時間表並依表進行工作。

(三) 理論演進與啓示

人類歷史上對時間管理的重視由來已久，有關的理論也有明顯的發展與變化。約可分成四個不同的世代，各世代的理論各有其重點，將之列舉並述其要點如下：

1. 第一代，備忘錄型：這一代管理時間的重點是順著時間的演變，追蹤其歷程，隨時可改變時程，這種管理的方式，彈性大，壓力小。

2. 第二代，規劃與準備型：這一代強調由規劃行事曆及日程表。具有達成率高的優點。

3. 第三代，規劃優先順序型：優先順序操之在我，以自我價值爲決定基礎，其優點是自主性高。

4. 第四代，自然法則與羅盤理論效率相對型：此種管理強調產出與產能的平衡性，管理者常要做選擇以達到兩者的平衡。

由上舉四個不同世代理論的內容，可知不同世代時間管理的要點各有不同，與當時的社會環境特性及人性的思考與行爲習慣有關，故都有其必然性與合理性。因爲人類的文化與文明都有其連續性，早前人類對時間管理的概念與理論於今仍有參考的價值。唯因社會不斷在變化，文明不斷在進步，後人對時間管理的觀念與思想也不斷在調整與改變。在人口劇增，競爭性越高的時代，人類對時間的管理多半也越緊湊，管理的條件也越嚴謹。這些概念也爲此一時間管理理論的演進給每一人最重要的啓示與參考之處。

(四) 善用時間成就自我的最終目的

時間管理的最主要目標無非要對時間作更有效的利用，人類力行時間管理的目的也無非在追求效率，使能在有限時間內，達到更高的效率，獲得更多的成就。社會上人人實施自我時間管理，也應以此爲努力目標，以能達此目標爲要務。

由於人各有志，每個人的人生志向各不相同，努力的目標各不相同，利用時間的方式也會有不同，但是為能使時間因素發揮最佳效果，則由利用時間的方式配合自己追求目標的原則卻是相同的。能做好此種配合，所要達到的目標與成就才能最佳。

七、自我情緒與情感管理

凡是生物都有情緒，但人類還有情感。人的情緒與情感反應相當明顯複雜，適度情緒及情感的反應對自己與他人有益無害，但不當的情緒與情感反應則會傷人也傷己。對於不當的情緒或情感必須加以管理與控制，對於有益情緒與情感也必要加以管理控制與表露。如下提出五項重要的情緒與情感的管理要點。

(一) 抑制火爆脾氣

發脾氣是一種很強烈的情緒與情感反應。火爆的脾氣情緒多半都很傷人，有必要加以抑制，不使爆發為宜。人會爆發不好的脾氣常是在非常生氣之時，生氣的原因常是因為他人犯錯，但也極可能因為自己的誤解或偏見。遇此情境，如果不夠冷靜，脾氣常會一發不可收拾，常會破口大罵，以致可能連續發生許多不良的後果。因此最好能夠冷靜，抑制火爆脾氣不使發生，以免導致不良後果。

(二) 減少負面指責他人多給正面鼓勵

人與人之間難免會遇到不如心意與看不順眼的事，遇此情況若不能抑制自己的情緒，常會出口指責別人，甚至破口大罵。別人聽到惡言，心裡不會好受，多半也不會有很和善的回應，由是兩者關係可能變壞，甚至也以惡劣的回報收場。

人在自我管理情緒時，若能改負面指責他人的不是，變爲正面的鼓勵他人，則他人聽了會很感動，必定也會有較正面的反應，結局也會較佳。

(三) 去除惡劣情緒與感覺

人都會有精神低潮情緒惡劣的時候，卻不可使其停留太久，否則會傷心也傷身。控制精神低潮與情緒惡劣的方法與途徑不少，有效者則因人而異。有人可由高歌一曲化解，有人可由找人傾訴而消除，也有人能在安靜之後恢復正常，或由其他動作而轉移與遺忘。不論使用何種方法，都以能儘早去除惡劣情緒與感覺爲重要的管理目標。

(四) 保持歡樂愉悅心情

惡劣情緒的反面是歡樂愉悅的心情，不少理論都能證實人的心情與身體健康有關，歡樂愉悅的心情有助身體健康。人要管理自我情緒與情感，以能保持歡樂愉悅心情爲要事，以便促進健康，減少傷害。

(五) 適度表露關懷的情感

適度關懷他人可使他人獲得溫暖的情感，可能會有善意的回報。人與人能多相互關懷，世間就充滿溫暖與和樂，對於促進人人的幸福與社會的融洽和諧都有正面的作用，值得人人管理自己的情緒與情感的借鏡。

八、自我人格管理

(一) 人格的塑造

人格也稱爲人的性格，是指人心理特徵的總合，且是較爲穩定的心理狀態。人格會影響與決定人的行為，也延伸到人的氣質。每個人的人格可由塑造形成與改變。人會塑造成何種人格則決定兩大方面的因素，一種是環境的影響，另一種是自身的因素。

塑造人格的環境包括個人以外所有能影響人個性習慣的外在條件，重要者包括家庭、朋友、學校師長、同學與社會大眾等。外界環境影響或塑造個人人格的重要方法與途徑有兩種，一種是約束或禁止個人不可做某些事或表現某些行為，例如違反規範與法定的事。另一種是疏導或鼓勵人去做某些事或表現某些行為。被環境疏導或鼓勵的行為或事情，則都是外界許可的，也是其認為有意義有價值的。

可由個人努力塑造人格的重要方法與途徑也有兩要項，一項是先養成、學習或避開某些行為習慣，進而再穩固行為習慣。在培養或學習習慣時要很用心與努力，要避開某些行為習慣時，也要下定決心努力以赴。在穩固習慣時極須要有耐性，須能長久鞭策自己，約束自己與管制自己。人要能塑造出良好的人格，在人格的養成與塑造的過程中必需選定真理當為信守的目標。

(二) 時常反省

自我管理人格很必要經由反省的過程。反省意指回憶檢查自己的思想行為從中發現錯誤並加改正，能改正錯誤才能進步。人難免會有錯誤，但因偏心，很難看清自己的錯誤，唯有能夠反覆省思，才能看清自己人格上的錯誤與缺點，也才能發現自己的優點。反省對改正錯誤的效果正如古人所說「人非聖賢，孰能無過，知錯能改，善莫大焉。」

(三) 改正惡習

人格管理的目的在能健全人格，要能健全人格很必要改正惡習。人都因貪圖方便利益而難免積存許多惡劣習慣，惡習發作時會使人表現惡劣行為，人格上就有了偏差並會變壞。要能管理人格，使其正常端莊，必須改正或消除這些惡習。

改正惡習的最佳方法是如前面所說反省頓悟後改正。也可由接受他人的勸告、抵制或制裁後改正。少年感化院及監獄等是社會與國家的設施與機制，用來懲罰犯法的人，使其能改邪歸正，去惡從善。不少曾經有過惡行的人，經由這些設施與機制懲罰後，終能改善，但也有失敗的情形。

(四) 讀聖賢書學聖賢行

要能管理好自己的人格，讀聖賢書，學聖賢行是很有效的方法與途徑。被稱爲聖賢的人不僅學問好，人格也很端莊，甚值得大家尊敬與效法。有心管理好自己人格的人，認眞讀聖賢書學聖賢行，不會有錯。聖賢之人常將其領悟與感受爲人處世的良好心得登錄在其書籍著述中，也常以行爲表現，供衆人效法與學習，後人從讀其書籍、學其行爲都能獲得眞傳，受其薰陶與影響，造就自己人格的提升與長進。

(五) 愼戒惡念與貪婪

人類因爲外界的引誘或感染，以及內心的醞釀滋長，難免產生許多惡劣的念頭，包括要報復別人，搶人利益，拖人下水，欺侮弱小等。其中貪婪錢財與名位之心更是難免。這些惡念存在心中可能爆發成惡劣行爲，使其人格敗壞破產，因此要能管理好自己的人格，必要將心中的惡念加以戒除。重要的戒除方法與途徑是修心養性。佛、道與基督等各種宗教都在教人修心養性，要能戒除惡念。許多非宗教性的境遇與活動，也都以能使人戒除惡念爲宗旨。有心鍛鍊人格的人，都可接觸、學習與效法。

(六) 不占他人便宜

在人類的日常生活中，不少人都喜歡占他人的便宜，此種性質常成爲人類惡念與行爲。人要自我管理人格必須將此種惡念與行爲清掃出門。

占他人便宜必使他人吃虧，他人心中一定不舒服。雖然有人不會反抗，有人無力反抗，有人反抗無效。但被人占了便宜，心中不舒服，必也難受。人同此心，心同此理，個人要能管理自己不至於占他人便宜，必須要從建立「己所不欲勿施於人」的道德心開始。

(七) 當個有良心的社會人

人都不能離群索居，必須與他人有來往，建立關係，過著社會性的生活。缺乏社會生活會很不方便，甚至生活不下去。要過社會生活必要能夠與人和平共存，也即要在心中存有他人，尊重他人的存在，待人合乎社會規範與禮節，也就是成爲有良心的社會人。缺乏這種人格特性，很可能被他人所排擠，難以在社會中生存，更談不上會有發展。

九、自我品牌的管理

(一) 自我品牌的意義與重要性

品牌是一種品質的稱謂，是一種標記、符號或圖案，給他人深刻的印象與記憶。好的品牌能明顯優於競爭者，與競爭者相比可在社會上或商場上占有優勢。

在當今高度商業化的社會，商品要能有好銷路必須要有獨特的優良品牌。人在這種社會中要能發展並占一席之地，也要將自己管理成像管理商品一樣，有獨特的品牌。

(二) 設定品牌的特徵

人要建立品牌一定要建立良好的品牌，而非不良的品牌，不良的品牌不如無品牌，要建立良好的品牌就需要先設定品牌的特徵。良好商品的特徵常以價廉物美的優勢或用途上的特色，領先滿足消費者的優勢條件。人要建立品牌也可從多方面建立優勢的特徵，較常受到注意與重視的特徵有下列這些。

1. 良好能力

商業性及服務性的人品常由服務他人展現，服務他人的良好品牌以有良好能力最受人重視。有吸引力的政治人物要有造福人民的能力，優良的教師要有教育學生成功的能力，優良的建築師要能設計美好的房子，良好的工人要能做好工作，優良的農民則要能種好田地。良好品牌的特徵與各種職務與角色有密切的關係，不同的職位與角色需要具有的良好品牌各有不同。有時一個職位或一個角色需要具備多種品牌特徵。

2. 講究信用

信用是讓人尊重與信任的重要本錢，有信用的人他人才願意與之往來與互動，良好的個人品牌必需言而有信，給人良好的口碑。

3. 滿足他人需求

品牌屬自己所有，卻常爲他人的需求而設立。他人需求某人品牌是爲能滿足需求，爲其服務。因此要有良好的個人品牌常要能爲他人提供服務或功能，滿足他人的需求。

(三) 表現品牌特質

設定自我品牌特徵以後，接著的重要管理要點是表現品牌特質，也即要將設定的品牌加以實踐落實，使他人能有感覺並受惠，感受品牌特徵的重要。有此表現，良好的個人品牌就能在社會上傳開並矗立不搖。

(四) 推銷自我

為使他人能夠認識與了解自我品牌，個人有必要推銷自我。由實際表現品牌特質是最好的推銷方法。有時為能給他人深刻印象，也適合做某種程度的宣傳廣告。藝人與政客常由爭取在媒體上的曝光率求得提高支持度，畫家常由開畫展提高知名度，音樂家開演奏會，作家辦理新書發表會等，爭取觀眾或讀者，商人拉攏黨政關係為商品做廣告而樹立商譽，餐廳則常於初創時使用試吃或減價方法吸引顧客。但是過度推銷，若缺乏實質，常會漏氣，適度的推銷則能有助品牌的建立與發展。

(五) 成就自我

管理自我品牌的目的，也是最可靠的方法是成就自我。將自我確確實實達到成就，自己可感受與享受成就，別人也能相信並尊重成就，良好的品牌也就順理成章自自然然建立起來，不必再自我宣傳與推銷，別人也會自動為其廣告。所謂一舉成名天下知，由成就而成名是最可靠推銷自我品牌的方法，也是追求自我品牌者所想達成的最終目標。

公正判決

一、判決的定義與本議題的緣起

(一) 判決的定義

判決是一種法律名詞，也是一種法律行爲，是指對審理中法律案件完成定奪。如係刑事案件則判決有無罪及如何懲罰，如係民事案件則判決輸贏。但在非法律的事件也有使用判決一詞的情況，如對比賽性事件或不明眞相事件的決定。

判決一詞與裁定非常接近，都是用來對競爭性或衝突事件輸贏或勝負的判決。但兩者也有差別，判決一般是指法院對實質的訴訟事件所作的決定，裁定則不依法院所作的決定，也不一定是針對訴訟案件，可由行政機關對行政案件作裁定。

(二) 本議題的緣起

筆者決定探討此一議題的緣由有四：1.在日常生活中聽聞許多有關法律事件的判決；2.不公的判定事件也很多，輿論有不少批評；3.法律判決公正與否與社會良心道德有密切的關係；4.個人近日常看「包青天」電視劇，獲得不少心得與啓示。

二、常見判決行爲不公與不良後果

社會生活中衝突與犯罪的事件與形式很多，上法院告訴者爲數不少，都要經過法院的判決。有者判決處罰，有者判決賠償。判決以公平合法爲主要目標，但也常有明顯不公平的情形，嚴重不公的判決導致巨大且深遠的不良影響，頗有動搖國本之失，給人不良的觀感。

容易判決不公的型態主要是誤判，會有太輕，與太重的不同錯誤。將有罪判決無罪，或無罪判決有罪，都是根本不該發生的判決，也都不公平。重罪得輕罰者會心喜，但輕罪被判重罰或冤枉被判有罪者，都會心有不甘，會覺得有失人權。社會上的一般人對於誤判會覺得不公平，心中會有憤怒與怨氣，嚴重者造成民衆對司法不信任，甚至演變成不守法，也不信任與支持政府。

三、判決不公的原因

法律事件的判決，都由法院的法官執行，不公判決的原因有可能出自法官個人的行爲，也有可能出自法院或司法界，甚至是政治體系的結構性因素形成。就分成個別性與結構性的兩類原因分析說明如下：

(一) 個別原因

這是指個別法官的誤判，有可能是無心與有意的兩種不同原因，無心的誤判可能受錯誤的證據或判例導致而成，有錯並非其本意。有意的錯誤判決則有多種原因造成，私情或私心、受賄、人情或政治壓力、受威脅、同情或特殊異想等。其中以私情及受賄最爲可能，也最嚴重。

法官若遇到要爲親人與友人定罪，內心的私情與公正難免會有矛盾與衝突，形成天人交戰，難以抉擇，以致會有錯判或誤判，造成遺憾。接受賄賂則會喪失良心，「有錢判生，無錢判死」。

(二) 結構因素

法官在職務關係的結構上是整個法院、司法界、政治界的一環，故在判決時受到法院、司法界乃至政治界所給的指示與壓力，以至無法獨立審判。這種案例與事件常有所聞與所見，也常會發生官官相護，形成結構影響，敗壞法官判決的公正性，喪失了司法的尊嚴與及價值，甚至會動搖國本，危及社會與國家的安全與安定。

足以影響法官判決的結構性力量，往往是來自權力上層對下層法官施壓、引誘、溫情，或其他結構考量，致使有些法官放棄或喪失志節良心，作不公平的判決。向來臺灣社會上流傳法院是國民黨開的，執法人員普遍偏藍，「有事辦綠，不辦藍」。這種傳言雖也有不正確的情況，但反映了人民百姓對司法結構與體系執法不公的不滿觀感。

四、公正判決的功能

公正的判決是可貴的社會公器，可從消極及積極兩方面的功能加以說明：

(一) 消極的功能

公平判決就消極方面的功用看，可防止許多不良的變化與後果：包括可防止人民喪失對是非與善惡的正確觀念與判斷，防止社會失去是非標準，減少人民不公與不義的行爲。

(二) 積極的功用

公平正義的正面功用不少：包括可導正社會風氣與秩序，鞏固社會道德規範，振奮人心士氣，維持社會治安與和平，促進社會進化。

五、公正判決者的人格特質

執掌判決的法官雖都受過基本的訓練，但實際的情操參差不齊，有人較能公正判決，有人則較不行。公正的差別性受其人格特質的影響甚大。較能公平判決的人格特質有多項，可追溯到下列這些重要者：

(一) 較有良心與道德

刻意判決不公常是鐵了心使壞，如受賄護短，也不顧道德名譽。但能公平判決者，則都是較有良心道德，依良心尺度作為判決的根據，所作的判決也都較能公平公正。

(二) 較勇敢

不少不能公平的判決常是因執法者不夠勇敢，屈服在強權的上級或外界的壓力之下，或害怕遭到報復或不良報應，而不敢對重刑犯作應有的嚴厲判決者。相反地，勇敢的判決者不害怕任何危險，只問正當與否，再嚴厲的判決都敢做。

(三) 較有抗壓能力

不少不公平的錯誤判決都因判決的法官抗壓性低。抗壓性強的法官可拒絕不當的任何要求或關說，不作不公平不適當的判決。抗壓能力有得自天生，但後天的培養與訓練更重要。要有抗壓能力，培養自信心很重要，自信心有無與專業能力及聲望地位息息相關。不少官場上唯唯諾諾抗壓性低的官員，包括被任命的政務判官，都因為自己的聲望與信心不足，以致聽命於人，就會有不公平不光明的判決。

(四) 較能眞正愛護人民與社稷

能公平判決的人也都是較能愛護人民與社稷之人，能有愛人民與社稷之心，才能秉公無私，建立公平原則，不為私利與少數人利益所動，而能為最多數人的福祉與利益著想。其判決也才能大公無私，光明磊落。

六、歷史上包青天的公正判決典範

在中國歷史上最有公正判決能力與操守的高官，當算北宋的包青天。其官職多且高，但以任開封府尹最爲人知。其爲人公正廉明，明察秋毫，鐵面無私，也勇敢過人，判決犯案不顧人情，也不管皇親國戚的權勢。有罪定罪，無罪放人，不受人情包圍，也不怕權勢威脅，故能受人民信任與敬重。人民有冤無不寄望包青天爲其平反相救，包公的判決也都不讓人失望。

七、提升公平判決的方法

公平判決是公平社會的基本要項，也是法治社會的基本要素，法律事件判決不公，法治制度無法施展，或施展無效，則法治社會蕩然無存，因此法治國家的人民與政府無不都以判決公平爲期望目標。但如何達成此一目標，則也不很容易。視造成判決不公的原因，有個人因素與結構因素兩大方面，提升公平判決的方法也須從此兩大方面著手：

(一) 個別改進的方法

法律判決是法官個人的工作行爲，此種行爲能否公平公正，由法官個人的態度行爲決定。法官要能公平判決，必須先有公平公正之心，再能將之表現在實際判決的工作行爲上。法官要能達到此一水準與境界，心理修養與知識能力都要足夠。心理修養上要能廉明無私，智能上要能明察秋毫，人格上要能養成有良心道德、勇敢，有抗壓能力，愛護人民與社稷等，這些修養與智能都要經修心養性努力鍛鍊達成。

(二) 結構改進的方法

這方面的改進著重在幾大方面：1.改進司法機關的組織，清理不當的角色，使其消滅或改進；2.改革不當的制度與風氣，使能朝向公平公正準則運作；3.健全領導及監督功能，使司法機關與體系的上下都能一致表現清廉公正。此一方法尤其最需要領導人以身作則，作好示範。

言論服衆

一、言論是社會生活與政治生活的重要一環

言論是個人以口頭或書寫的語言呈現自己意見與想法的表達方式，具有自由表達的重要特性。但在許多國家與社會通常會受到不同程度的限制，普遍禁止惡意中傷、猥褻、威脅傷人、煽動仇恨、侵犯版權等的不當言論。以言論表達意見與想法時，也需要顧及適當的時間、地點及禮儀。

言論是語言的化身，是有較高程度結構與較深邃意涵的語言，也是人類社會生活的重要一環。人人每日都會表達一些言論，但較重要的言論都是要與多數人大衆傳達與溝通者。言論在社會生活上非常重要，基本原因出自人會說話，人也要說話，這是天賦的人權。人生活在社會上必須要與他人來往，也必須與人對話與溝通，了解彼此的用意，才能做有意義的互動與往來，達到自己所需要的目的。社會上多半的人都喜歡享受自由，也愛發表言論，但言論有好有壞，好言論使人激賞，壞言論則令人不齒。言論的好壞也很難評斷，但好言論多半都能使人信服。

當今民主政治國家，政治性的言論十分自由開放，言談與聽聞政論也增添人民生活的內容與情趣。臺灣自由開放的政治性言論充斥報紙與電視，社會上培養出許多政論家或政論名嘴，讀者與觀衆常用上許多時間在接受政治言論上，成爲其日常生活的重要部分。政治人物更不忽視這些言論，由關注這些言論而調整其政治態度與行爲者有之，但也有人仍我行我素，不加理會。

二、言論自由導致胡言亂語

在民主政治的國家與社會，特別強調言論的自由，人人有自由發言的權利，表達心中的看法與想法，使政治的獨裁者明白不能操弄與控制人民的權利，藉此維持自由民主的政治制度，人人才能過有自由的社會生活。

言論自由是民主的基本原則，但也容易導致有人胡言亂語。這是指沒有根據，不符實際的瞎說。世界上最容易胡言亂語的人有三種：第一種是失智的老人，第二種是精神分裂的病人，第三種是缺乏誠信人格偏差者。任何人胡言亂語都不足以使人信服，胡言亂語中有者是妖言，不但不能服人，還會惑衆。

三、服衆言論的重要準則

社會上的人很多，言語很龐雜，許多人發表言論都以能服衆爲重要目標，但服衆言語的準則很難訂定，唯自古以來也有若干跡象可循，我將較重要的準則追溯並列舉如下：

(一) 有理的準則

自古以來社會上最多數的人所相信的服衆言語應是「言之有理」一項，有理的言論可使人相信與激賞；不講道理的言論則難令人接受。但是否所言有理，則也會因人而有不同感受，原因在所偏好與堅持的理念各有不同，因此最終僅有能放諸四海都皆準的公理，才能受較多數人信服，或被較少數人排斥與反對。通常合乎這種準則的言論，也都是較持平者。但此一公理在複雜的社會與國家則甚難求。

(二) 眞確準則

言語要眞實，論述要正確才可取，也才能眞正令人信服。不眞之言論是謊言或虛言，強要人相信是欺騙或壓迫，被騙或被壓迫之後一定會氣憤且不滿意。不正確論述變成歪論或謬論，所論之理變成歪理，甚至含有邪惡，既使可令人相信一時，卻不能長期或永遠信服。

眞確的言論要有事實根據的，所言所論都很恰當，不言過其實，不偏離事實，聽其言語讀其論述，都有如觀其實情實物之感，也就較能相信，相信了也是應該。

(三) 言之有物的準則

能使衆人信服的言論，也必須合乎言之有物的準則。有物包括實質之物，也包括象徵眞實且有豐富內容之意。缺乏內容而只有美麗堂皇的言詞，是空虛的，缺乏份量，只是口水，難以令人信服。言之有物之論，擲地有聲，長久不滅。有物之論，則常要經過用心的蒐集消化，並準確表達。

(四) 扣人心弦的準則

言論是給他人看與聽的，要能服衆的言論則必要能扣人心弦，使多數人聽看之後心有戚戚焉。於是發言者就必要能知衆人之所欲與所惡，能言他人之所欲，而不言他人之所惡。能與他人同調，就能感動他人之心，折服他人。唯在猜測與捉拿他人的感受時，要能出自眞誠的同理心，不能假裝遷就他人，表面上與他人同調，內心卻與他人相反，甚至作對，否則就有失虛情假意，欺騙他人，所言也就難能服衆。

(五) 有技巧的準則

可令人信服言論也必要具備技巧的準則。良好言論的技巧很多，但可信言論的重要技巧則有誠懇的、透明的、清晰的、有邏輯、有條理、無瑕疵、有力量。具備這些技巧不是爲吸引人注意與興趣於一時，而是爲能長期令人投入、專注、了解與信服。

四、有辯才言論服衆的眞假性質

常見有辯才無礙的名嘴、律師、政客、黨工、術士、演員或神棍，都很能吸引聽衆與觀衆，看其表演與辯論，而信以爲眞。受其影響，追隨其志，成爲其信徒。但也常見其過分其詞、矯柔造作、強詞奪理、盛氣凌人、虛情假意，而終究被識破不夠眞實，不夠誠懇，而僅能當成娛樂及遊戲看待，不能也不應長期受其征服，或對其信任。

五、分裂群衆與言論極化相互影響

今天在臺灣的人，在政治態度上常走極端，分裂成不同的群體，對於眞假是非的看法與判斷都截然不同，形成極端化。群衆在政治態度上非藍即綠、非統即獨，造成政治言論也兩極化，無絕對的正與錯或是與非。受統一陣營群體最愛的政論往往被獨立陣營最痛也最恨，反之也然。不同立場與態度的政論家或名嘴，其言論最多都僅能受同立場與同陣營的觀衆或聽衆所信服。

臺灣政論內容的兩極化也助長群衆政治態度與立場的分歧，這背後的眞正原因還有更源頭的複雜政治背景，長期以來一中一臺的對立，住民有本省與外省的區分，是重要的歧異源頭。到近來表現政治選舉投票的政治態度上，有傾向趨於中間的現象，但長期累積的分歧不易很快消除與融合。群衆不和，政治言論的是與非，正與錯的標準也難一致，要使民衆信服的政論，也還難有一定的準則。

六、中立言論缺乏服衆魅力

當今之政治言論，中立者雖然具有一定的可信度，但仍缺乏服衆的魅力。中立言論可能缺乏魅力與公信力，有幾個原因造成：（一）極端政治立場與喜好的人數的總和遠高於立場中立者；（二）中立的政論缺乏鮮明的立場與主張，本來為能不得罪左右兩極的言論，結果兩邊不討好；（三）中立者含有和事佬的味道，卻也有鄉愿的缺點；（四）政治團體中上缺乏有力的中道集團，也未能對中立的政論支持與贊助，阻礙此種言論的發展。

近年來不少選民與國民有逐漸厭惡極端，修正成中道的趨勢，但尚未能完全取代兩極化的程度。未來如果中立者變為多數，或兩極中的一極消滅，社會結構若有大調整，政治見解的分化會變小，則中立與中道就有可能使最多數人信服的言論準則。

七、不存心服眾言論的可能性

許多言論都以能服眾為重要目標，但是也有不少言論並不以能服眾為主要目的。這類言論存在廣泛的領域內，包括政治的、宗教的、科學的，社會的、經濟的、教育的與藝術的等。立論者所以不存心服眾有多種想法或客觀條件：（一）言論新奇，尚未能使多數人了解與欣賞；（二）立論者選邊靠攏，不以說服整體為目標；（三）社會大眾價值標準嚴重分歧，阻礙立論者建立可說服整體的言論，因而放棄；（四）言論標新立異，目的不在服眾，而是在提高知名度；（五）有些特殊言論以能秘密達成少量的特殊目的為足，不便透明公開，必然也未能服眾。

不存心服眾的言論雖然也有人在建立，其價值性也低。不以服眾則所出之言，通常也較少有可取之處。但在自由民主的社會，言論隨人之興趣所在，不論能否服眾，都有人要說，有人要寫。

八、個人選擇服衆言論的特殊風格

不同的言論風格不同，言論成爲其風格或人格的一部分，也因每人出言說話都有其個人接受社會化的不同歷程與背景。有意識的人出口下筆的言論，都經過其感覺與思想，故也須對其言論負責。觀察不同的人爲能建立服衆的言論，在風格上會有不一樣之處。言論風格的類型很多，僅選擇少數幾項，論述其重要的性質及效果如下：

(一) 批判性

不少公開性的言論都具有批判性，尤其是政治性或辯護性的言論都有高度的批判性。原因是面對攻擊的目標，要專找對方的缺點與漏洞，致對方於死地，求己方的優勢或勝利。

批判性的言論通常都很嚴厲無情，也較負面，以能打倒對方爲目的。因此都可使親者快，仇者痛。被批判的人都會很不好受，會想辦法報復。常會因此引發雙方不休止的爭端。但是批判也常是改正與進步的動力，有過錯與失敗可經他人的批判而覺醒，也因此可獲得改進。批判的重要價值即在於此。

(二) 廣告性

這是與批判性的言論很不一樣的一種，這種言論專說自己的優點與好處，像在作商品廣告一般。在商業化與競爭性高的社會，這種性質的言論常會出現，多少可達到推銷自我的效果。由於此類言論太過於吹噓自己，很容易被人看穿，也易令人厭倦。

(三) 激勵性

此類言論是以激勵聽衆或讀者爲主要目的，言論的內容都較正面鼓勵性，少有批評與責罵。為能有效激勵，言論的內容常附有許多實際例證與故事，使聽者與讀者相信，而後感動並力行。激勵性的言論正面的效果較多，少有負面的影響。最多激勵性的言論都是教人或勸人修心養性或努力進取之類。

(四) 幽默性

幽默是一種美好的德性與藝術，有幽默感的言論可使聽者與讀者獲得許多好處，可以減輕壓力，也可使痛苦變為輕鬆，戰勝憂慮與恐懼，增加快樂與歡笑，與談話者及四周的人改善關係增進交流。幽默的言論可使立論的本意獲得意想不到的好處。

(五) 柔軟性

有些言論性質很柔軟，輕聲細語，風花雪月，溫情十足。這類言論在文學上出現較多，目的在傳達感情。有時勸說性的溝通言語，也要柔軟，使聽者能冷靜與感動，容易接受勸導。

(六) 淡化性

淡化性的言論的主要性質是將大事化小，小事化無，減少不必要的爭端與麻煩。淡化性的言論常見之於和解或表示善意的情境，也有刻意用淡化的言論來減輕應負的責任者，若為後者，則淡化的言論就存有居心不良的意圖，有可能難被關係人的一方所接受。

九、以符合道德良心的言論服衆

言論是人類很重要的行為，也是很複雜的行為，此種行為也關係社會道德良心。有道理、有節制的言論常是較能符合社會良心，無道理、無節制的言論則常有違社會良心。一般符合道德良心的言論都較能令人信服，缺乏道德良心的言論則較難令人信服。多數的人發表或建立言論都以能服衆爲樂事與目的，要達到此種快樂與目的，發言立論就不可太隨便，以能符合社會良心爲準則。

老人照護教育計畫

一、本文的緣起

我會撰寫本文由幾個因素湊成：第一，這是合乎本書名的一個題目，照護老人符合社會良心的概念；第二，這是當前我們社會迫切需要改進的一種行動，因爲老人多，照護專人的需求量也大，但實際上照護工作卻經常不很面面俱到，需要多作改進；第三，一位在社會服務性基金會策劃工作業務的友人來電問我如何推動此種教育，爲能回應友人的問題，也爲能改善整體老人照護的工作，使我更覺得必要用點心思對此問題說、寫一些看法。

依據我國勞動部統計的資料，在2014年12月底全臺灣外來的社福勞工共有220,011人，看護工217,857人（99.02%），家庭幫傭2,153人（0.98%）。其中男性1,774人（0.81%），女性218,237人（99.19%）。外籍社福勞工的國籍別以印尼最多，共有174,584人（79.35%），再依次是菲律賓24,784人（11.26%），越南19,974人（9.07%），泰國666人（0.3%），其他3人（0%）。從上列的資料可知外籍看護及家庭幫傭人數不少，以女性居多，前來的國家主要是東南亞的印尼、菲律賓、越南及泰國。外籍勞工來臺的主要目的是要賺錢，其教育程度參差不齊，人格個性也難保證良好劃一，對於照護的對象難以保證都妥善細心；粗魯暴虐的情況時有所聞，對雇主家庭不很忠實，會有危險與威脅者也有可能。對於一些不很稱職者，加以教育訓練，使能改善工作服務品質，實有迫切的必要性。

二、老人照護教育的意義與目標

老人照護教育是指對照護老人工作者的教育。以外籍社福勞工中未能盡好職責與服務功能者，或遭遇悲慘不公對待者爲主要教育對象。教育的意義在使其更能具有充分與適當的工作態度與能力，保障其安全與福利，使工作者能有較佳的工作能力與服務效果，使雇主更加滿意，勞工本身也能較爲稱職而感到更加快樂。並且也有足夠能力保障自己權益，改善雇工與雇主雙方的互動關係，提升社會的融洽程度。

三、教育的必要性

爲能達成上列的教育目標，對外籍社福勞工的教育可分一般性與專職性兩種。前者是指對本地語言、風俗、規範、法律的及自己基本權責知識的了解，後者是指對照護老人及病人等的專門知識與技能。外籍社福勞工在這兩方面必要再教育，因有幾項前提問題存在：（一）未能認識與瞭解自己的處境；（二）未能有充分的知識與技能；（三）曾有因相關知識與技能不足而未能盡好服務本份與功能者；（四）曾見有粗暴或虐待的不當照護行爲；（五）有被照護者受到傷害的事件發生；（六）不稱職的外勞有被懲罰、遣散或辭職等不良後果；（七）曾因不了解自己基本權益與職責而有被虐待不公平待遇或不安分不守規矩行爲。爲能改善這些不良的情況，教育是有效的方法與途徑。

四、教育機關的結構

對社福外勞的教育是一種社會服務性的工作，不是以營利爲目的，故教育機關的主體是社會福利服務機構，政府也應贊助並參與其事。由政府教育外勞的專責機構設立不易，也可能贈加負擔與受限制，由民間社會福利服務機關設置會較爲合適稱職。社會服務機關爲能有效且節約設立及辦理此種教育訓練事業，可以不必另起爐灶，只在現有的組織架構下增設一分支部門，或以原有的組織部門兼辦此種業務即可。

兼辦社福外勞教育的社會福利與服務工作機關在組織規模不便擴充的情

況下，教職工作人員可用臨時性外聘為主要來源。重要的教育內容與工作者將於下面兩節作較詳細說明。

五、教育內容

針對為達成上列的教育工作目標，及解除或減輕上列造成教育必要性的原因，教育工作內容需朝多元性的規劃與設計，重要的類別約可分成下列諸項：

(一) 外勞基本權責及國情認識教育

此類教育在外勞出國前可能已有接受，但都很不足，必要再加強。基本權責包括起居生活及工作概要，及法律保障的權利與應遵守的法律責任等。國情認識教育主要是有關對本地生活文化的解說。

(二) 語言教育

此種教育相當艱鉅，基本上應由政府主辦，社福與服務協辦。以使受教外勞能說、聽，便利與雇主溝通為主要目標。

(三) 工作態度與技能教育

教育外勞應有的工作態度，包括用心、負責、和氣、努力的基本態度。工作技能則主要針對服務對象的特性及問題而分別注重及強調，例如針對行動不便的老人助其行走或以輪椅代步；對於失智的老人則注意預防其走失以及幫其處理膳食、沐浴、個人衛生等動作；對於疾病老人則應特別關照其服藥的行動與習慣。作這些技能性教育訓練時，必要特別注意使外勞能做完善的行動，不能只知而不行，或行而不實。

六、教育工作者

新設立或現存兼辦社福外勞教育的機構在參與教育工作時，必要選擇適當的教育者，這些適當的教育工作人員可能在機構中或在機構外。他們最可能是專職的社會工作者、護理師或專家學者。教育機構聘請他們可能要付費，因此要自籌費用，或對外申請補助。較可能贊助外勞教育費用的機關是較有規模的基金會，或政府的勞動部及教育部。當教育機構要對外申請經費補助時，必須要呈現足可令人信服的計畫書。

七、教育方法

外勞的教育工作因語言溝通上較有問題與困難，教育方法上最先要注意克服這種困難問題，可就外勞語言能力不同分批施教，必要時須要使用翻譯。適當教育地點的選擇也極重要，以能就近外勞工作地點施教較爲合適。合適教育資料及器材的使用也是要注意的重要方法。

八、教育過程可能遭遇的困難與克服

外勞教育或訓練是一種不很簡單的工作，困難與阻力很多，必要能一一克服，才能有成效。將重要的困難列舉及說明如下，供有心辦理這種教育的機構先有準備。

(一) 雇主不願合作

雇主聘僱外勞是爲能幫忙照護老人、病人及家務，調用外勞接受教育訓練會影響其工作時間，也擔心接受教育後會因更清楚自己的權益而有反效果，反而不能安心安份工作。

(二) 外勞的意願也低

外勞受教育訓練雖有長期性的利益，但在短期間可能影響工作賺錢或休假，不會有太高意願。外勞也擔心參加教育訓練會使雇主不悅，傷害主雇關係的和諧。

(三) 有些需要接受教育訓練的社福外勞因訊息缺乏，或住處與工作地點偏遠孤立，而未能參加。

(四) 夠資格的講師難請

學有專長的講師可能因爲擔心語言上溝通困難、報酬不宜，或個人不便等因素而缺乏參與教學的興趣。

九、教育成效預估與展望

本教育計畫的宗旨與目標若能落實，必可改善社福外勞的工作能力與品質，對於所服務的老人或病人應有實質的好處，外勞的成就與感受也能提升與改進。但此計畫要能落實並獲有良好成績，要由多方面對此計畫的價值與效能有共識，包括熱心的社福與社工機構、政府、社會人士、外勞雇主及外勞本身，都能支持與認眞響應。

由於我國在近期的未來人口老化的速度還會加快，對於外籍看護與幫傭的需求還會有增無減，因此對於社福外勞的服務工作效能與品質水準提升的需求也都有增無減。經由對外勞適當的教育訓練將是可提升與改善其服務工作效能的方法與途經，值得全國上下一致的響應與支持。

爲天地立心

一、名言的由來

這句名言出自北宋張載（字子厚，又稱横渠先生）的「爲天地立心，爲生民立命，爲往聖繼絕學，爲萬世開太平。」一語。張載精通天文、易學、儒學、農學、軍事、政治等學問，從這四句名言可以看出。他用此語勉勵讀書人，當爲人生哲學與抱負。他道此名言是在回答「讀聖賢書所爲何事？」的問題。

二、何爲立天地之心

對於爲天地立心是何意思，古今曾有不少人爲文解讀，明朝歸有光（震川先生）曰：「人之於天，其精氣相感捷若影響，況人生爲天地立心，一念之善喜見於天，而和氣應之，一念之惡，譴見於天，而沴氣應之。」這話的重點在說人爲天地立心是爲了能夠上下通達中，成就上天所賦予的仁愛之心。

作家東海一梟（余樟法）對此語的解讀是：『張載強調「盡心」，認爲人本無心，因物爲（而有）心，要深入瞭解宇宙萬物，就要超越感官局限，擴展思維範圍，同時「體天下之物」、「視天下無一物非我」，把宇宙萬物看作與自己息息相通的整體，自己看成宇宙的一個必要部份，我稱之爲宇宙心靈化和心靈宇宙化，人與天地萬物融爲一體。這種境界，也就是馮友蘭先生所說人生四境界中的天地境界。』

東海大學蔡仁厚教授的解釋是：「天地本無心，但天地生生不息，生化萬物，是即天地的心意。所以程明道說：「天地無心，以生物爲心。」又說：「天地無心而成化。」因爲天地生化萬物，只是生生之德的自然流行，並非有意生出這樣一個大千世界。所以是「無心」而「成化」。無心而有心（以生物爲心），這是人對天地生生之德的親切理會，通過人的理會指點，天地生化萬物的心便顯（成）立了。」

參考古今學者對於「爲天地立心」一語的詮釋，不認爲天地有心者居多，爲天地也是爲天下要立的是人心，而人心中也唯有善良之心才値得樹立。於是也有人指爲天立心是要爲人建立天理與道德良心，要爲「社會建立一套以『仁』、『孝』等道德倫理爲核心的精神價値系統。」

綜合張載四句名言的含義是要「爲天地萬物立定正道品行，爲天下百姓立定精神的寄託，爲過去聖賢人士傳承學問道理，爲後世子孫開啓安寧和平的時代。」說這四句話的目的是給讀書人作爲典範的目標。

三、爲何要爲天地立心

以今日社會情況觀察，聖賢之人要爲天地樹立善良之心，應有兩個重要理由：

(一) 社會上善良之心不足

今日社會的經濟發展水準較前大有進步，社會道德良心的水準卻大不如前。主要是物質欲望綁架善良的人心。商人一生只想賺大錢，爲能賺大錢，常會不擇手段、裝假、用騙，使交易夥伴或消費者受害。一些政府官員，沒能好好爲民服務，造福人民，搬弄權勢，想升官發財。讀書人一心一意想好職位，謀利益。連最神聖的一些宗教界與教育界人士，也都當企業般朝向營利目標經營。人人想發財致富，道德良心卻不多見了，爲使社會能維持和平進步，則維護人類善良之心，是非常必要之事。

(二) 努力建樹可使善良人心普及社會

社會上努力建樹道德良心之人，包括身體力行者，以及教育他人者。有這些人的建樹，道德良心的觀念與思想行爲定能推廣，並能普及社會。當社會建立並普及道德良心時，社會便不偷、不搶、不欺、不詐，可夜不閉戶，路不拾遺。幼有所長，壯有所用，老有所養，人人快樂，社會平安。

四、誰來爲天地立心

人的善良之心會因不用心經營而墮落，但也能因用心經營而起死回生。社會上願意，又有能力推動與經營者，都是聖賢之人，包括各種正經行業又能堅守職務者，都可展現啓示範作用。一些老和尚、老學究、老牧師、老少教師、社會運動家、揭發弊端的作家、名嘴，以及公正的治安人員或判官等，其職務尤其與恢復或提升道德良心的推動有密切的關係。社會上善良人心的恢復與發展，也亟待這些有心的聖賢之人士共同努力。

五、如何爲天地立心

社會良心的建樹與普及可經由示範、訓練與教育等三種方法行之。

(一) 示範

示範可從日常生活或職務上的表現，也可由刻意營造而提供示範。就前者言，有良心之人在日常生活及在職務上的表現都有良心，都合乎道德標準，能爲他人敬重，都可當爲他人行爲的模範。德行特別高的人，值得特別褒揚。經過褒揚，就更能廣爲人知，能影響他人，供他人楷模示範的功能會更不尋常的大。

(二) 訓練

訓練包含兩種不同的對象，一種是本人，另一種是他人。人要有道德良心可由訓練獲得。人天生的本性有善與惡，要能棄惡揚善，必須經過訓練。自我訓練也即是自修，可由學習或自悟得來。學習則要經由他人教導，教導他人也是在訓練他人。三人行則必有我師，訓練的師資隨時在身邊，但優良的訓練師則要經過選擇。有道德良心又知教導方法與技巧的人，是可勝任優良訓練師的人。

(三) 教育

教育與訓練常相提並論，但有差別，主要的差別是教育的目標範圍更廣，程度更深，方法也更多。訓練的目標在知道怎麼做或如何做，教育的目標則更進一步到知道爲什麼這樣做，能熟練地做，並能精通與創新。在方法上，訓練常用辦理短期的講習，使受訓者能很快知道怎麼做。教育則較長期性，且要經過修課、聽講、閱讀、討論、實習、考試、比賽等較複雜的方法與較完整的過程。當前世界各國各層級教育的標準時程是小學六年，初中三年，高中三年，大學四年，碩士兩年，博士三到四年。經過這長時的歷程，算是完成較完整的教育。道德良心的教育歷程也隨專業教育的歷程而進行。

六、張載四句名言的關聯性

張載的「爲天地立心」一句名言之後還有三句是「爲生民立命，爲往聖繼絕學，爲萬世開太平。」四句名言可獨立看，都甚重要。也可看成有密切關聯性，且可以任何一句當爲核心，其他三句當爲附屬。從相關的角度看，可將頭一句當爲目標，後三句話當爲方法，或頭一句當爲方法，後三句話當爲目標。於此我選擇以頭一句當爲核心，其他三句當爲附屬，且將頭一句當爲方法，或可以由此方法來達成後三句目標，這樣看最能顯出頭一句話的重要性，因爲天地最大，也以爲天地立心爲自變數，最能看出其功能與重要性。就這種看法略述已見如下：

(一) 由爲天地立心而實現爲生民立命

1. 爲生民立命的意義

生民是指有生命之人，立命是要使其能生存，能掌握自己的命運，要達成的命運是平順的命運，不是坎坷的命運。平順的命運要自己能掌握，自己不能沒把握，要給個人有良好的生活條件與環境。

2. 由爲天地立心達成爲生民立命的道理

人民要有好命運，能過好的生活，需要自己有良好能力，社會也能提供良好的環境。兩種條件都要經由社會上有良心的人准許與培養。社會不能或不許給人民有充分培養與教育的環境，個人就很難獲得自立生活的能力。不能給人民良好的生活環境與條件，個人也難由努力達成。

社會上掌握決策權力與資源的人要有良心，爲增強人民生活能力及改善生活的環境與條件著想。建立良好的教育環境及良好的社會經濟制度與政策，提供良好的教育及社會經濟生活條件，才能使人民安身立命，過美好的生活。社會上人人能有天理與道德良心，就不會擾亂與威脅到他人，使人人都能過著平順的生活。

(二) 由爲天地立心而實現爲往聖繼絕學

1. 爲往聖繼絕學的意義

往聖是指過去的聖賢之人，繼絕學是傳承與發揚其偉大的思想理論或學問，不使其中斷，而能發揚光大。

2. 由爲天地立心達成爲往聖繼絕學的道理

過去聖賢的學問要傳承延續必須要有心思與能力之人，這些人可能是教育家、理論家、傳道者、著述作家、出版家等。他們對傳承與發揚學問最有心，也最有能力，且能實地努力工作，不使學問中斷。

當今有兩種人所做的兩種事對於爲往聖繼絕學會有障礙。一種是由政治獨裁者所領導與統治的獨裁政治，會用毒辣的手段殘害正直忠良的思想與言論；另一種是骯髒的文藝工作者，會在網路、電視、電影、書刊等媒體上製作與傳播有違聖賢思惟與理論的邪氣歪風，殘害幼小觀衆與讀者的心靈，使其拒聖賢絕學於心門之外。要去除這兩種阻礙，都有必要由獨裁者與邪惡文藝工作者洗清自己的良心，建立新的思維做起，也有待社會上有心之士的起義與改革。

(三) 由爲天地立心而實現爲萬世開太平

1. 爲萬世開太平的意義

萬世是指長遠的時間，開太平是要開啓太平盛世，過著有秩序與和平的社會與政治生活。以今日的邏輯與觀點看，要能達成這種境界，必須實行民主政治。

2. 由爲天地立心達成爲萬世開太平的道理

社會國家要能太平，有多種作法，但最根本，也是最重要者是從良心做起。執政者要有良心，決心使人民過太平盛世的生活。人民也要有良心，遵守規則，不擾亂秩序。執政者的良心可展現在民主的修養與風度上，容忍異己，虛心求進，努力政務，造福人民。人民要遵守法律與秩序，盡本分，努力工作，求自己過好生活，也爲他人盡服務的功能。全國上下一心，爲國爲民，則天下太平。

爲生民立命

一、定義

此語與「爲天地立心」同是出自宋代理學家張載，明代洪應明著的《菜根談》一書中也曾重提此語，其旨意是爲黎民百姓建立生活的法則。繼而說明可由不蒙蔽良心，不斷絕情義，不浪費物力，就能同時在天地間樹立良好的心性，爲黎民百姓建立生活法則，並爲子孫後代創造長久的福祉。這種解釋將生活法則的建立說成較爲簡單扼要，但在今日較複雜的人類社會生活，要將此語重新闡釋，則有必要多加補充與深究之處。

二、多樣與根本的生活法則

今日人類的生活內容多樣複雜，要能有效建立良好生活的法則也相當複雜。本文嘗試將生活內容先大致歸類成四大項，再就建立每一大項生活的法則列舉一些重要者加以分析說明，目的希望有助人類生活的改善，也有助社會良心的發揚。

三、建立物質生活法則

(一) 物質爲生活的重心

物質生活是每人生活所必須，是每日生活的重心。缺乏物質的生活，很難健康，甚至不易活命。每人每日都需有茶、米、油、鹽、衣物、住房與交通的基本物質。因此多半的人都先能充實這些物質生活爲要務。自古以來，沒有麵包很難有愛情。世界上的窮人一生當中多半的時間與精力都在物質生活上打滾，爲能獲得基本生活的物質而賣命。

(二) 豐富的法則

物質生活的理想標準是能充實豐富，食物要能營養衛生，衣服要能禦寒、端莊與美麗，住屋要能安全舒適，行要能便捷安全。這樣的標準要先能有良好的收入條件，因此人要能有良好豐富的物質生活，也必先要先能有良好的工作與收入。有些好命的人，生來就繼承家庭的遺產，不必工作就能不愁衣食，這是例外，絕不是典型。

(三) 發展經濟的法則

個人要能有豐富的物質生活，主要須能認眞工作，社會上多數的人要能有豐富的物質生活，則有賴國家經濟的發展。經濟發展則要有良好的資源及技術條件，一半靠天然的條件，一半靠政府與人民共同努力的條件，才能有效達成。有些貧窮國家，資源缺乏，政府及人民也懶惰，物質生活條件就豐富不起來。

(四) 愛惜資源的法則

任何天然資源都有限量，會因爲耗用而減少或枯竭。人類爲使物質生活能長遠豐富不缺，對於有限資源必須加以愛惜與維護，不使過度開發利用或浪費。臺灣雖然有豐富的雨水，卻缺乏廣闊的土地與地下的礦產資源及地面上的森林資源等。這一代的人要能顧及留給下一代子孫能有豐富的物質生活，對於有限的土地、礦產及森林等有限的天然資源，必需要能愛惜並節制利用。

(五) 少用資源的法則

國人對於物質的利用與消費的慾望隨著社會經濟的進步與發展而不斷提升，耗用量也有增加的趨勢，這對於資源的保護都有傷害。有必要克制慾望，以能盡量少用為法則，否則今日耗用太快太多，他日無物可用或所用非良好之物的時刻將會提早到來。國人對於過度使用與耗費資源的行為不可不察，以免陷於資源缺乏的悲慘日子的發生。

四、建立心靈生活法則

(一) 最珍貴的生活特徵

人類之所以異於禽獸，最珍貴的條件是人類有心靈的生活，這種生活是人類以外的生物所缺乏的。心靈的生活是經由內心的感受過程，包括喜怒哀樂與光榮、懺悔等各種心理上可能的思想、感覺與意志。對於心靈生活的重視程度因人而異，越高程度的人，心靈生活所占的比例也越高，表示其超越其他生物的水準與程度也越高。有教養有文化的文明人，無不認知心靈的重要與價值。重要的心靈生活特徵則有下列的重要法則。

(二) 超越物慾的法則

心靈與物質常處於相對的地位與立場，重視物質生活就會忽略心靈生活，越能重視心靈生活的人就越能看淡物質生活。所以要能珍重心靈生活必須看淡物慾。物慾常會使人蒙蔽心靈，只圖生理上慾望的短暫滿足，忽略長遠留在心中的感受。出家人由於能看淡物慾，使心靈較能超然安適。常人要能獲得心靈的安靜與高貴，也必須淡化對物質的嗜好。對於物質的需求只要過得去就可，不必求取華貴與過度的重視。物質的富貴有如浮雲，雖然有人會仰慕與讚賞，但也有人不以為然，尤其是以無道而取得物質富貴條件的人，更為多數人所不齒。

(三) 除惡的法則

凡世人都有或多或少的天生惡性，不加制止可能會摧毀可貴的心靈。要能建立心靈爲重的生活，必須去除惡質的天性。去除的方法有內控與外控，內控是指經後天的培養與修習而獲得，外控是指經由外部力量的制止或懲罰而得到教訓並作調整。人類的惡性不少，要使心靈生活提升，這些惡性都有必要去除，重要的惡性有貪婪、殘酷、淫亂、陰險、搶劫、說謊、欺騙、懶惰、虛僞、爭利、無禮、無恥、無情、無義等，都是宗教家或道德家列入要戒除的要項。

(四) 心安的法則

心靈的生活首先要能求得心安。內心能平安就無恐懼，無膽怯，無煩惱，無焦慮，無罪惡之感。因此也不用提心吊膽，不會憂慮，也不必事事提防。可以長夜好眠，可以安心生活。也才有餘心與餘力思考、感覺，立意改善與提升心靈生活。

(五) 價值的法則

注重心靈生活不僅是一種行爲活動，也是一種價值觀念。能重視心靈生活者，也表示其具有高尙的價值觀。人能將這種價值置放在重要位置，表示其人格有超凡的性質。要鼓吹心靈生活的提升，必要將此種價值能深入人心，使人能感覺生命與生活不僅是爲能享有物質的滿足，更要能提升精神或心靈生活的境界。

五、建立社會生活法則

人類聚集而居，必須過社會生活。要過好這種生活也要建立這種生活的準則。何為重要的社會生活準則，以下幾點便是：

(一) 與他人共有生命概念的法則

作為社會人，不是獨立存在的個體，而是與人共有生命。人因有他人才能活，人活著也要為他人。人與他人是生命的共同體，相互影響，也需要相互幫助。

社會人不僅要與他人互動，且要與他人有共同意識。互動是有意識的往來與回應，不僅是親密和諧的，也可能是矛盾與衝突的。共同意識則是一致的，包括一致抗暴、一致克難、一致建設與一致分享。社會人不能隨興，不顧他人想法與感覺，不能一意孤行，需要與他人共商大計，一致行動。

(二) 和平關係的法則

人要過好社會生活，必要將與他人的關係維持和平的境界，不可時常爭吵，否則會很不開心，也破壞共同生活的環境。要能維持和平的社會生活，人人必要克制自己的私心與私念，遵守共同設定的規矩，也要能尊重他人。

(三) 推己及人的法則

人與人的良好社會關係要能維持，最重要的是能推己及人，將他人當成自己，不將自己不喜歡的東西丟給別人，也不搶奪別人喜歡的東西。看別人有難，視同自己的苦難，毫不猶疑樂意幫其解決。能這樣體貼他人，必能與他人維持良好的社會關係，過著和諧的社會生活。

(四) 盡責任的法則

每個人在社會上享有一定的權利，也必要負一定的社會責任。對於權利可以不去享有，對於責任卻不可不去盡力。成為國民，就有當兵、納稅與受教育的責任或義務。作爲一個團體或機關的份子，就有必要依其職位盡所應盡的任務。不盡責任難爲機關團體所接受，也難過團體性的社會生活。

六、建立文化生活法則

(一) 異於禽獸的生活特性

人類社會是有文化的組織，人所過的社會生活也都是有文化的生活。文化是指人類從生活過程中所累積的有價值、有好處的物質生活及精神生活方式。人類社會因有可貴的文化，而異於禽獸。多數的動物都沒辦法保存與累積良好的生活方式或文化，唯有人類能，且文化不斷在改進。當今的人類能創造多種美食，製造良好品質的衣物，建造舒適的住屋，製造方便的交通工具。也設立許許多多的制度，始能生活得有秩序，有品味。

(二) 均衡法則

人的文化生活大致可分爲物質文化與精神文化兩大類，文化生活有必要將這兩種維持在平衡狀態。太重物質文化，缺乏精神文化的生活，會失之膚淺，也容易失去生活的意義。只注重精神文化而缺乏物質文化的生活，會太粗糙也太辛苦。事實上精神文化的生活都要建立在物質文化生活的基礎上，缺乏良好的物質生活條件的精神文化生活是空虛的，也有一定的痛苦。所以可貴的生活是物質與精神方面都能豐富，也能均衡。

(三) 進化的法則

人類的文化生活的可貴在能不斷改良與進步，文化進步到精良的水準就成爲文明。越晚近的文化都是建立在以往的文化基礎上，今日的文化多半比以往的文化進步，未來的文化也會比今日的文化進步。

(四) 流通的法則

各地的文化會相互流通，地球上任何一個角落很少文化生活是孤立存在的。西方社會的文化生活有東方文化的色彩，東方社會的文化生活也有西方文化的色彩。文化的交流得自交通與資訊的方便。留學生、貿易商人、外交官、移民者與社會文化研究的學者等，都是創造世界各地文化容易交流的大功臣。各地特殊文化都經由他們有意無意的傳遞而傳播到遠地，使世界成爲文化的大熔爐，各地的人都能分享他地的文化生活。

(五) 尊重的法則

每一民族或地區的人民都有文化優越感，自以爲自己的文化最優異，也即所謂種族中心主義。如果這種主義不加節制，很容易發生不同文化群體之間的衝突，互相破壞他人的文化，好不容易累積的人類文化會遭受毀滅。因此人與人、群體與群體、民族與民族、彼此之間都必要互相尊重對方的文化。尊重他人的文化，自己的文化也才能受到他人的尊重，大家彼此尊重，文化才能發揚光大。

七、立命的重要法則

生民要能立命，必要有多方面的共同努力。下列四方面是必要共同參與努力的單位，各單位也都要有其立命的重要法則。

(一) 自己的用心努力

個人要能立命，最先要自己能努力，努力學習建造立命的能力與基礎。

人要有好的物質生活、心靈生活、社會生活與文化生活，都要自己努力，才能有效獲得。

(二) 家庭的教養與傳承

依照社會的傳統習慣，個人立命的條件也可能得自家庭的教養與遺產，幸運者從家庭繼承遺產或聲望，但不幸者也可能從家庭繼承債務與負擔。家庭爲能不給後代子孫負債與負擔，或要能遺留給後代子孫遺產與名望，也要努力奮鬥才能有成。

(三) 合理的社會制度

社會上所有的人立命的條件都會受到社會制度的影響，而制度是由前人創造的。前人創造好與壞的制度由這一代的人承受，這一代的人創設的制度則會留給後代的人承受。爲能給以後的人立好的命，設立制度的人千萬要小心，思及長遠，才不會貽禍後代。

(四) 有效的政策

國民要有良好的立命條件，政府的政策也極爲關鍵。各種政策措施都會影響多數人，甚至是全國人民的某特定方面，或全方面的生活。在民主法治的國家，政府施政的政策，都由政府與民意機關共同制定。爲能使人民立好的命，政府官員及民意代表都要用心，不制定也不實施不良的政策，以免民命不立。

檢討與反省

一、問題的引發

(一) 總統與立委大選之後

檢討是指對自己過錯的批評與反省。競爭或比賽的失敗者通常較有必要檢討。我下筆寫這篇短文的時間是在二零一六年總統與立委大選之後，國民黨大敗，敗後有不少檢討，但檢討內容不無缺失，深切反省之事尤其少，乃引發我作這小研究，撰寫這篇短文。除此，也因檢討與反省是重要的良心問題，本書應加以討論。

(二) 失敗後有所檢討

競爭或比賽的事件之後，通常勝利的一方默默慶賀，較少講話。但失敗的一方都會因痛定思痛，要多加檢討，因此這次選舉之後聽到的檢討之聲，多半是有關國民黨方面的。黨內必有檢討，但外人少能聽到。外人較能聽到的檢討與評論，以來自媒體人較多，媒體人吐露的檢討之聲，有者是報導參選人的檢討，有者是對各界檢討的評論。檢討的人有的是黨員，有的不是。有的是參選人或助選人，有的也不是。參選人當中有的是當選人，也有的是落選人。這些檢討的聲音可供爲探討檢討與反省選敗議題的參考資料與訊息。

(三) 檢討內容不無缺失

從各方面聽來有關國民黨或個別候選人的檢討，都不無缺失，重要的缺失無非是不夠懇切，較細節要點將在本文第四節加以討論。

(四) 正確的檢討與反省有助進步

競爭的失敗者作檢討與反省是必要的，因爲正確的檢討與反省是有效改進的必經過程。但是有些檢討並未檢討到要害，反省的成分很少，對於改進並無太多幫助。

(五) 檢討與反省關係個人與團體良心

眞正懇切的檢討與反省是出自良心，個別候選人的檢討與反省是出自個人的良心，政黨的檢討與反省是出自組織團體的良心。社會各界的公正持平之論，則是出自社會良心。有良心的自我檢討與反省會較著重檢討與反省自己或本身的錯誤，較少將錯誤歸咎他人，但較欠缺良心的人或團體，檢討的對象則會較多有關他人。

二、檢討的原理原則

趁此討論檢討與反省議題的機會，有必要從較根本的原理原則討論起，會較有助檢討與反省的正確做法與功效。有關檢討的重要原理原則有下列幾點：

(一) 有目的、計畫、決策及行動

檢討首先要注意的是，這是有目的、有計畫、有決策且有行動的過程。檢討的最重要目的是要找出關鍵的失敗因素，作爲再努力改進的目標，而不是當爲表達埋怨與不滿的出口。檢討的計畫是依據檢討的發現與結果計劃下一步改進的目標、方法與過程。檢討後要有確實改進計畫與行動的決定，不是檢討完就了結。計畫之後要有切實的改進行動，否則檢討與計畫都是白做。

(二) 學習性與適應性

檢討具有學習性與適應性的意義與特性，即是要以學習、適應的精神與目標進行。將檢討作爲學習，是因爲眞正的檢討可學到許多從未見到或想到的問題及解決問題的方法，也可增進知識與智慧。當爲適應是因檢討的結果有不少要納入適應的過程，作爲去除、增添或改變的適應目標。經此適應與調整，才能不斷進步與改善。

(三) 主要目地在謀發展策略

檢討的目的不是只爲檢討而檢討，更不是爲出氣而檢討，而是爲能改進謀發展而檢討。從檢討中尋找錯誤或缺失而加以改進，就能有發展。也可由檢討中發現優點，作爲再繼續使用的良好目標或方法，對於後續的計畫也有好處與幫助。

(四) 選擇最佳改進方法

1. 多種可用方法

可用於檢討問題、錯誤、失敗等的性質、原因、後果的方法很多，量化、質化的分析，都可能有用，觀察、訪談與調查等的方法也都有用。檢討者可選擇最有效、最便捷或最節省的方法當爲最佳方法。好方法要視其功用，使用時的環境條件，以及使用者的能力而定。

2. 納進需求建議書

將選民、消費者、民眾的需求建議書，納進檢討的對象或當爲必要檢討的參考資料。建議書不一定要用書面寫成，也包括口頭的意見、建言或批評等。各種建議書對於檢討與改進都有很高的價值。

3. 全體參與檢討

檢討工作者不僅限於專門負責的人，最好也能廣納多方面人士的參與，以能使所有關係的人都參與檢討爲最佳對象。多方面的人代表多種不同的立場與觀點，檢討出來的結果最爲全面性，也最完整。較少遺漏或偏差，得到的資料會較正確。唯因爲有可能因條件的限制，未能容納太多的人參與檢討，在這種情形下有必要選擇能代表較多方面的人參與。越重要的人應該更加不可遺漏參與。

4. 發展共識

檢討最可貴的收穫是發展共識，爲失敗找出大家共同接受的錯誤及原因，也當爲改進與再發展的共同目標。在檢討並謀求共識的過程中，常會有歧見與衝突，大家要能虛心，接受相反的意見與批評，拋棄成見，才能取得共識。

(五) 依據數據事實檢討

論檢討事件的對錯必要客觀，而客觀的見解很必要以事實作爲評判的根據。事實最能從數據中顯現出來。數據本身很中性，檢討者能客觀引用，檢討的結果也才可靠。

三、重要的檢討目標

檢討要能有用，必須要能掌握重要目標。何爲重要的檢討目標，有如下三項要點。

(一) 關鍵性的錯誤

檢討的最重要目標是找出關鍵錯誤。一種失敗的錯誤或原因可能很多，但關鍵的錯誤或原因可能只有一項，或少數幾項。檢討過程必須要將此錯誤或原因找出來，才能對症下藥，而且藥到病除。如果找不到關鍵的錯誤或原因，僅以無關緊要的錯誤或原因代替，要進一步改進錯誤，求得進步，就有困難。

(二) 危機性的問題

重要的問題也常是危機性的問題。檢討的結果也必須要能具體指出這種問題，改進的措施才較能眞正有效。危機的性質越強，對於競爭或比賽成敗的影響也越關鍵性，越有必要優先並愼重加以處理。

(三) 時效性的事項

多種關係或影響到競爭或比賽成敗的事項或因素，有的時效性較高，有的則較低。檢討過程必要先對時效性高者加以指出、處理或解決，將較無時效者留到較後處理。通常較有時效性的事項，也都較爲關鍵性，也可能較有危機性。

四、檢討的迷失

(一) 放過對關鍵性要角過失的挑戰

檢討的過程常會有數項重要的迷失，最重要者是放過對關鍵性要角的過失，只對無關緊要的次要角色的失誤吹毛求疵。檢討者不敢對關鍵角色找出毛病，常因害怕其清算與報復。

(二) 責備次要角色與小事的過錯

檢討者所放過的幾乎全爲要角，只責備次要角色的過錯，顯然勇氣不足，也缺乏良心。檢討小角色的過錯，雖然也有助改進錯誤與失敗，但畢竟效果比較微弱。

(三) 抱怨責備無助改進與建設

不少失敗者檢討失敗時，最常表現責備相關他人的不是，發牢騷抱怨出氣。但這種檢討對於改進的效果不大，甚至沒有效果。

五、檢討的管理

當事的個人或團體在檢討的過程中必要有所管理，才不致使檢討失去控制，等於白做或減低效果。管理的要項則有如下三點：

(一) 與評估者溝通

檢討工作最可能由失敗的個人或組織團體自己做，也可能有外部的專業者或關心的人士參與其事。當事者有必要與外部的評估者做充分的溝通，目的不在爲自己辯護，而是要能使評估者了解實情，不致因誤解而歪曲。

(二) 對挑戰者的回應

不論參與比賽或競爭者是成功或是失敗，總是會有受到挑戰的情況，挑戰者對於結果不能欣然接受，當事人有必要對於外部的挑戰作適當的回應。置之不理或回應不當，都會使挑戰加深，對自己造成傷害。適當的回應是針對挑戰的事項能開誠布公，不可遮遮掩掩，否則常會造成更大的疑惑，挑戰會更爲擴大，反而更難收拾。

(三) 用心運用評估結果

爲了不使檢討白做，或被譏爲假檢討，則檢討之後必要對檢討結果用心運用。用之於改進缺失，矯正不當的偏差。使能從失敗中取得可貴的教訓，當爲下次增強比賽或競爭的力量。勝利者也可從檢討的經驗中，得到更多可貴的資產，使自己能更壯大成熟。

(四) 與相關人分享評估後的改進

組織或團體於檢討、評估得失之後的可貴經驗或資訊不能只由少數人控制，應能公開給組織份子等相關人共同分享與使用，使檢討與評估的效用能發揮到最大，檢討與評估才有成效。

六、反省

(一) 自我反省的必要

反省是指個人著重在檢討自己的不是，自我要求進步。這種功夫非常重要，若不能反省，就不知自己的錯失，也就無法改進。反省是要能發自內心深處的覺醒與認同，不只是表面說說，認錯了事。深切的反省都會經過內心的折磨，必然會永生難忘。這是人生重要的歷練，不能反省的人，很難成大器。

(二) 反省的困難

然而反省是一件難爲之事，主要是反省與承認過錯有失自尊與利益。因此不少有權威以及既得利益的人常爲了保持面子、自尊與利益，都只會指責他人的過錯，不肯自我反省，更不會坦白承認自己的錯誤。

(三) 自我反省的方法與秘訣

自我反省的方法與秘訣不少，有心人曾指出不少可貴秘方，如清心、寡欲、去煩、靜默、反思、分辨、抉擇、決心、定志、堅持、計畫與行動等等。我個人覺得眞正的反省則要能注意並履行三項要件，即誠實、虛心、勇敢。需要誠實是因爲最需要反省之事，都在內心深處，容易有內心矛盾與衝突之感，故需要誠實吐露或面對。需要虛心，是因爲需要反省之事不少，爲了不使遺漏，很必要虛心檢視。需要勇敢則是因爲不少需要反省之事都不便啓口，必須要能勇敢，才能克服心中的障礙。

安分守己

一、安分守己與良心相輔相成

(一) 安分守己的意義

安分與守己常相提並論，這是指人要規矩老實，守本分，不違法。我將此信念視爲與良心相輔相成，也將之視爲可訓練、培養與增進個人與社會良心的方法。其道理主要是安分守己可使人心安與心善，成爲有良心的人。

(二) 人因守己而安分

人要能安分，必要守己，守己也即是要守住自己，不致失控。守住自己也是安分，即是安於本分。人的本分出自其職位或身分，爲人父母者有其父母的本分，要養育兒女。爲人子女者，也有子女的本分，要奉養、孝順父母。爲官者的本分是要勤政愛民。守本分也是要盡責任。

(三) 安於本分就能心安

人能安分守己，不做違法的事，就可不必驚慌失措，就能心安理得。能守本分，也盡了責任，可問心無愧，也較能心安。安於本分，按本分做事，可駕輕就熟，都可較安心的做，可少有憂慮與顧忌，都可較爲心安。

(四) 心善者最能心安

最能心安的根本條件是要心善，心善的人就不必擔憂對不起他人，或對不起自己。不必擔心別人不滿意自己，會報復。若有報復行爲，是誤會，或是不對，問題不在我。心善的人通常會較有好報，心裡感覺會較快樂，也會較心安。

(五) 為心安必需行善與安分守己

人生在世短短幾十年，能夠心安非常重要，心安才能好吃好睡，才能健康與幸福。為能心安就必需行善，且要安分守己。不致因為行惡而心驚，也不因未能守己，而掛心與疑慮，以致心神不寧，寢食難安，傷害身體。

二、安分者角色與職務要相吻合

事實上社會中的人不是每一個都能安分守己，更不是每一個都能心安理得。較能心安的人，除了前面所言，要能守住自己、不違法與心善之外，還要角色與職位要能一致，互相吻合。甚麼樣的職位，要扮演甚麼樣的角色，才能不僭越身分，才算守本分。這樣的角色扮演起來，才能稱職，較能勝任，也才能令別人感到舒服。低職位的人，若扮演高位階的角色，有失禮數。高職位的人，扮演低階的角色，有點做假，或自賤自己，都不合適。

(一) 安分是指安於本分

安分的最重要要求是能安於本分，本分隨職位與角色而生。安分者表示能扮演好角色，盡好職責。是負責的人，足為他人敬重。不能安分者，也是不能盡責的人，不足受人尊敬。

(二) 守本分要遵照職位與角色

人的本分不同，職位有別，有高低貴賤之分，但若不能扮演好角色，盡好本分，同樣都為人所不齒。卑賤的人只要能堅守本分，演好角色，盡好職責，對於社會都有不可磨滅的貢獻，也都應該受到尊敬。

(三) 不同的人職位角色不同

一國之內最高階的職位是國家元首，如果不能安分，做出禍國殃民的事，照樣要受到人民的唾棄與制裁。職位卑賤如清道夫者，只要能盡責任，扮演好角色，將馬路打掃乾淨，給路人方便行走，給社區的人有良好的生活環境，都應該也必能夠受到大家的讚揚。

(四) 角色錯亂是不安分

有人角色會錯亂，扮演不恰如其職位與身分的角色，也即角色錯亂，父不父，子不子，君不君，臣不臣，可說都不守本分。不守本分的人，有的是本分難為，有的是故意不為。不論何種原因，都不稱職，也都未守本分，都必要加以調整，否則會搞亂人際關係。未能符合職位與角色者，都須變更本分，通常都會變低職位與角色，使變更者顏面無光。

三、不安分會做蠢事

人不安分守己最可能的失誤是會做出蠢事，可能的蠢事則有多種，將較重要者列舉並說明如下：

(一) 做出能力之外的事

不安分者最可能做的蠢事是做出能力之外的事。不安分者常不自量力，不知自己的能力極限，乃會異想天開，以為什麼事都能做，或都可做，也會眞做。但做後證明所做之事超乎其能力之外，算是失敗。失敗的人可能損失，可能受辱，也可能後悔，但都未能先有自知之明，悔之晚矣。

(二) 做出自欺欺人的事

有些不安分的人，明知一些事不能做或做不成，但仍會堅持去做，不無自欺欺人之嫌。自欺之處，有如掩耳盜鈴，欺人之處，則有明知故犯之嫌。這種不安分的人，都有夜郎自大的毛病，自以為能力強，膽量也大。實際上都會因不安分而告失敗。

(三) 做出分際之外的事

這類不安分的人，常會做出不該做之事。不該的情形，衆人皆知，自己也心知肚明。這些事都不適合他的身分與角色，超出分際，做了有失體統，也有一點白目，徒增別人白眼，會讓別人覺得驚訝怪異，也看不起。

(四) 做出不符社會規範的事

不安分行為的另一種層級是，會做出違反規範的事，受人指指點點，為輿論所不容。這種人所做之事雖未嚴重違法，卻與風俗習慣格格不入，故會被視為怪異之人，也是不合群之人，人緣一定不好。

(五) 做出違法的事

嚴重的不安分之事，無不以違法之事為最。這種不安份是在以身試法，常會免不了要吃上官司，受到法律懲罰與制裁。犯法行為與事件，依輕重差異有許許多多種類，因為都有明文的法律規定，有人還要去做，眞是膽大包天，很不安分守己，結果常難免要被關進監獄。

四、不安分的社會後果

(一) 不安分常是魔咒

人不安份有如戴上了魔戒，或在心中與口中存有魔咒，魔鬼隨時都會出現在眼前，牽引人做出傻事與壞事。做錯事或做了壞事都會受到懲處，因為不僅害了自己，也會傷害他人或社會。就對這兩方面的傷害略做說明如下：

(二) 對他人的傷害

不安分的人會做出不該做之事，這些事包括不利他人，甚至會傷害他人者。不安分的人，常不加思慮，也不聽勸告，茫然做出不守分際，也違反他人利益之事，必然對他人會有傷害。

(三) 對社會的傷害

不安分的人較嚴重的過失是會傷害全社會。多半違法的事件，對社會都有危害。搶劫的傷害不僅使被搶者損失財物，更會造成社會不安，人人自危。販毒製毒者會傷害社會中許多吸毒者傷及身心，也傷害其家庭陷入萬劫深淵。有些不守分際妖言惑眾的廣告或言論，經過媒體的報導渲染，對社會風氣與觀念與價值的影響也甚不良，有時其危害之深，有如無形的殺手，使人感到比目睹流血案件還可怕。

五、不安分的時機

人會有不安分的言語或行爲都有其原因造成，也都會在某些特定的時機表現，其中有不得已，也有可以不必卻未能避免者。如下就分這兩類，略爲作些說明：

(一) 不得已的不安分

不安分守己是不智之舉，不足鼓勵。但在下列幾種不得已的情形下，似乎也都可令人同情。

1. 飽受凌辱

受盡凌辱的人，爲了維護尊嚴、名譽或利益，願以弱小的生命對抗強權，雖然有不自量力之嫌，但其情也可憫。弱小國家受盡敵人凌辱時，人民不計力量大小，奮勇抗敵，這時也無人會以不安分相譏笑。

2. 爲了生存

人到了生死關頭，明知力量微小，但也不得不做賭注，放手一搏。雖然勝算不大，實也迫不得已，不足爲恥。

3. 爲了改革

改革者或革命家，於改革或革命開端之際，常是勢單力薄，寡不敵衆。但爲了理想，爲了廣大人民的利益著想，只能以犧牲精神，做出令人難以置信之事。這不是不安分的傻事，而是難得的神聖之舉。

(二) 可以不必而未能避免者

雖然有些不安分之事，因避免不了而令人同情，但更多的不安分之事，本來能免，而未免，就不應該。本文第三節所指不安分者會做的蠢事都屬於這一類。歸納這類的不安分蠢事，大約會發生在兩種重要時機：

1. 小不忍亂大謀

人在小不忍時，常會不安分，做出亂大謀之事。做了之後，也常會後悔。人在不能忍的情況下，容易失去理智，不知也不計自己的身分地位與能力，只想針對目標加以報復或蠻幹。

2. 不計留得青山在

人所以會不安分，也常未顧慮到不良的後果，憑一時的衝動，做出難以收拾的蠢事。不濟留得青山在，不怕沒柴燒。如果能有多一點理智的考慮，留得名譽與生命，復甦的機會是很大的。

六、安分守己的準則

安分守己是人的要事，能注意遵守，會勝多敗少。但如何培養與實踐，如下有幾項原則可供參考。

(一) 衡量自己的能力

人要能安分守己，必須要先弄清楚自己的能力，所以要先衡量自己的能力有什麼，有多少。能確知自己的能力，就較不會莽撞行事。

(二) 選擇規範容許的社會職務與角色

人要少做錯事，自保平安，避免失去安分，則要進一步選擇社會規範容許的職務與角色。不走歹路，就可少不安分。

(三) 按職位與角色行為

行爲符合職位與角色是正當行爲，是盡好職責，能爲他人所稱讚。相反，行爲不與職位與角色符合，則是不稱職，也不合乎規範，不但不受稱許，反而會受指責。

(四) 盡責任與義務

按職位與角色行爲，也是盡責任與義務，是做人做事的本分。人人能盡責，組織就有功能，社會就有秩序，也能維持和平安定。

(五) 充實自己能力

人會不安分有兩種情況，一種是目標太高，不合乎常人的標準。另一種是本身的能力有限，既使目標不高，也不容易達成。第二種情形常是一般常人，因為能力不足，容易落入不安分的罪名。因此一般的常人可由充實能力，使自己的目標容易實現，也就可減少被指不安分的缺陷。

(六) 與他人共享角色扮演

人能與他人共享角色扮演，可以增加角色扮演成功的機會，也可增加安分守己的機率。將個人的社會角色與他人的社會角色共組角色群，要完成工作使命，便可事半功倍。例如醫生、護士、藥師與醫技人員共組醫療角色群，可使醫療效果更佳。研究人員與研究助理共組研究角色群，研究的成績與效果也會較好。一個人自己做事可能不安分，不自量力，但兩個人一起做，可能就不是。

第五篇

對其他事項出自社會良心的肺腑之言

一、追溯歷史記憶

約在四、五十年前，臺灣的最高農政主管機關還是農復會（後來稱農發會）的時代，曾經實施一項農村建設計畫，名稱叫「吾愛吾村」。計畫者想藉這一名稱喚起村民的意識，經由愛護自己的村落，共同為自己居住的社區努力建設。建設的內容不很困難，無非是整理私人宅院、增建公共設施、美化居住環境等。凡是衆人走過的路都留下痕跡，這項計畫也與其他許多農村建設一樣，使臺灣的農村社區建設累積一些成效的記錄。今日我藉此一名稱，也希望能喚起所有居住過農村之人的記憶，並展開愛護與關懷農村的行動，維護農村的生命。

二、吾人必愛吾村的緣由

像我這一世代的人，年少時臺灣都市化的程度不高，多數的人都在農村出生，且都喝過農村的井水長大，對於農村都有較深厚的感情與記憶，自然也會比較喜愛農村，希望看到農村的建設與發展。我很喜愛吾村，別人多半也都喜愛自己的村子，有幾個重要理由：

(一) 自己的村子是生我及育我成長的地方

每個出生在農村的人都會喜愛自己的村子，因為村子是生我育我的地方。村中的每一個人物都直接或間接與自己有密切關係，有的是鄰居，有的是親戚，有的是玩伴，有的是朋友。村中的每棵樹、每根草也都與自己的生活有密切關係，大樹的下面可能是自己午休、聊天與遊玩的地方，草坪與野草可能是自己放牛、放羊、趕鵝、割草的去處，空屋可能是與玩伴捉迷藏及玩貓捉鼠遊戲的好地方。村中的廟宇是村人共同祭拜與團體娛樂活動的場所，池塘是村人可享受的天然無蓋游泳池。村子外圍的田園，不論是自家的或是他人的，都可去捉蟋蟀、蝗蟲或蚯蚓。大果樹下常有調皮的村中兒童檢掉落的果實，或用石頭丟碰掛在樹上的果實使其掉落。洪水來時除了搶救財物，也乘機在水中撈魚。這些活動都是農村人的生活寫實，使其對農村不能遺忘，也不能不愛。

(二) 童年美好的記憶

現在許多臺灣的都市人都來自鄉村，童年時都在農村中長大，也都留下美好的記憶，包括前面所提過的生活寫照。兒童記憶中最美好的事物無非是與同儕一起玩耍，與同學一起上學，與家人一起享受美食，與自製的玩具及自養的寵物玩在一起，與兄弟姐妹或鄰居小孩玩泥巴、烤番薯、捉小鳥，樂趣無窮，難以忘懷。

童年的鄉居歡樂記憶使人到外鄉奮鬥有成後，想對故鄉有所回饋與貢獻。這種先例很多，有人回鄉捐款蓋廟，有人興學濟貧，也有人建造豪宅大屋，當成紀念館，供鄉親瞻仰。

(三) 吾村給吾許多可貴的傳統美德

傳統的村落具有許多可貴的傳統美德，包括崇尚自然、安份守己、刻苦耐勞、率直純正、講信修睦、簡單樸實等。接受這些傳統美德的原鄉人都能厚植社會良心，善待自己與他人，因而怡然自得，對於原鄉村落必也能感恩有加，自然深愛。

(四) 生命共同體的經驗

故鄉是一種人文與地理條件的結合體。住在同一村落社區的人，常會經歷共同性的命運與遭遇，使其感受到生命共同體的可貴，感覺到生死與共互相幫助的迫切需要。他們可能共同經歷天然災害，例如風災、水災與旱災，也可能經歷人爲的苦難，例如苛政與戰亂，或是爲了必須克服某種公共建設的困難，例如要集資鋪路、造橋或清水溝。這些共同性的經歷與活動，使村人必須手連手，心連心，共同協力渡過難關，解決問題，使群居的生活能繼續維持，共造福祉。

(五) 外出人的漂流感

不少人對於故鄉的感懷，是到外地漂流浪蕩之後才覺悟到的。冷落人情的外鄉生活，使人感受到故鄉人情的親切，水土的溫暖，於是會有懷鄉與返鄉的行爲。

過去的出外人可能遷移到附近的小城鎮，今日的人外移則可能到很遠的他國或國內的大城市，到距離故鄉越遙遠與故鄉條件差異越大的地方，移民生活的落寞程度往往會越大。鄉村人民遷移到外地後很少沒吃過苦頭的，吃的苦頭越多，對故鄉的懷念會越大，愛鄉的心情也會越強。

(六) 累積國民愛國的心理根基

不當的吾愛吾村的情操，可能造成狹隘的愛村主義，形成村與村之間的衝突與糾紛。但是理性的愛村觀念卻會是國民愛國的心理基礎。累積人人愛護自己的鄉里，全部國民就沒有不愛自己國家的道理。「修身、齊家、治國、平天下」，「登高必自卑、行遠必自邇」等古訓，無不都在強調立基的重要性。人人能先愛村，才有發展成愛鄉、愛社會及愛國家的基礎。如果連最接近自身的小村子都不愛，要其愛國，豈不是捨近求遠，也可能會是緣木求魚。

(七) 我的特殊學經歷際遇

我個人是少數離開鄉村後又以研究與教學鄉村爲志業者，這是很特殊的學經歷際遇。我自從離開臺灣南部的故鄉農村到大都市求學工作，都很幸運不必離開農業與農村的故有領域。我在大學時代學的是農業經濟學，這種學問都以故鄉農友的工作內容爲主要學習對象。到了研究所主修的是鄉村社會學，與農村的生活更加貼近。到國外進修社會學也多半未遠離農村的範圍。就職工作性質是以教學與研究鄉村社會學和農業推廣學爲職志，是一個生於農村，想在農村，且是生活在農村的人。我的這種特殊際遇也是我更加愛護我村的原因，希望它能夠更加改善與發展。

與我的際遇完全相同的人也許不是很多，但在我同一時代的許多人與我都有一項相同的際遇是，都有鄉村生活的背景與經驗，只是後來的際遇會有不同，有的經商有成，有的從政高升。不同際遇的人關愛的目標會有不同，但多半都與農村故鄉的根斷絕不了關係，也多半沒有不愛農村的道理。因此我寫的這篇短文，也還能適用在許多人的身上，尤其是比較上了年紀的人。

(八) 落葉歸根

古今中外不少名人或異鄉人都有落葉歸根的思想與行爲，這種思想與行爲也是吾愛吾村，或吾愛吾鄉的最重要原因，且是最眞實的表現。人想落葉歸根是因爲外鄉的一切不如鄉親土親，在故鄉有人認識你，有人了解你，也有人通融你，支持你。人對故鄉的景物熟悉，人情溫暖，氣氛和諧。人在故鄉生活自由自在，少有戒心與憂慮。

落葉歸根有兩種重要行爲表現，一種是人到晚年回到熟悉的故鄉定居，另一種是百年之後將遺體或骨灰安葬在故鄉的土地上或靈骨塔中。這兩種安排都是具有回歸故里取得心安的意義。如果在外事業有成，常於晚年回歸故鄉時，帶回萬貫家財及顯要事蹟等卓越成就的象徵，也爲故鄉揚眉吐氣，宣告天下，算是對村里故鄉的貢獻。

三、實踐吾愛吾村的經驗

「吾愛吾村」不能只是口號，必須加以實踐，才有寶貴的價值。如何實踐則需要村中的每一人都要有此一共識與表現，村中有能力的人更必要挺身出來帶領示範。因爲村子是村人大家的，必要由村中所有人的參與，這道理非常明顯。每位村民的身分地位與能力各不相同，能實踐愛護本村的方法與角度也會各不相同。但因不是每一人都有能力實踐，很必要村中有能力的人出來示範與領導。有感於此，我曾嘗試以身作則，盡我所能，選擇村中幾件關鍵性的事務，實踐吾愛吾村的理想與願望。我曾爲我的村子做了三件事，有無功勞並不重要，但在事後使我心中確能感到幾分的安慰。

第一件是陳請政府協助挖掘排水溝。我的村子坐落在嘉南平原的西端，地勢平坦，但也較低窪，大雨來時排水曾有困難，常會積水成災，淹沒田園與房屋。要使排水良好，最重要的事是，開挖較寬較深的排水溝，這是村人的能力所不及的事。許多年前在一次地方政府召開的縣政建設會議上，我巧遇管理全臺灣水利的最高首長，趁機告訴他這一問題，他答應研究處理。後來挖溝的事完成了，村子的水患也減輕了，村中的人都傳言是一位附近選出的省議員努力爭取政府補助才能奏效。政府與民代之間本來就必要互相通融與幫助，這是可理解與接受的事。

第二件是請政府出手防止危險性河岸的崩塌。我的村子曾經多次遭遇洪水災害，除因排水不良，也因附近急水溪潰堤。急水溪因水流急速而得名，其下游貫穿嘉南平原，水漲時，流速湍急，容易沖毀河岸的良田。歷史上此一溪流曾改道多次，後來沿溪兩旁修築堤防，阻擋河水灌進村落，但也曾潰堤多次，每次河水灌進我的村中，整個村子都變成水鄉澤國。這樣被水淹沒的慘痛經驗，使我對於河川的行道甚爲關切。近些年本來容易潰堤的堤防已築成水泥壁，擋水的強度增高，但是河床岸邊的泥土仍崩塌不斷，我擔心一旦崩塌接近堤防，破壞水泥堤防，河床可能再改道，沖毀我們的村子，村落變成河道，所有家園田產可能全部毀滅。爲能預防此種悲劇的發生，實必要有防堵設施，如用堆積消波塊，阻擋河水沖毀河岸的田地，穩定河道，應可奏效。我不是政治人物，也不是民意代表，難以直接經由政治途徑處理這一問題。所幸我在大學教書的過程中，曾有一位修讀博士學位的門生在政府相關部門中已位居要津，或許可以得力相助。我表明求助之意，他從過去上課經驗中，知我是個單純的知識分子，有先天下之憂而憂的性情，經其判斷並指示合理合法的治河方法與過程，乃使我的用心眞能實現，從此應可保衛我的村子免遭變成河道的災難。

第三項讓我能回饋村子的努力是，引導村子參與當前政府農政部門推行的農村再生建設計畫。我在退休之前曾參與政府推動農村建設的輔導工作多年，知過去政府爲農村建設不斷編列預算，花錢辦事。但我住的村子好像少有建設與進步，我覺得有必要引導它且激勵它，也參與建設的工作。乃於退休後返鄉時將此期望告知村中的一些友人，喜見一位約同年紀也已退休又常住村中的國中老師，他有能力與熱誠領導此事，由其出面招集組織村民，參與農村再生的建設工作。至今已推動五、六年，也已稍有成績表現，整個村落變爲較前整齊清潔與美觀，村人的態度也較前積極努力與合作。

以上我舉三項自己愛護村子，參與建設村子的經驗，當爲所有有志愛護自己村莊者參考。人人有心愛村愛鄉，又能知所參與的適當角色與方法，必定能幫助自己家鄉的建設與發展。全臺灣的農村也能因推動「吾愛吾村」的運動，而收到良好的建設與發展的成果。

四、村民的互動關係及對社區發展的影響

村里社區的公共建設需要村民團體性的行動才能進行並獲得成果，因此村民的互動關係對於社區的建設與發展的影響既深且巨。參照我村經歷公共建設的經驗，我發覺村民的互動關係約有三種重要特性，這些特性也都是有問題性的，在其他村子或社區也可能普遍都有，故也具有通性的性質。就此三種特性及其對社區建設與發展的影響扼要分析說明如下：

(一) 凝聚共識不易

許多村里社區的公共建設與發展過程都必要經由村民的共識才能開展，但是村民的共識建立不易，因爲不同的個人或家庭會有立場、條件與期望的差異。爲了建立對社區建設與發展的共識，常要經由村中領袖或外邊的官員專家舉辦說明會，經過勸導鼓勵才能促成，過程常很不簡單，難免耗費時間與進程。有些較爲困難的共識，經過溝通也難有成效，使建設與發展的事功難以開展。

(二) 領導人會有私心

社區領導人，尤其是建設計畫的主持人，對於計畫內容掌握較多的資訊、資源與權力，有較多的機會依照自己所好行事，卻很可能受到其他村民的質問、懷疑與不服，成爲其不服從，不配合的理由。可能導致領導力的消滅或喪失，也敗壞建設與發展的事功。

(三) 村民會有歧見與流言

衆多的社區居民中，難免會有歧見與散播流言之人，對於領導者不利，對於社區建設與發展也不利。歧見的由來可能出自個人的差異條件與偏見，流言的源起有可能出於個人的多疑與想像，也都可能出自他人，尤其是領導者的不力與差錯。村中有歧見與流言的人越多，團體行動就越困難越吃力，影響社區建設與發展越少有成果。

五、吾愛吾村概念與計畫的推廣與檢討

吾愛吾村是一種社區建設與發展的概念，也是一種行動計畫，值得天下所有社區人民效法與實行。已經實施過的社區可將經驗介紹並推廣給其他社區，尚未實行的社區則需要學習與效法，我寫本文也具有推廣的意義與用心。

檢視我的村子在推行社區建設與發展的過程中，多少能激發出「吾愛吾村」的情操與理想，但嚴格而言，此種情操與理想並未發揮到非常成功的境界，需要改進的地方還有很多。我能感受到的至少有下列幾點：（一）領導者必須要開誠佈公，取得全村民的信賴；（二）村民必須要體認建設的重要性，並能團結合作，共同努力；（三）外出的遊子也要能多用心關照家鄉，爭取外界的資源與力量，協助故鄉社區的建設與發展；（四）村落社區的建設與發展不可過度依賴政府或外界的支援，更需要自力更生，自尋生路，尤其是產業經濟發展的出路。這幾點必要村中的人自我勉勵，加以改進，外界要學習與效法本村推動類似計畫時，更應注意改進。

紀念楊懋春教授的幾點風範

這篇文章是筆者在三十餘年前寫成，因感念楊教授在其著作中多處提及社會良心的重要性，文中所提幾點風範也極富社會良心的意義，於今楊教授雖已過逝多年，其精神與信念猶在，乃將此文收集在本書中，增加對社會良心的體會與了解。

楊懋春教授於民國四十七年八月受臺大聘請，自美回國在臺大教授鄉村社會學及相關課程，並於翌年受命在臺大創設農業推廣學系。楊教授於民國五十九年自臺大農推系辭退系主任及專任教授職之後，繼續在臺大兼任教授並被東吳大學聘爲專任教授兼新設社會學系系主任，至去年辭去東吳系主任職，但仍當該校專任教授。筆者於楊教授初回國時，修讀其在臺大農經系開授的鄉村社會學課程，後來進入臺大農村社會經濟研究所跟他修讀高級鄉村社會學，並請楊教授擔任論文指導教授，與楊教授之間始有較正式的師生關係。繼而受楊教授邀請，進農推系，成爲教員，因而又成爲楊教授的後輩同事，平時受楊教授教益良多。此時逢其七十五歲誕辰，學生們由衷樂以文集的方式表示敬謝之意。有以學術論文表示者，有以隨興著文表示者，有由與楊老師的關係談起者。我因感到楊老師足以令人敬佩的風範很多，乃決定將之寫成一短文以應盛舉。所寫的這幾點實不能道出其風範之全部，但楊教授不是喜歡別人（包括學生）過分讚揚他的人，我也不敢過分其辭，因此才只簡略寫出幾點有關他辦學、治學、處世待人的態度與做法，供爲已知者緬懷，並供未知者認識。

一、爲培養後進不惜得罪同輩

楊老師回國門不久，即受原臺大農學院長馬保之博士所請，在臺大創設農業推廣學系。該系設立的目的在培養能研究有關農業推廣學及鄉村社會學高深學理並能從事農業推廣及鄉村社會建設的高級人才。該系成立之初，教員空虛，外界幾位元老輩人物自以爲過去的經歷與農業推廣的關係綽綽有餘，就可以有充分的資格當大學教授，乃毛遂自薦或經人關說，要楊教授聘用他們。楊教授客觀衡量他們的學術資歷及能力，實在不甚理想，於是沒有牽就，終於得罪這些位同輩的元老勢力。楊教授在堅持寧缺勿濫的情形下，同時積極延攬年輕並有能力的人才，加以鼓勵培養。雖然當時楊教授沒有公開說明沒聘用元老輩人物的理由，但用心的目的顯然在爲系、爲校、爲社會、爲國家的學術前途著想。在他看來這些老一輩求職者的社會歷練都很足夠，但其學術成就卻很不足。這些上了年紀而學術成就又缺乏的人，能再努力的潛力也必極爲有限，一旦由他們進大學任教，要其領導所教導的學術科門進步發展，也將極有限度。他們若進而將其長期在行政機關或中等學校的行政作風，帶來學術機關，視大學如同行政機關或中等學校，則要在大學中樹立精研學術的風氣，恐怕就難了。當時楊教授堅持不接受不合資格，但卻是元老勢力的人進入新設的推廣系，一時又不能充實系中的教授陣容，乃受到若干不解的外界人士與失望的元老們所批評與指責。所幸他能不在乎這些閒言閒語，一心注意訓練學生，培養後進，從學生中選取有潛力者加以訓練並鼓勵其從事學術研究。經幾年的功夫，終於訓練出幾位有能力並有資格在大學教書並研究的年輕人。經楊教授的鼓勵與感召，有志於選擇以教學及研究爲終生事業的學生乃日漸增加。他的這些學生們都能彼此觀摩，以做好研究並教好書相互勉勵。他們大多數都能認識到要在學術方面建立較深厚的基礎，則出國進修是必要的途徑，於是他們之中前後出國進修並在國外優良大學獲得社會學、鄉村社會學、成人教育學及其他相關科系的最高學位者，不乏其人。這群年輕的學生輩中，回國後逐漸擔負了鄉村社會學及相關學科的重要教職，使鄉村社會研究在國內逐漸生根、開花並結果。這些對研究鄉村社會有志趣的年輕人，不僅限於留任母系的教員，也包括分散在其他大專院校任教，在研究機關從事研究及在農業機關從事實際工作的人員。如果當初楊教授存有鄉愿作風，遷就同輩元老勢力的要求，恐怕今日的這些青年鄉村社會學研究者就產生不出來了。

二、養才用人不分省籍

楊教授原籍山東，他對早年成長的鄉土存有濃厚的感情。由其名著《一個中國的農村》（*A Chinese Village*）一書中，對故鄉人物及風情的精細體味及深刻描寫，便可見之。然而楊教授熱愛鄉土的情懷，並沒有使他形成狹窄的地域觀念。在培養人才及選用人才的做法上，都能超越狹窄的地域觀念，不重視省籍的因素，完全視其興趣、志願與能力爲選取準則。受他直接鼓勵並選用而留在臺大農推系任教的學生輩青年中，沒有一位是與他同省籍的，就是祖籍在大陸上其他省份者，也非多數。在他的觀念中，選用學生留校任教的重要條件是其能力與志向。因爲他所主持的系是農業推廣學系，因此他認爲教員的職志應以研究農業推廣、鄉村社會以及關心鄉村居民爲是。事實上有這種志願的年輕人，都以臺灣省籍，並有農村背景者居多。因此在楊教授主持系務時，學生留任當教員者及經其延攬進來的教員中，本省籍的年輕人，反而成爲多數。他所培養並留用的學生輩教員中，也曾包括他省籍的朋友，但是都於到國外進修之後，就停留或轉往外國另謀高職。這種結果多少有點不符合楊教授的本意。

楊教授心未存有地域偏好的觀念，養才用才以能力志趣爲原則的作法，使年輕的學生心悅誠服。也在年輕學生中深深植下目前大家認爲極爲重要的「團結四方」這一概念的根苗。了解的人應可以看出他這種誠懇的作風，很能有效影響這個地域觀念還相當濃厚的社會中的後一代，使他們眞能出自內心摒棄地域的成見，共同促進社會國家的進步與發展。

因爲楊教授本人沒有地域成見，因此當他在國外偶遇幾個自臺灣出去的留學生並發現他們言語裏還存有地域成見時，都會加以勸導。經其勸導後學生們都能服膺其解說，而化除成見。平時受他教導並與他接近的學生，也都受他這種態度的影響，不以地域偏見爲是。並且大家都能進而了解到，要使國家社會團結，則各階層領導者，先要能徹底排除本身的省籍差別觀念。

由於楊教授聘用教員時除視其能力外都能以其志向爲重，所聘用的人大多能以關心鄉村社會並研究鄉村社會爲職志，使鄉村社會學這門冷門學問，至今仍有人樂於研究，因之，使這門學術在本省長出了根苗，並且不斷在茁壯中。

三、不凡的學術成就給學生無限的感召

楊懋春教授一向認眞寫作，中英文著作都甚豐富。少年時即常在報章撰寫專論。其英文名著《一個中國的農村》（*A Chinese Village*）被認爲是一部不朽的學術傑作。這一巨著是他自康奈爾大學獲得博士學位後不久，在哥倫比亞大學擔任研究員時所寫。由於他的社會學知識豐富，乃能將重要的社會學理論與概念，巧妙地融合於書中各章各節。他所描述的中國鄉村生活又充分展露出其故鄉的實際資料，讀者閱讀此書，既能獲得社會學知識，又能清晰看出中國北方農村的社會現象，及文化特質。此書的學術價值極高，趣味也頗豐饒，乃普遍受讀者熱烈喜愛，讀者甚多，尤在國外爲然，書的銷路自然極好。這本書由哥倫比亞大學出版社出版，繼續不斷再版中，至今已印刷十餘版。筆者於留學美國時間，發現重要大學的圖書館裡普遍都藏有這本名著，並且發現這本書的內容常被外國學者多處引用，用爲論述中國社會及文化時之參考。

楊教授這本巨著使他本人受到不少鼓勵，也使他的學生們獲得極大的鼓舞。學生們以能獲得這位異邦學界人士都佩服的學者爲師，而覺光榮。學生們更能從本書獲知民初時期中國農村的實景，並從中習得高等的社會學寫作技術，這些技術包括作者必須先對所要撰寫的社會事物有深刻的認識，再加上善於運用足以感人的筆力。這種技術誠非功力十足的社會觀察家，及運筆嫻熟的寫作家所不能具有。學生們接觸楊老師的這種功力，確能受到很深的感染。

楊教授一生勤於讀書寫作，其重要的著作有彙集多篇論著的《勉齋文

集》，及用英文寫成的*Social Economic Results of Land Reform In Taiwan*（臺灣土地改革的社會經濟效果）等。前者彙集的是他在一九五二年至一九六三年共十一年內旅美期間所寫的文章，及回臺灣初期所寫的重要文章，共七十八篇，約六十六萬言。討論記述的範圍甚為廣博，有學術思想部分，生活經驗部分，宗教信仰部分，旅遊觀感部分，鄉村農業部份，及時事評論部分等。而學術思想部分又涵蓋社會學、文化學、教育學、及經濟學等。這些文章充分顯露楊教授治學及做人的一些長處，這些長處是有淵博的學問，有深刻的思想、敏銳的觀察力，以及誠懇的做人態度。認真讀這本書的人，都能從中獲得深邃的啓發，使自己的學識思想更成熟而豐富，使自己的觀察力更敏銳而正確，也能使自己的為人處世更平實而誠懇。

《臺灣土地改革的社會經濟效果》一書是楊教授近期的英文巨著之一。於一九七零年由位於夏威夷的東西文化中心出版。該書是一項科學性的學術研究報告，綜合社會學者、文化人類學者及農業經濟學者治學時所應持有的知識及方法，精細分析了臺灣土地改革對社會道德、農業發展、生活條件、社會結構、社會關係、權力結構及鄉村社區領袖等方面的影響。全書厚達五百餘頁，分析詳盡。成為國內外學者研究臺灣土地改革及鄉村社會經濟變遷時所不可或缺的重要參考書籍。本書是作者繼《一個中國農村》一書後的另一本重要英文著作。書的出版方便了國內外學者對臺灣社會經濟及文化作更廣泛及更深入的認識，於是深深贏得他們對楊教授學術能力及貢獻的敬佩。國內的年青學者面對這本巨著，除了佩服作者的功力之外，又無不受其努力不懈的研究精神，及造詣高深的英文寫作能力所感召而戰戰兢兢。

楊教授寫作又勤又快，使他在過去二十年內出版無數的書籍及文章。較重要的書籍有《鄉村社會學》、《我們的社會》、《致富有道》、*Chinese Social Structure*（中國的社會結構）、《鄉村社會學與農業發展》、《農業技術改變對鄉村社會的影響》、《社會化與生活規範》、《史學新論》、《學苑拾翠》、《今日臺灣鄉村生活的透視》、《臺灣土地改革對鄉村社會制度的影響》及《農業興衰的社會因素》等。其中《鄉村社會學》一書是一本十分符合國情的大學教科書，內容都以國內鄉村社會的實情闡明社會學原理，或以社會學原理解釋國內鄉村社會的事實。

楊教授寫作的作品極爲豐富，經常幫他抄寫文稿的助理或學生，有時常爲自己的抄寫速度不如楊老師撰稿速度之快而發窘，可是抄寫者也能因最先欣賞楊教授的初稿而覺非常快樂。

四、喜愛下鄉也鼓勵優秀青年下鄉

楊教授治學重視理論思想，但又認爲理論思想應該建立在實際事物的基礎上，這是他治學的重要原則之一。照他的看法，要發展鄉村社會學理論需要靠實際的鄉村社會資料做爲基礎。要獲得鄉村社會資料，則有賴研究者勤於到鄉間走動，與農民或農民的導師農業推廣員等會談。楊教授每從事一項有關鄉村社會的研究，必定都要下鄉，當他不從事這種研究時，一旦有機會也樂意下鄉，爲未來的研究儲備材料。楊教授不懂本省方言，當他與農民直接會談時難免受到限制，但透過同行者翻譯之後，照樣能獲得豐富的心得。每次下鄉之後，都能將與農民們會談的心得寫成專書。其近著《今日臺灣鄉村生活的透視》一冊便是於一次與筆者下鄉之後寫成的心得報告。

如今楊教授雖是一位年在七十以上的老者，但他下鄉的興趣仍不減退，只是於每次下鄉時更希望有年輕的同事同行而已。不但他本人注重下鄉的經驗，對青年學生的下鄉經驗也極重視。他期望有爲的青年不只應短期下鄉服務，最好還能長期留鄉服務。推廣系畢業的學生中不乏深受他的感召到鄉下的農業機關工作者。這些下鄉青年有的在地方農會裡當推廣員或總幹事，有的到糖業公司的試驗場當研究員，或在工作站當分擔員。其中也有不辭辛苦的工作及微薄的待遇，到山區當社區發展的工作者。

此時臺灣地區的都市化快速進行中，農業失利，農村蕭條，優秀的年輕人都於完成學業之後希望停留在都市打天下，把奮鬥的目標放在都市中的企業機構或政府部門。楊教授鼓勵青年下鄉服務鄉民的信念，確實越來越難爲青年人所接受。但是他關愛鄉村的心情並沒有因之放棄，他仍殷切期望年輕一輩中，有人能立志獻身鄉村服務，到鄉間去推動社會、經濟及文化的建設。這種期望是針對社會的需要而發的，表現出當前難得的社會良心之一面。如今大專畢業青年大多不願前往鄉村地區服務，但接受過楊教授指導過的農推系學生，及若干社會系的學生中，都經常有人願於畢業後毅然前往，這些學生多少都受到楊教授深厚的基督教犧牲精神所感召。

如今鼓勵知識青年下鄉服務已成爲當局的一項號召，但響應者仍極有限。這種號召要能被青年樂意接受，除能以有效的政策性措施加以配合外，也得有賴於像楊教授這種教育界的長者，給予青年人多一些開導與感化才能見效。

五、虔誠信奉基督教但不勉強學生成爲教徒

認識楊懋春教授的人都知道他是一位虔誠的基督教徒。他信仰基督的方式，一方面把基督教義當作一門學問加以研究，另方面卻把基督教義中優良部分如博愛、犧牲與服務運行於日常生活中。楊教授的宗教活動歸屬於信義教會，經常參與臺大校園旁的一所稱爲「眞理堂」教會的禮拜活動。由於他的學問道德與熱誠的條件受同堂教友們的敬重，乃尊稱他爲「長老」，教堂也經常請他講道。楊教授講道時與一般專業的牧師講道比較起來往往有他獨到之處，他善於運用日常生活的觀察心得及社會學、心理學及文化倫理學的理論，來解釋或充實基督教義，卻不多強調聖經中令人聽來覺得勉強或霸道的經典部份。因此聽者就不會以爲他在傳教或迫人信教，反而更能欣然接受其所說的道理。

楊教授的學生同事中大多對基督教或其他宗教都沒有很深入的信仰，絕少有立志成爲宗教家者。楊教授了解這些學生或同事們在禮拜天要不是還得

忙於讀書或撰寫研究報告，就是貪圖休息。這些學生或同事的父母們所信仰的宗教也與基督無關，因此他們大多數也沒有成爲基督徒的意念。了解學生或同事們的處境，楊教授與他們平時相處時，絕少提及耶穌基督或聖經，反而他的同事或學生們在讀他的一些著作，以及偶而聽了他在講道會上的說辭之後，眞能服膺其道理與心得，由之也服膺了基督教的根本教義與理論。因爲楊教授這種影響不是刻意的，更不是強求的，因此服者更能由內心誠然接受，毫不覺得勉強。

楊教授對宗教的虔誠並不僅限於空口說白話，他還參加較形式化的禮拜，也經常割捨微薄新水所得的一部份，奉獻給教會辦理有意義的活動。他做了這等奉獻之後，並未多使人知，然而同教會的教友都會將之傳開來。一個對宗教熱心奉獻的人，往往對社會服務也有深厚的興趣。楊教授尤其關心本省鄉村文化發展的事，常想到如何透過鄉村服務來推動鄉村文化建設的問題。

六、不在其位不謀其政

作爲一位純正學者，楊教授並沒有兼任過行政要職，只曾經在大學中兼任過系主任，爲期約十年，於七十歲那年依校方規定卸下臺大農推系主任的行政職務。不當系主任之後，他再也不干涉或蓄意影響系務。這種作風與其他若干退了位的系主任或其他行政首長仍對其權位留戀不忘，並經常處於「幕後老大」的做法截然不同。許多年紀較大，但辭了任務的主管常對年輕的新主管仍捉住不放，處處要影響他們並操縱他們。楊教授一點也沒有這種想法與做法，使他的後繼者不必有看他顏色的顧慮，可以任意發揮自己治事的長才。

然而楊教授對他所領導發展過的臺大農業推廣學系，並不完全冷漠視之，不加關懷。相反，他仍會克盡他的所能，對這一學術研究及教學單位極盡關切並愛護。他不忍離開這一經他用心經營過的園地，雖然目前他旅美子孫們希望將他接往國外居住，使他徹底退休養老，但他不願前往。目前他的健康情況良好，教書寫作都能自如，乃願意以兼任教授身份給推廣系的學生繼續開課，於是學生們才能仍然經常親自聆聽他的教益及閱讀他著作的新書。

楊教授一天還在農推系，農推系的學生就可以有機會不斷接受他的教誨，他的學生輩教員們也就還有機會經常向他請教。通常楊教授不願意過問年輕同事的研究計劃及教學內容，但這些年輕同事在教學及研究上遇有疑難，並向他請教時，都能獲得誠懇而用心的指導或改正。雖然他已不處在主管的領導地位，但他的學術指導及思想領導的功能，都沒有減少。以他昔日及今天的作風及影響，若說他在鄉村社會學研究及農業推廣教育上開了一代之宗師，實不爲過。

七、年逾古稀仍然勤奮不息

如今楊教授年逾古稀之齡，仍然天天勤奮不息地將全副精神投注在閱讀書籍與研究學術上，從不懈怠。這種他人少能有的精神與行動，實在能爲同輩的人所讚嘆，爲後輩的人所敬仰。一般像他這麼大年紀的學者，往往都自以爲年事已高，可以放鬆腳步，不必再努力讀書研究。他們之中意志較不堅強者，對讀書及著書立說早已缺乏興趣了。然而目前楊教授卻仍然用功如昔，常閱讀新書，並常有新的著作出版。出版的速度仍爲許多年輕的用功學者所不及。更不用說，是不用功的青年人所能比擬了。每當他與年輕學者同時接受稿約時，楊教授總是按時且是第一位繳稿者。他這種快速的手腳，常使落後的青年學者大嘆不如，因而爲之臉紅。他所以能寫得這麼快速，實得力於他自少年起讀書都能力求融會貫通，並使思想練達，故當他接受一項新研究題目時，在他腦海中已立刻浮顯一篇文章或一本書籍的概貌，下了筆就能如行雲流水，一口氣完成。

因爲楊教授寫作勤快，提出來的研究報告又都是有思想有見地的上乘之作。國內社會學界或文化人類學界每有學術研討會議，都會請他參加。會議的報告中有他的文章則內容便可生色不少，會議時有他在場發表讜論，就可使與會者爲之振奮。他在國內的學術會議上表現如此，在國外學術會議上的表現亦然。聽過楊教授用英文發表的人，都會爲其造詣之深，功力之高所折服。

雖然楊教授已從臺大退去專職，又於近時從東吳大學退去行政事務，但目前他在臺大與東吳兩校所教課程的總和，仍不較前減少很多。對於教務，他沒有輕易退避。於今日及未來仍可見他常孳孳不息地領導學生讀書、思考與研究。在課堂上他所給學生的啓發之豐富，會使學生深深地感到，如果他眞丟下課程不教，那眞會是學生們的一大損失。

社區共治共建點評稿

我是蔡宏進，臺灣大學及亞洲大學的退休教授，謝謝主辦單位的邀請，前來廈門擔任海峽兩岸社區論壇論文點評人。我聽了三位先進的演講之後，簡單報告心得如下。

西安李林蔚主任在他的演講中，指出他們的社區以「四位一體的民主議事機制及組團式服務的工作模式」來建設他們的社區。這種模式經由會議討論，即時溝通，確實能顧全社區居民全面的意見，減輕社區居民的疑問，解決了不少社區問題。由整合社區資源，提倡社區服務多元化，也為社區提供許多服務。這個社區能有輝煌的建設與發展成果，社區居民能生活得更幸福，是經過社區全民共同參與協商後達成的，恭喜西安雁塔世家星城社區的成就。但我猜想這個社區在議事協商的過程中，一定也會有不很順利的遭遇，以後如果有機會多聽李主任在這方面的經驗談，必定會有更多可貴的參考價值。

來自臺灣的劉冠雄秘書長報告臺灣社區發展協會的發展過程，很強調這個組織對社區發展的重要性，為社區做了許多事，重要者包括促進團結、爭取經費、充實設備、美化環境、分組服務等，進而也設定多種下一步的工作目標。這個協會確實是推動社區共治共建的重要推手，但是我也推測這個組織在共治共建設區的過程中必定也遭遇到許多衝突與矛盾，尤其是社區發展協會與社區理事會之間的鬥爭，以及不同的社區居民之間的衝突與矛盾更是難免，這些衝突與矛盾是由不同社區組織之間，或不同的社區居民之間的不同興趣、不同立場與利害，以及不同條件與才能等的差異性所造成的，這些都是社區協商的要點。劉先生如果也能提供一些這方面的經驗或資料，將可使大家了解更多社區協會任務與功能的內幕訊息，也將可增添大家的心得與收穫。

寧波市南裕社區的徐艷主任對於這個外來人口很多的社區，在共治共建的方法上強調用民主協商的方式，由是解決不少社區問題，提升居民的社區歸屬感。這個社區對民主協商的重要作法有四項：（一）建立論壇機制和規則，（二）由家訪了解實情，（三）培訓意見領袖，（四）解決熱點及難點問題。這四種辦法都很具體，確實也都是很有用的社區協商方法與技巧，也是很有效的社區工作策略。每項的作法也都很用心，也相當細膩，例如邀請外界學者專家等多方面的人士參與，很值得其他社區參考與效法。但是我有一個疑問，南裕社區能這麼幸運，得到外界學者專家的參與，背後是否因爲有政府等力量的支助？這是很必要進一步再釐清的。我擔心不是所有的社區想邀請外界的學者專家幫助都能順利達成，可能會有缺乏經費與人脈的問題。

在點評三篇論文之後，我對於這次論壇的主題，也就是「社區協商共治共建」想補充兩點小意見：第一，社區事務是有關眾人之事，需要社區居民甚至政府共治與共建，不能只由少數人掌控或黑箱作業；第二，參與社區共治與共建的個體或單位會有不同的興趣、立場、利害、意見與才能，難免會有矛盾與衝突，因此必要經由協商過程，才能取得整合性的發展與建設策略與資源，才能使社區發展與建設更有效率與成就。這次論壇主辦單位選擇這個主題可謂用心良苦，我們與會大眾及參與推動社區發展事務的同好們，都必要有此理解與信念，並且要善用協商的策略與方法來實現社區的共治與共建。謝謝大家！

鄉村基層警察的功能問題與特性的探討

一、一片比較缺乏研究的鄉村社會學領域

鄉村社會學仍是世界上許多國家的一門重要社會科學，雖然此一學術領域在臺灣的高等教育界已逐漸消失，但不等於缺乏研究的空間與價值。今年春節我專程到南部鄉下小住，遇見幾位在鄉下擔任基層警員的熟識朋友，與之閒聊，覺得有關警察的故事不能只從成龍的電影那麼輕鬆樂觀的看待，而需要有人進一步較嚴肅認真並深入研究。過去國內外學習以及研究鄉村社會學的人，對於鄉村警察的研究都留下空白，主要是因為在歷史上警政是門禁深嚴的衙門，平民百姓少人能夠或願意與之接觸。警政內部的管制也很嚴密，不能將內部的訊息輕意外漏。鄉村社會學者也很保守，缺乏勇氣與注意力去對前人未有研究的園地開疆闢土，作為研究的新課題。這些缺陷致使鄉村警察制度的功能與問題都少能見光。

我個人感覺到一項學術研究要有價值與貢獻，必要尋求相對重要卻少被探討的課題，從中切入。鄉村警察及其密切關聯的治安是鄉村社會體系很重要的一環，鄉村社會學界有責任付出心血加以研究，作為份內工作的重要部份。

二、有關警察研究文獻的回顧

有關警察的研究在鄉村社會學的領域留下空白，但在警政領域並不缺乏，其中討論較多的是組織與角色或功能。在此選擇兩項文獻摘其內容要點如下。

朱源葆編著〈警察角色、組織與執法型態〉一文，對警察的角色回顧多位專家的說法之後，他將之定位在三種功能上，即（一）服務人群，（二）執行控制犯罪，（三）維持社會安寧。對警察組織的討論著重在發展，經初創期到建立期及專業化時期，再到現代社區警察時期，對不同時期的組織形

態作了相當詳細的分析與說明，且對傳統警察與社區警察性質的差異也做了比較。最後對警察的執法型態分別從一般工作型態、執法內容、勤務功能等三大方面加以分類。作者對於一般工作型態參考了多位西方學者的不同分類，對於執法內容主要是取自國內的經驗加以介紹，依法定的業務型態非常繁多，共有十九項一零七目。至於勤務類型則共分成巡邏、刑事偵查、警勤區及警民關係等四類。

洪勝堃在《我國警察組織與功能之介紹》的講義中，追溯現代警察起源及歷史發展，包括在歐美及我國的歷史演變與發展過程，對於警察的任務或功能共界定七要項，即（一）保障婦幼安全，（二）防止少年犯罪，（三）阻絕搶劫、毒、人口走私，確保國境安全，（四）防止賄選暴力介入選舉，（五）全力偵辦詐欺背信犯罪，（六）反仿冒與盜版，（七）因應國際恐怖活動，建立有效反恐機制等。這些功能是將控制犯罪功能加以放大細分。

三、鄉村警察的業務功能比較繁雜忙碌

依照法律規定，鄉村基層警察的任務很多，從大處看包括維持治安、服務鄉村及作為人民保姆。細部的業務卻很繁雜，包括查戶口、抓小偷盜賊及詐騙集團、解決打架紛爭、阻止暴力事件、處理交通事故及違規事件等。規定的職務之外還需要協助其他單位處理許多繁雜事務。像幫保全公司開門查看屋內安全，協助環保人員取締汙染源等。

因為鄉村人民的生活習慣與都市人相當不同，鄉村警察最常遭遇的忙碌事務與都市警察遭遇的也相當不同。在日常生活情形下，較忙碌的業務大約包括三大項目：一是治安，二是交通，三是為民服務。在治安方面，比較忙碌的工作是緝捕竊盜及詐騙歹徒，此外防止家暴及吸毒案件也相對較多。在交通方面的事務主要是處理交通事故與交通違規，其中較小的交通事故常找里長和解處理，較大案件則必要由警察處理。為民服務方面，主要包括上層規定與交代的家戶訪查，也即是以往的調查戶口，以及包括對弱勢家戶的探訪與照護等。

四、基層員警承擔的若干制度性問題

鄉村的基層警員在警政架構體系中屬於底層，基層警員在職位上都得聽從上級的命令。許多當前的鄉村員警提出的問題也都是警察制度上的問題，到了基層由地方員警接受或承擔。綜合多位基層員警的反應，筆者將當前較重要的基層警政問題整理成如下數點：

(一) 面臨退休熱潮及人力不足的問題

地方員警退休熱潮與人力不足是當前鄉村地區警政系統的兩項大問題，卻可合併成一大項重要問題。目前許多地方警察機關如派出所，人力普遍不足，卻很難補足，以致影響在任者工作份量較過去繁重，造成許多人有退休的念頭，實際上每年退休的人數不少，補充人力又不容易，更形人力短缺。每位地方員警常要負擔多人的職務，工作越加繁重，想退休的人越多，形成惡性循環。這將是全國健全警政制度、組織與功能的一大危機，上層不可不察，更需加以補救。

仔細探討目前鄉村基層警察紛紛要求或等待退休和離職的原因，除了前述因爲人員缺乏，未補的缺位太多，以致在職者工作份量有超出合理的負擔。此外還有下列幾項重要者：

(二) 擔心退休待遇

許多地方員警擔心太晚退休會領不到退休金，或退休待遇會變差。有此擔心與行爲取向的基層員警所占比率不低。心存退休的員警，工作必然也會較不積極，因此補充缺乏人力的問題實值得上層警政乃至最高當局的重視，由健全退休制度及補充必要人力雙管齊下，謀求改進，使警政制度能更健全運作。

(三) 工作時間過長

因為人員短缺嚴重，現任工作者常要一人當成兩人甚至更多的人使用，工作時間常要超出許多，包括要超出不少可領加班費範圍外的時間與工作。鄉村基層派出所員警人力不足，固然有因出缺之後補充困難造成，也有因為地方分局與警局對人員調配不當。被調到局內服內勤的人員過多，留在基層派出所服外勤的人力偏少。此種人力調配不當的問題，固然有因為整個警政體系的中階主管處理不當使然，也有因為整個警政文化偏差造成。不少人貪圖較輕鬆的內勤工作，較不喜歡辛苦的外勤工作，也不喜歡責任較重的業務，因此稍有背景與關係的員警，都申請或要求調職內勤。也有些主管人員礙於人情，以致未能很合理安排組織內人事組合。

(四) 鄉村基層派出所的一些必要設施未能正常充實補足

此類設施如電腦、辦公室、員警的住宿及錄影機等，若有不足，常由地方的寺廟及民眾捐款補充。此種民間協助警方的現象固然可喜，但若有缺乏必要的設施，實應由體制內自行補充，才較合宜。整體系統內的財務管理以能更為精密為是，由節省不必要的開支，充實必要的設備，使財務分配更合理化，也才能使納稅的人民更為信服與滿意。

(五) 對基層員警懲罰偏多獎勵偏少

基層員警勤務與工作的好壞以獎勵與懲罰報償。警政工作基本性質是一種控制犯罪行為的工作，警察與其接觸的對象都處於矛盾與衝突的位置，被糾正或處罰的人不會對警察感謝或表示好感，因此警察被指控的機會特別多。得到保護的善良百性，又都未有或少有直接與警察人員接觸，雖可因警察除惡而獲得好處，但對警界都不直接告知或表示。一般人對警察人員的功勞與貢獻少有感覺或少用心去理會，警員平時的善行與成就也少受到社會注意與激賞。體制內的上層主管人員對於下層員警也都較習慣要求順利完成任務，不習慣給以特別獎勵。當人民對員警表示不滿意時，都會連累上層主管，上級主管也都可能因而被記下懲戒或過錯，於是上級對下層加以懲戒的習慣乃形成警界的風氣與文化。鄉下基層員警受到申誡記過者很平常，得到獎勵記功者卻較少見。

(六) 績效評估的方法存有問題與矛盾

鄉村基層警察以及其工作所在的派出所，績效的評估都取用比較方法，一種是與其他單位作橫切面的比較，另一種是與本單位在不同時間或不同年度的績效作比較。比較準則爲能統一化與標準化，乃取相對性的百分率爲指標，並非取絕對件數。相對性百分率的計算受基數大小的影響甚大，同樣的件數在母體基數較少的群體件中，所占的百分率較高。但在較大的母體基數中，所占百分率則較低。此種使用相對比率比較績效的評估制度存在一些矛盾，譬如甲地某年犯罪的基數較少，在新年度犯罪件數雖也很少，但其增加的百分比有可能較大，其治安績效可能被評定不佳。但在乙地的同年犯罪件數明顯較多，但其原來的犯罪案件的基數也較多，則其犯罪增加率可能較低，故在評估治安績效時，乙地的成績可能會比甲地好。但事實上甲地的犯罪案件卻較少，應有理由被評爲治安績效較佳者，但當使用犯罪增減或變化率大少作爲評估方法時，則甲地常較吃虧。此種績效評估制度的矛盾與不合理處，看在犯罪件數相對較少的鄉村派出所員警的眼中，他們在績效評估上常是較吃虧者，但也少有要求變更或改善的能力與機會。這也是警政評估制度上需要研究改進的一項。

鄉村基層警察績效評估上存在另一矛盾的地方是將犯罪案件多寡，計爲不良工作績效，而將破案件數多當為良好工作績效的衡量準則，這種衡量準則也存有矛盾與衝突性。本來犯罪案件多少與被破案件多少成正相關，但計算績效時卻將之放在正反兩種不同意義或指標的位置，致使鄉村基層員警在適應上會存有矛盾與納悶的感受。

五、鄉村基層員警背景特性的窺探

在鄉村地區基層派出所服務的員警是一種特殊的人口類屬，也是一種特殊人口群體，此種類屬或群體的特性建立在兩項要素上，一種是從事警察的工作與業務，另一種是工作與服務地點在鄉村。這兩種類屬或群體上的要素，也引起鄉村社會學研究者的興趣，想去窺探鄉村員警的身家背景特性。由了解其身家背景，使能進一步探究警員背景所反應的工作態度與工作風格。我所得知的訊息並非經過取得大樣本作統計分析的結果，而是只由訪問有限幾位認識員警的資料作為窺探的依據。先說依據我所得知少數個案資料的特性，再粗淺推測與判斷其在工作處事上的重要性質。這種推測或許會稍有偏差，希望鄉村基層員警們不必太認眞追根到底其正確性，而只將之當為一項有趣的研究課題。在本節先說明我所觀察揣測幾種員警的幾點重要身家特性。在下節我再說明我觀察到的較共同性的工作治事風格與特性。

(一) 多數員警出生鄉村且為農家子弟

多數服務鄉村地區的員警都出生鄉村，也為農家子弟。當初選擇此項職業都因家中缺乏雄厚產業，家境平平，希望選擇一項收入較為穩定的公職工作，能夠養家糊口。鄉村子弟較可能選擇的理想工作約有三大項，即中小學教師、警官與警員、職業軍人。其中要當小學教師必要先進師範學校，要當中學教師必要考上師大或其他大學，要當警官必要就讀警官學校，早期要進大學、師範學校與警官大學都較困難。要當基層員警可由報考警察學校，也可於高職畢業後再經短期專業進修訓練，或經特考取得資格。

(二) 多數鄉村基層員警都無顯赫家世背景

目前工作於鄉村地區派出所擔任外勤工作的基層員警，常會感嘆缺乏覺顯赫的家世背景，以致難能調進街上或小城中的分局等較高階單位，擔任職責較輕、工作量較少也較輕鬆，又能吹冷氣的內勤工作。留在鄉村派出所當員警，勤務時間超長，加班計費時間則很有限，經常多做很長時間的白工，多少會令人生悶氣。

(三) 多數員警選擇工作地點在家鄉附近可就近照顧家中老小

過去警察人員與銀行的人員常會被派到與家鄉較遠地點工作，避免瓜田李下，容易與鄉親勾結。近來員警對於服務地點的派任容許在家鄉附近，比較合乎人性。多數的基層員警喜歡選擇在家鄉附近服務，可方便照顧鄉居的年老父母，也可將妻小安頓在附近就近生活與就學。也因此，以往鄉村地區派出所普遍附設供爲較遠地前來服務員警居住的宿舍，多半都已廢除，不再存在。

(四) 與轄區住家居民都有較頻繁也較熟悉的互動

一來因爲鄉村社區或村落的住家人口不多，員警本身又都有農家或鄉村的背景，入鄉隨俗，因而都較熱情，也較能親民，與轄區民衆有較良好的互動。身爲執法人員，這些互動也都合乎情理，較有人情味。以往派出所給人有門禁深嚴的刻板印象，如今已有不少變化與改善。

六、較共同性的治事與服務風格

出生鄉村又在鄉村地區工作服務的基層員警必會受到鄉土的感染，在治事服務上會有三種重要的鄉土風格：

(一) 較能潔身自愛少有貪婪野心

由於警察握有管理治安的公權力，常爲歹徒的剋星。有些圖謀不法利益的歹徒也容易找執法的員警掩護，與之勾結，這種情形在都市地區相對較多，因爲能隱藏不法利益的機會較多，圖謀不軌的黑幫人物也較多，員警較容易被誘惑威脅而陷入不法歧途，但在鄉村地區，這種情形則較少見。

在鄉村地區的員警因爲環境較爲單純，社會較爲透明，民眾較爲善良，員警父母也都是與當地民眾同類的善良百姓，員警於公於私都較純樸乾淨，少有非份之想，安安份份工作，誠誠實實待人，也很守本份養家餬口，使鄉民都能較心安。

(二) 對待民眾較能和氣親切

由於鄉土地緣的關係，鄉村的基層員警對待地方民眾都較能和氣親切，這與鄉村地區的人口與社會特性有關。鄉村人口數量較少，關係都較爲密切，人際關係都較親密投入，少有虛假與表面化。鄉村的社會結構也相對較爲單純，關係較爲密切，且較需要相互扶持。鄉村基層員警置身在鄉村社會與人群之中，難免也具有鄉村人民與鄉村社會的氣質，對待民眾都較爲和氣親切。

(三) 辦事較能兼顧情理

員警是執法人員，依法行事是其基本職責，公平無私是民眾對執法人員的最高期望與要求，基層員警爲能保住飯碗，最基本的行事原則是要奉公守法，不可循私。但因許多鄉村基層員警都出生與成長於鄉村，若不能兼顧情理實也說不過去。因此多半的鄉村員警於能守住法紀的同時，也都較能兼顧人情。這種行事風格有多少成分固然會因人而異，但受到鄉土氣息的薰陶，卻也普遍可從鄉村基層員警的身上見到，並聞得出氣味來。

七、期望與建議

鄉村基層員警身處警政體系與結構的基層，也是末端，在體系內其身份與地位都只能承受，少有授予。對於各種警政事務多半只能奉命行事，少有決策與過問的權限。針對其特殊身份與處境，對於例行事務少有出主意與發言的機會與餘地，若有關心之處，只能表現在期望與建議上。綜合其工作經驗與感受，能代表鄉村基層員警的共同期望與建議約可歸納成下列四大方面。

(一) 有關人事的期望與建議

鄉村基層員警對於當前的人事現況最大的期望與建議，是希望能盡快補足編制的名額。由於各鄉村基層派出所的員額普遍缺少不足，以致每人工作量負擔過重，工時過長。故現任員警都普遍共同希望能補足員額，使能分攤工作量與工作時間，使每人能獲得應有的休息時間。

(二) 有關經費的期望與建議

從鄉村基層員警的立場看，有些該有的經費都未能編列或給予，以致影響一些該有的配備、設施、活動或獎勵不足，因而使基層員警未能獲得該有的激勵，會感到失望或沮喪。

(三) 有關設施的期望與建議

若干警政工作上會缺乏部份必有的配備與設施，可能因經費不足，或因分配不當，致使基層部門未能獲得充實或基本的數量，難免影響工作的成效，也會影響員警的工作士氣。很需要上級主管機關的重視，視鄉村基層派出所實際的需要，能由適當分配供其購置，或於統一購置之後，能作適當與公平的分配。

(四) 有關獎懲上的期望與建議

作為警政體系末端的鄉村基層員警承受的事務可說最為綜合性與全面性。照護與處理的事務層面很廣，比較無法精練工作的方法與技巧。因為工作方法不夠精練，就有可能被警告或受罰，實也甚為冤枉。基層員警無不希望能將其職責範圍縮小一些支援性的業務，使其業務與工作能較專注在治安的維護或對危害安全的控制與懲罰上。基層員警也很希望上層對其獎懲的考核能較體諒，減少對其誤解，也減少不合理的懲戒處罰，多給一些正面的獎助與鼓勵。

八、後語

鄉村基層員警是鄉村治安的保姆，其工作成效好壞直接關係鄉村社會的治安績效與人民的安危。但願本文的討論可使長久少被披露的鄉村基層警察的問題，能獲得上級機關較多的重視與注意，並能謀求改善。使鄉村員警對工作能更勝任愉快，鄉村警政組織與功能可更趨完美，也使鄉村社會的治安因而能更良好。

參考文獻

朱源葆，警察角色、組織與執法型態，http:/police.digiter,net/pd/regulation/reg07/.pdf, google

洪勝堃，2007，我國警察組織與功能之分析，http://www.ntpu.edu.tw/gradcrim/1-F-2007/100452943.pdf.google.

梅可望，1999，警察學原理（四版），中央警察大學印行。

陳明傳，1992，論社區警察的發展，中央警察大學印行。

Bittner, E.1990, The Functions of Police in Modern Society, MD: National Mental Health.

Trjanowicz, R.D., 1990, Community Policing: A Contemporary Perspective, Cincinnati, Anderson.

再見不到住在對面大院平房的許老師

一、無緣直接受教

我們這一班在初進大一時，許文富老師在系裡當助教。大一的課程多半是共同必修科，少有系裡老師教的課，對系上老師的認識不多，包括許老師在內。到大二以後，在系裡上課較多，但許老師不久就出國進修去了，等他回國時，我們已經畢業了，所以許老師是我們無緣直接受教的老師。後來我留在農推系任職，在洞洞館時農推系與母系農經系分別在二、三樓，後來搬到新建的農業綜合大樓，兩系分別在四、五及一、二樓，我與農推系的劉清榕與黃大洲兄三個農經系畢業生好像是嫁出去但還住在娘家的女兒，與母系的老師還可經常在兩系共用的大樓碰面。

二、早年出道

早年的許老師在我印象中曾經獲得傑出青年獎。學成回國後出道甚早，先在臺灣省青果合作社當顧問，後來任省政府農林廳長，臺電公司電源基金管理委員會主任委員，又擔任合作協會理事長等多項要職，機關團體董事的頭銜一堆，可謂能者多勞，他讓農經系的後生認識與了解到讀農業經濟學可做很多事。就像李登輝老師當了總統後，給社會上不少人認爲農經系是總統系。

三、能者多勞

許老師的職務多，必然能者多勞，但看他是不怕勞碌的人，越忙越有勁，也越快樂。從很年輕時就看他出入都坐「黑頭車」，可節省時間，增加效率，也有派頭。從臺大退休後，見他出入仍以黑頭車接送。到近日聽聞他仙逝，座車好像才隨人而不見。

四、倡導四力學說

學生後輩對課外許老師最深刻的印象應該是他極力倡導「四力」學說。他所指的四力是指體力、家力、友力與財力，常在系友會等聚會上發揚四力的重要性。大家都知道他倡導四力不是空談，而是都能實踐。他的身體給人看起來的確非常健壯，酒力很夠，自信可以活過百歲。家力確實也很強，兒子女婿都是名醫，一家大小都在國內。他不贊成兒女遠在外國，覺得這樣會分散家力。他的友力之夠，也不在話下，門生同事好友很多。財力雖不便吐露，應也不差。四力充足，生活如意，並非人人都可全部獲得，他的成就實也令人欽佩與羨慕。

五、常在對面巷口門前相遇

許老師是師長，也是前輩系友，通常晚輩會與師長前輩較親近，都先由師長前輩示好，後輩學生才比較不會膽怯與陌生。在較年輕時我與許老師接觸不多，到了接近老年，有緣相鄰而居，見面機會較多，閒聊交談也較多，逐漸增添一些友誼的感覺。約在我住到溫州街學校配售公寓的同時間，許老師也搬到對面學校的大院平房宿舍，早晚當他出門散步或接送孫子上下學時，我們常會在巷口或他家大門口碰面，見面就不僅打招呼，也會閒聊幾句。有一次見面時，還交給我一項任務，要我給中華日報寫一篇文稿，是有關聯合國人口會議的事，我寫了〈聯合國人口會議的議題在我國人口政策上的定位〉一文交卷。

在不久之前曾見許老師有一段時間受坐骨神經痛之苦，開刀後痊癒不久，在巷口碰面時談起手術技術之高明，恢復健康之迅速，看他精神奕奕，眞是吉人天相。

六、拜讀巨著《農產運銷學》及《退休論文集》

農產運銷學是許老師的專長，我當學生時候沒能直接上他的課，未能親自聆聽他的農產運銷學精義，後來他的《農產運銷學》一書問世，才有機會拜讀。到他出版《退休論文集》一書，又匯集多篇有關農產運銷學的專論，讀之頗能振聾啓聵，給我對於農產運銷的理論與臺灣農產運銷的實務獲知良多，補充當學生時所學之不足。

七、短時不見就傳來惡耗令人惋惜

我與其他許多朋友與同學獲知許老師過世的噩耗後，都有才短時不見這麼快就走的驚訝與悲戚，不敢置信他原來那麼健壯，酒量那麼好的身體，眞的會那麼早就走。猜想他現在若有所知，一定會爲其遺留的如意生活及熱愛生命感到捨不得，朋友學生也都爲他未過百歲就走，感到惋惜。

我國人口教育作法焦點

（本文是應政大陳信木教授研究計畫座談發言紀錄）

比照研究計畫內容與焦點座談會議題，可看出議題1及2可回答研究任務一，議題3則可回答任務二、四、五。我就對三個議題的解答扼要述說如下。

1. 現有人口結構變遷趨勢與未來發展、現有政策與措施之探討

這一議題的前半段，牽涉廣泛，但重要的人口結構變遷約有下列幾點：

(1) 少子化與老化的趨勢形成人口金字塔型倒掛。

(2) 因引進外籍配偶及對中關係的開放，造成外來人口所占比例增加。

(3) 因爲大學教育的普及使受大專以上教育者所占比例增加。

(4) 行職業結構因工商服務業不景氣，可能漸趨穩定。

對於第一議題後半部有關現有政策與措施的檢討，可參照內政部所提人口政策綱領並加以討論。依據民國版103年12月27日修訂的中華民國人口政策綱領，基本理念有八點，即（一）合理人口結構，（二）提升人口素質，（三）保障勞動權益及擴大勞動參與，（四）健全社會安全網，（五）落實性別平等，（六）促進族群平等，（七）促進人口合理分布，（八）精進移民政策並保障權益。以上每一點都包含若干細項，都可作爲詳細檢討的依據。其中我最關心的政策是促進人口合理分布一項，覺得臺灣人口的分布太集中北部都會區，應該分散一些，使各區域的分布較平均，使城鄉之間人口分布的差距縮短。這需要透過分散大都會的收支，加重偏遠鄉村地方的投資與建設。

關於第二議題，要了解教育現況及人口教育的關係，有必要先了解人口教育狀況。對於這些問題湯教授與馮教授都是教育專家，應會有較詳細的了解，也較合適多發言，並且表示較具體的看法。我只覺得應分學校及社會兩大方面來實施，而在學校教育方面則可以也應該分成小學、中學及大專院校等三層級來推行。

第三議題有關人口教育的規劃與設計。我就以本人在民國79年接教育部委託的「中小學人口教育目標與教學內容之研究」的構想，供爲參考。

該項研究的主旨在規劃中小學人口教育目標與教學內容。目前我手中已

遺失原始報告稿件，只從網路找到報告的前半段有關目標部分。我在當時考慮目標的設定認為必須考慮多種因素或資料，重要者包括：

1.所依據的政策及法律之性質與內涵；2.國際人口教育領導機關所設定的人口教育目標；3.過去國內曾經編製的教材中所擬定的目標；4.教育的工作者及接受者對人口教育的認知、經驗與理想；5.人口及教育專家及行政人員的意見。當時的研究內容先從這五方面的因素進行檢討，進而提出適當的教育目標，檢討內容包括1.設定的理由，2.設定的原則，3.負責單位等。最後擬定該階段中小學人口教育目標的內涵，先設定總目標，我將中小學人口教育的總目標設定為「在使各級中小學學生及社會人士能獲取充分的人口知識，建立正確的人口觀念及表現適當的人口行為，進而增進解決及應對現有及未來人口及相關問題的技術及能力，促使社會中的人口性質獲得改進，以利健全並發展社會經濟、政治及文化條件等。」在該研究中我也分別設定短程及中、長程的人口教育目標，最後對教育決策及行政當局以及中小學作建議。

在對教育決策及行政當局的建議除期望其目標要明確設定外，且要認眞實現。為能有效傳達教育目標，也必須研擬教育的內容與方法。對於學校方面的建議則期望其用心支持與響應。

人口教育的規劃與設計除包含目標與方法外，其他還要有許多配套措施，尤其是要有人力、財務與設施等的配合，對於這些方面的配合，我在此只能點到為止。

致社區參訪團歡迎詞

歡迎廈門市政府民政局的諸位領導前來臺灣大學參訪。各位來臺灣參訪的主要目的是要了解臺灣的社區治理現況，而大學最能給各位的參考資料主要是相關的教學與研究。當然教學與研究也不能脫離實際資料，從教學與研究中也能獲知臺灣社區治理實務的一部份。我先就臺灣大學中涉及社區教學與研究系所的教學課目作一簡要報告，進而就我所知報告臺灣社區治理實務的概況。

臺灣大學對社區有教學與研究的系所約有四個，即社會系、社工系、城鄉所及原爲農推系的生傳系。在各相關系所開授的課程中並無一門稱爲社區學或社區研究者，但有若干課程與社區都有關係，其中社會系有都市社會學及都市空間兩門，社工系有社區心理衛生及社區組織研究兩門，城鄉所有都市再生、都市休閒與觀光、都市之功能與結構、城鄉災害防救等，生傳系有社區營造專題一門，以上是臺大當前對社區的教學情形。從這些課程的名稱給我們重要的啓示是，社區建設與發展工作可從多方面著眼與著手。

我個人在未退休之前曾在臺大前農推系開授社區組織與發展、社區分析、鄉村社會學等課程，退休後到亞洲大學教課期間也開授社區工作方法與技巧等相關課程，因此引導我著述社區原理（三民）、社區工作（五南）、社區工作方法與技巧（揚智）等三本相關教科書。這也是我個人在教學生涯中與社區之間關係的緣由，而其背景也與在學習過程中修讀過相關課程與曾受教於這方面的師長專家有關。

臺灣社區治理的實務主要落實在村里社區建設與發展事務上。這些事務多半屬於行政事務，但也有民間自發性的建設與發展事務。各位在參訪各社區時，領導人應會向您們作較詳細的報導。在此我只大概提到過去城市與鄉村村里社區曾有各項建設與發展工作不斷，種類也很多元複雜，包括實質方面的、生產方面的、服務與福利方面的，及心理建設方面的等。有較成功的，也有較不成功的。多半實質建設都較能立竿見影，但維護不易，心理建設的成效則較緩慢。官辦的行政事務難免會有政治色彩與成分，但有建設民衆就能受益。民間自發性的建設，以宗教性的最爲可觀，社區居民對修建廟宇都非常熱心，但對其他公益事業還需要多加宣導與努力。

我在此也要特別感謝在今年及去年六月間，兩次應邀到廈門參加兩岸社區論壇的論文點評人。這期間我閱讀多篇大陸專家及熱心人士的相關論文，也實地參觀幾處廈門市內社區的建設與發展，對於大陸方面在社區研究與實務的用心與努力印象深刻。我曾經思考過大陸方面爲什麼選擇社區當爲兩岸論壇的主題，得到的答案之一是，社區建設最能使社會大眾落實生活改善，這確實是一個重要的答案。除此，我想也因大陸在社區建設方面已有相當的成就，並且可改變大家對過去公社的刻板印象。社區對於每人日常生活的重要性確實不可忽視，我在《社區原理》一書中一開頭就對社區的重要性作了說明。想想我們每天生活都缺少不了社區的幫助，社區變好，人人的生活便可變好。各位民政局的朋友都以建設社區爲主要任務，很令人敬佩與稱羨。

今天我本來擬邀請校內幾位從事社區教學與研究的同仁出席座談，但是他們有的在上課，有的在開會，不能來參加，很抱歉。來參加的吳陳兩位教授目前並未教授這方面的課程，但他們在求學過程中對社區的課程也都不陌生。接下來是否就請各位嘉賓提出指教。

母親行狀

母親蔡張操於1918年1月21日出生在原臺南縣鹽水鎮的一個農村，是農民外公及外婆的長女。十六歲時經媒人介紹，與父親訂婚，經過三年，兩人都未見過面，於十九歲時與父親結婚，二十歲生我，共生十一胎，存活兩男六女。至2015年1月6日過世時，享年九十八歲。

母親自小失學，不識字，但很明理，說出的道理都很令人折服。小時疼愛弟妹，姐代母職，經常幫兩位阿姨穿衣梳頭，帶舅舅們玩耍。出嫁後還常吩咐在鎮上工作的舅父，下班路經我村時，一定要來吃她煮的麻油雞酒、米糕飯進補。因爲母親與娘家很親，我小時候也很喜歡到外婆家，與最小的舅舅玩在一起，或借用外公家較安靜寬敞的地方準備考試。

我家歷代也務農爲生，母親初進門時，家中耕地很少，土質也不好，生產力不佳。父母兩人同心協力，先租地後再省錢買地，收入生活漸有改善。父母一生勤儉吃苦，服侍長輩，操心兒女。年紀大時，種田較累，反過來變賣農地，供子女就學買房安居，兩人則長期住在鄉下老家。

父親以九十五歲高齡過世後，我與弟弟接母親到台北高雄兩地居住，前三年她的體力尚佳，最後一年行走明顯不便，到辭世前一個多月兩腳無力，前後進出醫院兩三次。最後在住院治療胃出血時，於2015年1月6日下午，心情不安，要求回家，說兩三聲不喜歡在醫院，請護士小姐到病床邊時，叫不醒她，已離我們而去，母親的過世就眼睜睜發生在我面前，使我心痛難過。

長子蔡宏進率弟妹敬叩

2015年1月6日夜

一九五七進來的那一班

一、農經至尊的時代

我們是在一九五七年進入臺大農經系的一班。當時農業經濟在國政與學術上的地位都甚爲崇高。國家的經濟還以農業經濟爲主流，農業經濟學在學術上的地位也備受尊崇，我們進了臺大農經系都是大專聯考丙組第一志願考進來的。鄉下不懂學術的朋友以爲學農經就像他們一樣要拿鋤頭除草和照顧路邊的木麻黃，但其實每一個進農經系的學生都心懷大志，想改善農業農村的經濟，及農民的生活。

二、曾遇災難男多女少的小團體

一九五七年進大學的人多半都出生於一九三八年，當時臺灣處在日據時代的末期，出生後不久就遇上第二次世界大戰，我們是在日本人統治最後一年進小學的一群，三月入學，到校後不久，美軍飛機就來掃射轟炸，校方立刻叫我們回家。到五月戰爭結束，九月重新入國民政府設立的小學。

在戰亂後的臺灣，社會破敗，經濟衰落，物資缺乏，我們在鄉下出生長大的，在小學時代都是赤腳走路的。同學當中少有女生，都被家長留下幫忙家務及種田。到了大學，仍然男多女少。我們這一班，考進來時人數不多，男女分配也不平均，經過一年後轉系再分配，從二年級開始班上只共有十六人，其中女生只有四位，多半是從城市來的，男生來自鄉村的相對較多。這樣的性別結構顯然與當時的社會背景有關，反應了農業農村經濟主流的社會性質，有點重男輕女，但少量的女大學生也就特別吃香，多半在大學未畢業就被人追走了，我們的一位女同學在大三時就與外面一位職業收入都不錯的男士訂了親。

三、從北到南城鄉都有的地理分布

我們這一班人數沒幾個，地理分布卻很廣闊，從北到南幾乎各縣市都有。其中臺北市較多，共有五位，宜蘭一位，往南苗栗一位，雲林三位，嘉義縣市各一位，臺南縣市各一位，高雄縣也有一位，一位來自馬來西亞的僑生，共有十六位。這樣的分佈有不少好處，上課期間住臺北的會請同學到家裡吃拜拜，寒暑假臺北人則可到中南部各地同學家玩，也有機會實地考察了解各地的地理與民情風俗。當需要協助全省性農村調查工作時，也可各就各位，就近接受任務。

四、可貴的啓蒙老師

讀大學與在中學以前受教育的不同之處有多項：第一、大學的課程較多元，較專門，也較高深；第二、要學習看英文書；第三、要跑圖書館找參考資料；第四、老師都很有學問。很幸運，農經系的老師都是學有專精的專家學者，可給學生許多專業知識與思想啓蒙。我就說一些上過課的幾位專任老師給予我的印象與觀感。

張德粹老師是我們當學生時的系主任，上過他的課及讀過他的教科書有農業經濟學、土地經濟學等。他是一位著述嚴謹，講解認眞，不苟言笑的老師。給學生的主要影響是治學要嚴肅，不可輕率。

王益滔老師是有哲理、有內涵又很和善的老師，待學生有如子女。他是老系主任、老院長，留學東京帝國大學，是一位能通日語的浙江人。著作相當有份量的〈臺灣土地制度與土地政策〉論文，獲得教育部的學術著作獎。他是一位能愛護本省籍學生的寬厚老師，也是能識李登輝總統這頭千里馬的伯樂。

楊懋春老師是我們大二時剛從美國回來的著名鄉村社會學與農業推廣學

專家，教過我們的鄉村社會學。著書立說甚勤，其英文名著《一個中國的農村》（*A Chinese Village*）由哥倫比亞大學出版，享譽國際。在臺大期間參與創設農村社會經濟研究所，並主持鄉村社會學組，也創設農業推廣學系，培養出冷門卻珍貴的鄉村社會學與農業推廣人才。楊教授是一位兼有宗教情操與學術修養的人，弘揚服務社會的哲學與精神，遺留教書所得基金獎助後進，甚爲難得可敬。

陳正祥教授是一位有點傲氣卻很用功的典範老師，專注農業地理與土地利用的研究。他用功著書研究的精神深受學生敬仰，其研究室經常半夜燈火通明，與其私人助理與助教的孫得雄老師一起挑燈夜戰，著作《臺灣地誌》及《臺灣的土地利用》上、中、下三大冊，爲學術研究獻身，給有志從事學術研究的學生樹立好榜樣。

吳恪元老師是給人亦師亦友感覺的老師，其對於實務界特別關切，經常帶領學生參訪與上課內容有關的農會、合作社等組職的實務，作風較爲開放。學生們經他帶領，容易走出學院的象牙塔，對於校外的實務世界能多開眼界與了解，對於畢業後的工作多有幫助。

黃際鍊老師是一位有實力的經濟理論家，與學生的互動較爲內斂也獨到。與難遇的知音會有較多深談。其平常心之背後，卻有非凡的見解與際遇。他曾考上衆人追逐的醫科沒念，卻就讀農業經濟學。也曾獲國科會傑出研究獎，這些事蹟都鮮爲人知。

陳超塵老師是我們當學生時代最年輕的老師，專長統計學。學成歸國後編著的《統計學》是國內成功暢銷的一本，上其課程都有他整理得極有條理的綱要幫助，不難理解與記憶，較易吸收與消化。老師心直口快，上課時偶而參入一些有關國家大事的談論，頗有懷才不遇的感慨，也甚爲有趣。

五、懷念農業經濟社會與農場實習

我們這一班與系友都學農業經濟學，對於農業經濟學應都有深刻的認識與了解。我在此杜撰歷史，可不必再多談農業經濟學，而想多談一些農業經濟社會與在學中的農場實習課程，這兩者在現階段都已萎縮或消失，所以特別值得懷念。

(一) 懷念的農業經濟社會

我們這一班上大學的時代，臺灣的經濟是以農業經濟為主流，所以臺灣也處在農業經濟社會。這個社會多數的人以農業為生，農業生產的收入占總收入的大部份。農民的生活較現在相對好過，農家子弟上大學的開銷較容易用賣農產品來支付。許多人算財產都算在農地的價值上。農民生活雖然辛苦，但較有尊嚴。學農的學生自尊心高，出路也不差。

這種時代過了不久，臺灣就進入工商與都市社會，農業經濟社會逐漸崩解，學習農業經濟與其他農學學生的自尊與光榮也逐漸消退。誠懇樸質的農民性格，自然美麗的農村風貌，與貨眞價實的農業價值都逐漸消失，也特別令人懷念。

(二) 懷念的農場實習課程

農場實習是當年臺大農學院所有學生必修的一門課程，所用的時間特別多，約花兩個月的暑假時間，全天候在農場上實際工作，不分男女都要下田。實習地點分三處，校總區的實習農場、溪頭的實驗林場、屏東糖場的附屬農場。

農場實習很可貴，也特別令人懷念。可貴之處在能體驗農業的辛苦自然的本質，學習與磨練農民吃苦與勤奮的精神與性情。也能使人打破貧富不平等的階級地位與觀念，不論你家有錢無錢都要下田流汗，而且以你的工作效果論成績。後來學農學生的實習縮小了範圍，甚至取消實習課程，都變爲學農卻非農。農學的精神與價值也隨之減弱，農學院學生對學習農業也就無比較深刻的印象與趣味，畢業後懷念農業的情懷也會隨之消失於無形。

六、純樸善良的老同窗有人不知在何方

中小學校畢業典禮時都會齊唱驪歌，表示日後各奔前程，希望後會有期。我們的這一班畢業時臺大沒禮堂，畢業典禮在校園舉行，也未唱驪歌。全班十六名同窗，別後至今已過一甲子，目前年齡都已接近八十大關，並未聽聞有人先走，是一大幸運。當年同窗都是純樸善良的老實人，今日在臺北的幾位都可常見面敘舊，幾位出國後未返回者，有的距離遙遠，有的不知人在何方。今日藉撰寫不正式農經系史時，僅能在空中傳遞訊息與祝福。

顏周合著休閒旅遊概論序

本書作者顏建賢教授在大學中從事休閒旅遊教學與研究多年，他本人及指導學生研究及撰寫這方面的論文甚多，也負責這方面專業教學單位的行政職務多年。平時又喜好到國內外各地休閒旅遊，走遍國內外山川名勝、古剎、鄉野與都市。自年輕時幫助政府農政及觀光旅遊行政管理單位，規劃與評估休閒旅遊計畫的建設與發展，對於休閒旅遊事業的學術與實際經驗豐富多元。本書的共同作者周玉娥小姐是休閒旅遊實務經營管理行家，著作多種暢銷的休閒旅遊管理專著。

兩位學者專家於近日就其豐富的心得共同寫成《休閒旅遊概論》一書，內容充實完備，對休閒旅遊的意義、功能與性質提出較正確的論述，可給讀者珍貴的理解與啓發的作用。這是本書的重要目的與價值。

顏教授與周小姐合著這本書的另一項特性是，所用的資料以臺灣國內的實際資料為主要。對於有興趣體會與研究休閒旅遊的學生或讀者，可以不必擔心沒去處或資料難找，也不必捨近求遠，許多具有休閒旅遊趣味與價值的去處與資料就在身邊。到處可見的餐飲業、民宿、旅店、商圈、夜市、購物中心、主題樂園、文創區、營造過的社區、長宿地點、搭車、乘船、飛行等，都是有趣味的休閒旅遊活動去處與資料，遊客與研究者都不難到達。知所遊樂者，都能趣味無窮。知所探索者，都能滿載而歸。

這本休閒旅遊概論的文字平實易讀，書中美麗趣味的插圖恰當豐富，都有助讀者的閱讀與理解，相信讀者讀完此書，都會有良好的心得與獲益。

蔡宏進謹序，二零一六年元月於臺北

臺大原農推系名譽教授

亞洲大學社工系／休憩系榮譽教授

痴人說夢

一、題目的本意

「痴人說夢」的意義有多種解讀，原指對傻子說夢話，傻子卻信以爲眞。後來也有解讀成愚昧的人說荒誕的話，與原意有出入。在此，我無意指他人爲傻子，也不用不可信的夢來騙人，而是自嘲有點傻，費心來解說這個衆人並不覺得很重要的「夢」。但我想解說夢，是於大夢初醒時決定的，覺得做夢是人人都會有的經驗，包括睡中的夢及半醒時的夢想，故花點時間與精神研究，也必要且值得。

在此我對夢的解說是泛指有關夢的重要概念、理論與實際經驗等，並非專注介紹個人做過的美夢或惡夢。如此著眼，因有感社會上有不少人常作夢，但對夢的理解可能不多，於大夢之後未加在意，也未能做任何應對，甚至會有過度應對，以致都會有損傷。夢事雖不重大，但人人都會遇上，也就不辭淺陋，說些粗淺的心得，向想知的人討教並互相切磋。

二、夢的意義與種類

(一) 意義

夢是人類一種主體經驗，是人在某些階段的睡眠時產生的想像、聲音、思考或感覺，通常是自願的。夢主要發生在快速眼動的睡眠時，常在睡眠後期發生，睡眠中作夢會呈現淺眠狀態。有關夢的究竟，自古以來就受哲學家、宗教家與心理學家熱衷討論。

古人將夢視爲是徵兆、預言或神諭。印度教的典籍指出因爲日有所思，夜有所夢，由夢可知病。夢與清醒及睡眠同爲生命的三個狀態。心理學家佛洛伊德在1900年代闡釋夢的理論和解釋，認爲夢是人們身處的慾望和焦慮的表現，通常與童年被壓抑的記憶或者慾望有關。

(二) 種類

夢境的種類有很多說法，言人人殊。依照夢境的主體而分有恐懼、興奮、魔法、抑鬱、冒險、性等類型。依照作夢的時間分有短暫的夢，僅有幾分鐘，也有長時間的夢，長達一兩小時。也有人將認爲日後會變成事實的夢，叫正夢。不著邊際，不完整，雜亂無章的夢，叫雜夢。五官的感覺受到刺激而引起的夢，叫官覺夢。其他還有靈夢、反夢、夢中夢等。

夢的分類還有取更廣泛的指標爲依據者，曾有將之分成十五類之多，即1.直夢：夢見什麼就發生什麼。2.象夢：夢意在夢境中通過象徵手段表現出來。3.因夢：睡眠時五官刺激而做的夢。4.想夢：因意想所做的夢。5.精夢：由精神狀態所做的夢。6.性夢：由於人的性情和好惡不同引起的夢。7.人夢：指同樣的夢對於不同的人有不同的意義。8.感夢：因氣候因素造成的夢。9.時夢：由四時或季節因素造成的夢。10.反夢：與事實相反的夢。11.籍夢：拓夢。12.寄夢：某甲的吉凶禍福寄託在某乙的夢中出現。13.轉夢：夢的內容多變，飄忽不定。14.病夢：病變的夢兆：15.鬼夢：也即噩運，指夢境可怕恐懼。

三、一本夢書的綱目

奧地利精神病醫生也是精神分析心理學家創始人佛洛伊德（Sigmund Freud 1856-1939）著有《夢的解析》一書，是一本有關夢的代表作，此書對夢做了很綜合性且很深入的闡釋。從書的大綱可助讀者了解有關夢的重要性質與概念。此書共出三版，第三版發表於1911年，重要概念包括夢是什麼，爲什麼會作夢，夢中千奇百怪，及夢的原動力等。至今書中的理論仍未受到挑戰，值得大家參考。謹將書中的綱要列舉如下。

第一章　有關夢的科學文獻

一、夢與清醒狀態的關係

三、願望的滿足

四、夢引起的驚醒、夢的功能、焦慮的夢

五、原本的和繼續發展的過程

六、潛意識和意識

附錄

全文完

四、夢的理論

夢的理論約共有四大學派：（一）精神分析學理論，（二）神經生理學理論，（三）神經科學理論，（四）心理學理論。就這四種學派的理論要點說明如下：

(一) 精神分析學理論

此一學派的理論家以佛洛依德及榮格最爲重要。佛洛依德認爲夢是無意識意願的滿足所驅動，夢的內容是無意識慾望的滿足塑造的。他認爲無意識的慾望通常與童年時的記憶和意見有關。夢境包括顯性與隱性兩種，顯性夢境流於表面，缺乏意義。隱性夢境和潛意識深處的願望或幻想相關聯。他認爲大多數的隱性夢境的主題都是本能的性衝動，但後來他對這說法有所修正。

榮格（Carl, G. Jung, 1875-1961）是瑞士一位著名的哲學家、心理學家及心理分析師，曾是佛洛依德的合作伙伴。他創出許多有關心理學的理論，包括性格的類型、心靈的層次、集體無意識、心靈的關係、情節的原型、認同的結構等。他對夢也建立理論。

榮格反對佛洛依德的許多理論，他將夢描述成給予作夢者的訊息，可以幫助作夢者自我改善。他相信夢是在像作夢者揭示他們的感情或信仰上的問題和恐懼，他也相信白日行程的記憶在夢裡很重要，這些記憶在無意識中形成印象，常會以夢的形式重現片段，稱爲「白日殘留」。可見夢不是純粹獨立，而是一張合併心理因素的巨圖的一部分。

(二) 神經生理學理論

此一學派證明夢和快速眼球轉動的睡眠有強烈相關。

(三) 神經科學理論

此一理論認爲夢是腦在做資訊處理與鞏固長期記憶所釋出的一些神經脈動，被有意識的腦解讀成光怪陸離的視、聽覺所造成的。

(四) 心理學理論

此一理論家如寇蒂斯（Coutts）認爲夢是睡眠期間的主要任務，可增強心智的能力以滿足人在清醒時的需要。心理經過吸收夢中的主題進行自我調節。此種理論認爲夢是睡眠的一種生理副產品，並無天然的目的。夢是進化的附屬現象，並無有用的功能，但夢對於生存會起一些作用。

五、有關夢的成因

夢是人的一種知覺，會受三種重要因素所影響，這三種因素是物理的因素、生理的因素及心理的因素。

(一) 物理因素

此種因素來自體外的物理刺激造成。如藉帶而眠，易夢見蛇，身冷會夢水，身熱會夢火。

(二) 生理因素

體內的陰陽之氣的缺乏或過量，五臟的元氣、血壓及疾病因素都會影響夢。

(三) 心理因素

心理上的思慮、情感、性格等也會影響作夢的類型與性質。

六、夢的典故與成語

世界上的許多人都會作夢，而且常做夢，因此有關夢的典故及成語也很多，中文中出現過的典故及成語都甚有趣，將之列舉若干，與讀者分享。

(一) 典故

中國歷史上有三個有關夢的有名典故，即是「莊周夢蝶」、「黃粱一夢」及「夢筆生花」。莊周夢蝶是指昔者莊周夢爲蝴蝶，悠然自得，夢醒時發現自己僵臥在床。黃粱一夢是指唐代盧生在旅途中遇見呂洞賓，哀嘆自己貧窮，呂仙贈他一個枕頭，要他睡上，即可變爲富貴。盧生睡上不到煮好黃粱飯食的瞬間，果然夢想成眞，但醒來一切仍空，呂仙笑之。夢筆生花的典故是指李白年少時曾做過夢，夢到自己所用的筆頭長出花來。這故事原意表示文才燦爛，但也警告要寫好文章平時要多努力，多讀、多思、多寫，不可妄想會有不切實際的夢筆生花，或筆下能突飛猛進。

(二) 成語

中文中有關夢的成語很多，其中有者也是出自典故。如下彙集若干供爲欣賞與參考。將這些成語歸納成三類，一類是以夢字開頭者，一類是以夢字居中者，另一類是以夢字結尾者。

1. 以夢開頭者：夢筆生花、夢幻泡影、夢寐以求、夢中說夢、夢見周公、夢熊之喜、夢中情人、夢裡乾坤、夢撒寮丁。

2. 以夢居中者：楚夢雲雨、如夢初醒、春夢無痕、大夢初醒、更長夢短、夜長夢多、好夢難成、好夢不長、恍如夢境、魂牽夢迴、噩夢連連。

3. 以夢結尾者：白日做夢、痴人說夢、重溫舊夢、飛龍入夢、浮生若夢、黃粱美夢、南柯一夢、人生如夢、一場春夢、春秋大夢。

六、夢的時代

當代社會的政治界及商業界都喜歡以夢來吸引選民或顧客。政治界曾使用過「有夢最美，希望相隨」，商業界則用了許多「夢的時代或時代的夢」，用以製造時髦，吸引顧客，尤其是年輕的顧客群。夢似眞似假，眞的能給人希望，想去追求，假的若追求不到，也不足惜。有夢的時代比沒夢的時代較有理想與目標，這也是豎起夢時代標竿的重要理由。

目前從網路上可看到有關夢的時代或時代夢的商業廣告有下列這些：夢時代、統一夢時代、南紡夢時代、夢時代購物中心、夢時代餐廳、夢時代電影院、夢時代美食街、夢時代喜滿客等。噱頭很多，都假藉夢之美名，是否正確與應該則有待讀者大衆公斷。

七、有意義的夢

本文對夢做了一些研究，可知夢也有許多的學問。研究後除了了解這些學問，另有一重要的使命是，要使夢能對個人及社會有意義。如何使之，則有下列幾項要點，值得大家參考與實踐。

(一) 選擇有用之夢轉化成有用的行爲

夢有許多種，有些有用，有些無用，對有用之夢必要善加把握，轉化成有用之行爲，使之能成就大我。唯有用之夢並非一定是美夢，也可能是惡夢。美夢應加實現，使其成爲正夢，惡夢則可當警惕，作爲改善人身的借鏡。

(二) 拋棄不著邊際的雜夢

許多夢雜亂無章、不著邊際，留之無用，守之也無益，應加拋棄，不使干擾心理、妨礙正事。

(三) 設立目標之夢

人生必須設立目標之夢，作爲努力追求之動力。有這些目標之夢的存在，並去追求，人會活得更有意義，更積極更進取。目標性的夢越多，生命的意義也就越豐富。

國家圖書館出版品預行編目資料

社會良心論／蔡宏進著. －－初版. －－臺北市：五南, 2016.08
面； 公分
ISBN 978-957-11-8777-8（平裝）
1.社會正義 2.良心 3.文集
540.2107 105015088

1JDV

社會良心論

作 者— 蔡宏進
發 行 人— 楊榮川
總 編 輯— 王翠華
主 編— 陳姿穎
出 版 者— 五南圖書出版股份有限公司
地 址：106台北市大安區和平東路二段339號4樓
電 話：(02)2705-5066 傳 真：(02)2706-6100
網 址：http://www.wunan.com.tw
電子郵件：wunan@wunan.com.tw
劃撥帳號：01068953
戶 名：五南圖書出版股份有限公司

法律顧問 林勝安律師事務所 林勝安律師

出版日期 2016年8月初版一刷
定 價 新臺幣550元